银行4.0
数字银行发展探索

李远刚 ◎ 著

中国财经出版传媒集团
经济科学出版社
Economic Science Press

图书在版编目（CIP）数据

银行 4.0：数字银行发展探索/李远刚著. ——北京：经济科学出版社，2022.12（2023.5 重印）

ISBN 978 – 7 – 5218 – 4354 – 5

Ⅰ.①银… Ⅱ.①李… Ⅲ.①数字技术 – 应用 – 银行业务 – 研究 Ⅳ.①F830.49

中国版本图书馆 CIP 数据核字（2022）第 229123 号

责任编辑：周国强
责任校对：孙　晨
责任印制：张佳裕

银行 4.0
——数字银行发展探索
李远刚　著

经济科学出版社出版、发行　新华书店经销
社址：北京市海淀区阜成路甲 28 号　邮编：100142
总编部电话：010 – 88191217　发行部电话：010 – 88191522
网址：www.esp.com.cn
电子邮箱：esp@esp.com.cn
天猫网店：经济科学出版社旗舰店
网址：http://jjkxcbs.tmall.com
固安华明印业有限公司印装
710×1000　16 开　16.75 印张　270000 字
2022 年 12 月第 1 版　2023 年 5 月第 2 次印刷
ISBN 978 – 7 – 5218 – 4354 – 5　定价：98.00 元
（图书出现印装问题，本社负责调换。电话：010 – 88191581）
（版权所有　侵权必究　打击盗版　举报热线：010 – 88191661
QQ：2242791300　营销中心电话：010 – 88191537
电子邮箱：dbts@esp.com.cn）

前 言

从古至今,我们社会的发展变革都离不开技术的创新。蒸汽机的诞生让人类进入了蒸汽时代,实现了工业化生产;电力的发明使得科学技术的创新突飞猛进,大大促进了经济的发展;而互联网的出现,则让人类进入信息共享的社会,改变了人类社会的组织和生活方式。现在,我们即将进入,或者说已经进入了一个新的时代——数字化时代!

随着云计算、物联网、大数据、人工智能等数字技术的发展,这些数字技术正在掀起技术革命的第五波浪潮,人类社会的数字化趋势越来越广、越来越深入,数字技术正在逐步应用到我们触摸到的全面领域,我们正站在一个时代变革的重要节点。数字化时代让人不禁对未来充满遐想,"它"究竟将会给我们带来一个什么样的未来!

数字化技术正在慢慢颠覆着我们现有的商业模式,我们未来的生活场景也会随之变得更加便捷、智能,无人机应用、自动驾驶技术、5G通信、生物医疗保健等正在不断取得突破的新兴技术已经初显端倪,它们就像一颗颗正在发芽的种子,以后是茁壮成长成为参天大树还是半路枯萎,我们不得而知,但就是这种对未来的不确定,才让我们对数字化时代充满了无限的想象。

近年来,数字经济成为当今世界发展的重点。数字化的快速发展给银行业带来了颠覆性的影响,以中国商业银行为代表的金融机构,开始积极探索如何利用金融科技推动数字化转型建设之路。然而,当互联网巨头手握新兴技术和巨额流量,通过金融、科技与互联网的结合,改变了原来金融服务的路径依赖，将越来越多线下用户转移至线上终端，一度与传统金融机构尤其是银行形成对垒之势，甚至压缩了传统银行的生存空间。冲击的速度之快，让多数传统银行措手不及。客户和资金的巨大流失，运营、营销、服务的成本高、效率低，无法覆盖的长尾用户，俨然威胁到了传统银行的生命线。加快数字转型对银行而言，已经不是发展问题，而是生存问题。面对人工智能、云计算、区块链等新兴技术的突破和迭代，面对激烈的市场挑战与同业竞争，面对客户需求的快速变化，银行加快数字化转型发展迫在眉睫。

转型后的银行应区别于传统银行，无论是否设立分行，都不再依赖于实体分行网络，而是以数字网络作为银行的核心，借助前沿技术为客户提供在线金融服务，服务趋向定制化和互动化，银行结构趋向扁平化，这便是数字银行。

而转型的关键是，要以人工智能、云计算以及区块链等新兴技术为抓手，打造与客户的"超级关联度"，使个性化服务触及长尾客户，从而打破传统银行业"二八"结构的困局，为银行业的发展提供新的引擎。

在我为本书的构思、撰写夜不能寐、辗转反侧的日子里，一些前银行的同事给予了我莫大的支持和鼓励，而学术界、国内产业界的一些专家也为本人的系统研究提供了大量合理化建议。另外，我要衷心感谢张绍华、宋晓光、韩冬梅、丁健、杨林、文卡特·艾尔、彼得·文森特、于东浩、梁焱燧、黄翰松、刘健、冷暖思等在撰写过程中不仅多方查阅资料、整理调查数据、翻译外文资料，而且还不厌其烦地反复细核全书，使得本书能够如期交付。由于时间仓促和水平有限，本书难免存在错漏之处，我们会在后续研究中继续补充和完善。

最后，我本着渴望分享的心愿，热切期待着这本凝聚了多人心血和汗水的书能赢得共鸣的声音。

李远刚
2022 年 8 月 27 日
于上海

目 录

1 数字银行与金融科技发展概述 ……………………………………… 1

   1.1 数字银行发展历程 ………………………………………………… 1
   1.2 金融科技发展历程 ………………………………………………… 2
   1.3 数字银行的发展现状 ……………………………………………… 3
   1.4 国内外金融科技发展现状 ………………………………………… 13
   1.5 金融科技在数字银行发展中的作用 ……………………………… 29
   1.6 金融科技在数字银行的应用场景 ………………………………… 33

2 智能时代数字银行发展概述 ……………………………………… 36

   2.1 智能时代发展概述 ………………………………………………… 36
   2.2 智能时代的数字银行发展趋势 …………………………………… 59
   2.3 智能时代的数字银行发展存在的问题 …………………………… 74

3 数字货币发展概述 ………………………………………………… 78

   3.1 数字货币概况 ……………………………………………………… 78
   3.2 数字货币的产生与发展 …………………………………………… 85
   3.3 中国数字货币的发展现状 ………………………………………… 97
   3.4 中国数字货币运营架构及体系 …………………………………… 101
   3.5 中国数字货币对银行的影响 ……………………………………… 107

4 大数据在数字银行的应用研究 …………………………………… 111

   4.1 大数据驱动银行发展的现状 ……………………………………… 112

4.2 大数据在银行的作用与特点 ………………………………… 116
4.3 大数据驱动下银行的未来定位 ……………………………… 119
4.4 大数据在银行应用的发展趋势 ……………………………… 122
4.5 大数据在数字银行中的几种典型应用 ……………………… 125
4.6 大数据在银行应用中面临的挑战及建议 …………………… 139
4.7 大数据在银行应用的典型案例 ……………………………… 142

5 人工智能在数字银行风险管理中的应用研究 ………………… 147
5.1 人工智能在银行风险管理领域应用概述 …………………… 147
5.2 人工智能在银行风险管理领域的研究发现 ………………… 149
5.3 人工智能在银行实施的挑战 ………………………………… 155
5.4 人工智能在银行业务领域的应用 …………………………… 156
5.5 人工智能在银行业务领域的发展趋势 ……………………… 160

6 数字银行的数据治理研究 ………………………………………… 164
6.1 银行业数据治理历程 ………………………………………… 164
6.2 银行数据治理概述 …………………………………………… 170
6.3 银行数据治理现状 …………………………………………… 173
6.4 银行数据治理未来展望 ……………………………………… 179

7 数字银行的数据资产化研究 ……………………………………… 196
7.1 数据在数字化时代扮演越来越重要的角色 ………………… 196
7.2 银行数据实现价值的意义与挑战 …………………………… 203
7.3 银行开展数据资产的价值与策略 …………………………… 207
7.4 银行数据资产管理的发展路径建议 ………………………… 213
7.5 银行数据资产化的未来展望 ………………………………… 222

8 数字银行的开放银行研究 ………………………………………… 226
8.1 开放银行概况 ………………………………………………… 226

8.2　各国家及地区开放银行的发展历程 ……………………………… 230

　　8.3　开放银行面对的问题与建议 …………………………………… 242

9　数字银行的金融科技人才展望 …………………………………… 247

　　9.1　金融科技人才总量分析 ………………………………………… 249

　　9.2　金融科技人才在银行业中的结构分布 ………………………… 250

　　9.3　金融科技人才市场需求分析 …………………………………… 252

　　9.4　金融科技人才市场供给分析 …………………………………… 256

　　9.5　各银行金融科技人才体系情况 ………………………………… 258

参考文献 …………………………………………………………………… 260

1 数字银行与金融科技发展概述

1.1 数字银行发展历程

自银行出现以来,国际银行大抵经历了四个阶段:

银行1.0(1472~1980年):以分行为主要客户渠道的古老传统银行。

银行2.0(1980~2007年):自助设备开始出现,这是有史以来第一次银行在打烊之后仍能够为客户提供服务的重大转变。通过电汇、自动柜员机(ATM)等功能,初步打破了要在特定场所和特定时间才能完成金融服务的限制。

银行3.0(2007~2017年):智能手机的出现和普及,颠覆了客户使用银行服务的时间地点与方式。银行已经不再是一个地方,而是一种行为。银行需要摆脱对线下网点的过度依赖,要开发多渠道、全通路,要重视与所有通路和客户互动的关系,进而调整组织及资源的分配。

银行4.0(2017年至今):银行通过技术创新带动业务创新,通过技术为客户提供无处不在的、内嵌的银行服务。这种服务通过数字化渠道,融入客户的一切生活场景中,与客户产生无障碍的互动。此时的银行除了要提升传统银行业务能力外,还需要聚焦在以客户为中心的客户体验能力,包含风险管理、技术整合等的科技运营能力以及囊括合作伙伴管理、合规研究等的企业业务运营能力上。

1.2 金融科技发展历程

金融科技（Fintech），是"financial technology"的缩写，可以简单理解为"finance（金融）+ technology（科技）"，指通过利用各类科技手段创新传统金融行业所提供的产品和服务，提升效率并有效降低运营成本。根据金融稳定理事会（FSB）的定义，金融科技主要是指由大数据、区块链、云计算、人工智能等新兴前沿技术带动，对金融市场以及金融服务业务供给产生重大影响的新兴业务模式、新技术应用、新产品服务等。

放眼全球，随着技术的进步，客户与银行间的金融关系经历了多重改变。西方发达国家，从20世纪50年代信用卡的产生开始，人们随身携带现金的习惯逐渐被改变；60年代推出的自动柜员机（ATM）取代了银行出纳员的工作；80年代起，银行出现了逐渐趋于成熟的数据和记录系统；90年代末由互联网技术带动的网上银行开始兴起；21世纪初，随着智能手机出现的移动银行使越来越多的客户选择采用数字化的方式解决自己的金融需求，银行服务也在跟随客户的行为趋势不断演进。

金融科技发展史可以分为三个时代。在金融科技1.0时代里，金融通过传统互联网技术的应用提高了办公和业务的电子化、自动化水平，达到提升业务效率的目的；金融科技2.0时代表现为互联网金融阶段，通过互联网或移动终端的在线业务平台拓展客户渠道，实现业务中资产端、交易端、支付端及资金端任意组合的互联互通，本质上是对传统金融渠道的变革和对业务的融合；而目前所处的金融科技3.0时代，则是通过以人工智能、大数据、云计算及区块链等新互联网技术提升传统金融的效率，带来新的金融服务能力。

全球金融业都在面临科技创新带来的冲击与挑战，紧锣密鼓地落实前瞻性的金融科技战略。领先的大型银行在保持客户优势的同时，通过与新兴金融科技公司合作，不断加强自身科技力量，主动寻求变革创新。借助金融科技助力银行转型，已成为一场没有硝烟的战争。

1.3 数字银行的发展现状

在计算机技术和通信技术飞速发展的支撑下，国内银行金融科技进入了3.0时代。大数据、云计算、人工智能和区块链等技术在这一阶段得到了迅速发展和应用。银行外部通过收购、投资、战略合作等多种方式布局金融科技，内部优化组织架构、增加金融科技投入，内外部结合打造全新的核心竞争力。在这一阶段，国内数字银行市场中有两类参与者：一类是传统银行，以建立直销银行为代表；另一类则是近几年刚获批的民营银行，其中不乏以纯互联网形式运营的银行。这两类银行都以互联网作为业务开展的渠道，同样倚重前沿技术满足监管需求、增加业务的多样性，为银行业注入了新鲜的血液。

1.3.1 直销银行

直销银行的诞生，源于传统银行顺应和融入互联网发展趋势，开始围绕服务方式和销售渠道进行数字化转型。用户可以通过直销银行在线完成客户信息注册、银行卡绑定、开户和投资理财等金融服务。所以说，直销银行是互联网时代应运而生的一种新型银行运作模式，是互联网金融科技环境下的一种新型金融产物。

这一经营模式下，银行没有营业网点，不发放实体银行卡，客户主要通过电脑、电子邮件、手机、电话等远程渠道获取银行产品和服务，因没有网点经营费用和管理费用，直销银行可以为客户提供更有竞争力的存贷款价格及更低的手续费率。降低运营成本、回馈客户是直销银行的核心价值。

直销银行起源于 20 世纪 90 年代末北美及欧洲等经济发达地区，因其业务拓展不以实体网点和物理柜台为基础，具有机构少、人员精、成本低等特点，因此能够为顾客提供比传统银行更便捷、优惠的金融服务。在 20 多年的发展过程中，直销银行经受了互联网泡沫、金融危机的历练，已积累了成熟的商业模式，成为金融市场重要的组成部分，在各国银行业的市场份额已达 9%～10%，且占比仍在不断扩大。

面对国内互联网金融科技的飞速发展、客户消费习惯的转变以及银行利率市场化步伐的加快，我国直销银行也如雨后春笋般涌现出来。

1. 民生银行直销银行。

2013 年 7 月，民生银行成立了直销银行部。2014 年 2 月 28 日，国内首家直销银行民生银行直销银行正式上线。民生银行直销银行突破了传统实体网点经营模式，主要通过互联网渠道拓展客户，具有客群清晰、产品简单、渠道便捷等特点。

客户拓展上，民生银行直销银行精准定位"忙、潮、精"客群。产品设计上突出简单、实惠，首期主打两款产品：一是"随心存"储蓄产品，确保客户利息收益最大化；二是"如意宝"余额理财产品，对接货币基金，具有购买门槛低、实时支取、日日复利的特点。渠道建设上，充分尊重互联网用户习惯，提供操作便捷的网站、手机银行和微信银行等多渠道互联网金融服务。

作为首家直销银行，民生银行直销银行具有诸多亮点：

首先，全程互联网化。

既然是银行，肯定需要具备基本的开户、存款、转账功能，民生直销银行将这些业务全部互联网化，不需要去营业厅，只需在家里电脑上即可完成操作。

用户需要在线注册，填写个人身份信息、绑定民生银行卡、设置交易密码。如果是非民生卡用户，需要上传身份证正反面清晰照片，民生直销银行会在 24 小时内将审核结果通过短信和电子邮件告知用户。用户在 3 日内从绑定卡上汇入金额到电子账户,银行验证后将自动激活电子账户。

其次,三款主打产品灵活多变。

民生直销银行推出"如意宝"理财产品,对接"汇添富"和"民生加银"两款货币基金。用户选择签约其中一款,账户中的资金便会自动申购货币基金,从而获得高于活期存款的收益。

"随心存"业务,用户签约后,账户内活期存款扣除留存金额后,如果达到或者超过1000元时,可自动转存1年期定期存款。"随心存"还有一个好处是提前支取的话,将根据已存时间按照1天、7天通知存款,3个月、6个月、1年定期储蓄相应的利率进行结算。

"轻松汇"业务可将本行或者他行卡归集在直销银行电子账户内,也可以将电子账户内资金转账至本行或者他行卡,转出转账限额为500万元。转账免收手续费,不过转账银行卡必须事先与电子账户绑定。

最后,直销银行手机App和微信银行一应俱全。

民生直销银行还有Android和iOS手机客户端,以及微信公众账号。网页版上的操作都可以在手机客户端上完成,微信公众账号内可以查询账户、转入转出资金、查询"如意宝"。

2. 兴业银行直销银行。

2014年3月,兴业银行推出直销银行,这是兴业银行倾力打造的投资理财产品的互联网直销平台,享有"财富直通车"的美誉。兴业银行直销银行其特点在于为客户提供收益稳健的多种投资理财产品,并支持多家银行卡直接在线购买,用户可以持工行、建行、农行、招行、中信等多家银行卡,通过电脑、手机等移动设备直接在其上选购热销理财产品、基金以及定期存款、通知存款等,免掉了繁复的注册、登录、跨行资金划转步骤,一键购买,省时省力,可以随时随地随身"一站式"查看、管理、调拨上述各家银行卡上的资金,享受在线理财规划服务,具有操作简单"一键购买"的畅快体验。

2014年3月27日上线的兴业银行直销银行,凭借其支持多家银行卡免注册、免登录购买30余款理财产品、400余只基金以及一键就"购"的便捷性备受市场关注，上线当天即销售理财产品超过5000万元。

2014年4月10日，挟直销银行上线之势，兴业银行宣布再推互联网理财新品，携手国内知名基金公司推出T+0直销货币基金产品"兴业宝"，为银行系"宝宝军团"再添生力军。

随着余额理财产品"兴业宝"正式落地，兴业银行直销银行的服务品种已扩展至"兴业宝"、理财、基金、定期存款四大产品线。其中，兴业银行推出的T+0直销货币基金产品"兴业宝"为系列产品，第一期合作伙伴为大成基金旗下最具竞争力的货币基金产品——大成现金增利货币基金，第二期合作伙伴也已锁定兴业基金管理有限公司，后续还将与更多知名基金公司合作，为客户提供多样性产品选择。

3. 百信银行。

百信银行（全称为"中信百信银行股份有限公司"）是首家获批的独立法人形式的直销银行，由中信银行与百度公司联合发起。市场定位是"为百姓理财，为大众融资"，将依托中信银行强大的产品研发及创新能力、客户经营及风险管控体系，以及百度公司互联网技术和用户流量资源，满足客户个性化金融需求，打造差异化、有独特市场竞争力的直销银行。推出了消费金融、小微金融和财富管理三大核心业务。

自2015年11月中信银行与百度公司宣布准备筹建百信银行，历经一年多的努力，于2016年12月30日，百信银行获得银监会正式批复开始筹建。2017年8月15日，获得银监会许可批复开业。于2017年11月18日正式开业。2018年4月，百信银行在首届数字中国建设峰会期间展示了"政府公共资源交易中心互联网金融解决方案"，为公共资源交易中心、产业互联网提供了解决方案，并与大连市公共行政服务中心签署合作协议：由百信银行将金融服务嵌入地方政府公共资源交易中心，向中小微投标企业和供应商企业提供在线融资等金融服务。

百信银行是一种新型运作模式的直销银行，客户主要通过电脑、电子邮件、手机、电话等远程渠道获取银行产品和服务，因没有网点经营费用和管理费用，直销银行可以为客户提供更有竞争力的存贷款价格及更低的手续费率。百信银行将聚焦智能和普惠,构建智能账户、智能风控和智能服务等核心能力,主要针对传统银行服务薄弱和未触达的空白领域进行错位发展。

中信银行董事长李庆萍表示:"百信银行是一个银行平台,市场定位是为百姓理财,为大众融资。将利用中信银行的网点优势、金融风控、产品研发和客户经营能力,以及百度公司的互联网技术和用户流量资源,打造差异化、有独特市场竞争力的直销银行。"①

百度董事长兼首席执行官李彦宏表示,百信银行的模式有望成为中国互联网金融的发展样本。百度拥有领先的技术实力、海量的用户数据和互联网运营经验,可以根据用户的属性、偏好对他们的金融需求进行"画像",为客户提供创新型的金融解决方案,并期待未来百信团队充分利用好百度的数据、技术和流量资源,为用户提供优质的金融服务。②

国内首家由互联网公司与传统银行深度合作、强强联合发起的直销银行,标志着百度公司在金融服务这个容量最大、最具增长潜力的垂直服务领域迈开了里程碑式的一大步。百信银行的设立在中国银行业发展过程中也具有标志性意义,开启了"互联网+金融"的全新模式。

百信银行是以独立法人形式开展直销银行业务,因此需要银监会的审批。作为国内首家,百信银行被归类为"有限牌照商业银行"。2015年5月,银监会组织部分银行就直销银行子公司进行讨论。2016年1月,全国银行业监督管理工作会议提出,指导条件成熟的银行对直销银行等业务板块进行牌照管理和子公司改革试点。对银监会来说,百信银行是探索部分业务板块和条线子公司制改革设想以来落地的创新试点方案,因而其落地对监管机构的创新监管有重要意义。③

根据中国银行业协会与中小银行互联网金融联盟发布的报告,截至

---

①② 百信银行新模式历经市场考验,独立法人直销银行发展前景可期 [EB/OL]. https://caifuhao. eastmoney. com/news/20201103133431094314890,2020-11-03.

③ 互联网巨头加速布局银行业,为直销银行发展加速 [EB/OL]. http://mt. sohu. com/20170127/n479633432. shtml,2017-01-27.

2017年8月,市场上以独立直销银行App为服务模式的银行达105家,国有四大行(工商银行等)、股份制商业银行(平安银行等)、城市商业银行(北京银行等)和农村合作银行(尧都农商银行等)都推出自己的直销银行品牌,通过互联网完成线上线下融合的金融服务模式。①

结合直销银行的定位与经营方式,目标客群将重点关注互联网客户,结合其"新潮、快节奏、追求精致生活"的特点,展开营销与推广。直销银行可提供线上和线下融合、互通的渠道服务。线上渠道由互联网综合营销平台、网上银行、手机银行等多种电子化服务渠道构成;线下渠道采用全新理念建设便民直销门店,其中布放远程视频柜员机(VTM)、自动取款机(ATM)、存取款一体机(CRS)、自助缴费终端等各种自助设备,以及网上银行、电话银行等多种自助操作渠道。

商业银行对互联网金融的"热情",源于互联网金融快速发展所带来的冲击。互联网金融的兴起不仅使银行的负债结构从活期存款转向更为市场化的同业存款,由于其部分投向银行体系外的金融资产,也将导致商业银行负债总量的减少,对银行一般存款业务的开展带来双重挑战。在这样的背景下,针对互联网金融的负债产品创新将继续开展,带来的结果之一就是,基于互联网平台的直销银行将获得较快发展和复制,并分流传统商业银行的个人金融类业务。

直销银行最大亮点体现在利用手机号、身份证号和银行卡号的交叉验证,从而实现非现场开户的创新上;不足之处在于各家都还处于先期探索阶段,几家直销银行风格单一。此外还体现在产品与功能略显匮乏,主要局限在余额理财、代销基金、存款与转账、信用卡还款等基础银行电子账户功能,与电子银行、网上银行趋同。

但相信,互联网是"直销银行"发展的"助推器",而现时中国飞速发展的互联网技术和国人消费观念的转变,是引入直销银行概念的重要契机。银行谋求发展必须要进行发展模式的创新和变革。国外直销银行的兴

---

① IFAB & 金融壹账通.2017年中国直销银行评测与创新分析报告[R].2017.

盛启示，充分利用现代信息技术，借助互联网开展业务，降低成本，回馈、吸引客户，具有广阔的市场前景。

1.3.2 民营银行

2014 年，银监会批准了第一批民营银行。从设立目的而言，民营银行可以认为是对现代银行体系建立的一种补充和完善，相关的规章条例有《关于促进民营银行发展的指导意见》和《关于民营银行监管的指导意见》。截至 2020 年底，全国已有 19 家民营银行开业运营，具体情况如表 1-1 所示。

表 1-1　　全国现有 19 家民营银行情况

序号	银行名称	开业时间	银行定位	第一大股东
1	深圳前海微众银行	2014 年 12 月 16 日	互联网银行、助力小微	腾讯
2	温州民商银行	2015 年 3 月 26 日	助力小微、服务"三农"、扎根社区	正泰集团
3	天津金城银行	2015 年 4 月 27 日	服务小微企业、践行普惠金融	华北集团
4	上海华瑞银行	2015 年 5 月 23 日	差异化智慧银行	均瑶集团
5	浙江网商银行	2015 年 6 月 25 日	全流程网络经营	蚂蚁金服
6	重庆富民银行	2016 年 8 月 26 日	扶微助创、实体互联、立足两江、辐射库区	瀚华金控
7	湖南三湘银行	2016 年 12 月 26 日	产业链金融	三一集团
8	四川新网银行	2016 年 12 月 27 日	新一代互联网银行	新希望集团
9	吉林亿联银行	2017 年 5 月 16 日	数字银行，智慧生活	中发金控
10	武汉众邦银行	2017 年 5 月 18 日	专注服务中小微企业的交易服务银行	卓尔控股
11	江苏苏宁银行	2017 年 6 月 16 日	科技驱动的 O2O 银行	苏宁云商
12	梅州客商银行	2017 年 6 月 28 日	践行普惠金融、服务"三农两小"	宝新能源

续表

序号	银行名称	开业时间	银行定位	第一大股东
13	威海蓝海银行	2017年6月29日	线上线下融合发展的O2O类互联网银行	威高集团
14	北京中关村银行	2017年7月16日	创新创业者的银行	用友网络
15	辽宁振兴银行	2017年9月27日	为创新创业企业、高新技术产业提供金融服务	荣盛中天
16	安徽新安银行	2017年11月18日	服务中小企业、支持科技创新、践行普惠金融	南翔
17	福建华通银行	2018年1月16日	科技金融、助微惠民	永辉超市
18	江西裕民银行	2019年9月28日	民营企业、民营经济、民生大众	正邦集团
19	无锡锡商银行	2020年4月16日	物联网科技银行	红豆集团

资料来源：零壹财经。

1.3.3 开放银行

开放银行是一种平台化商业模式，包括银行、第三方机构、用户3个主要参与方。随着新兴技术应用于银行业，用户对多样化、透明化、专业化的金融服务需求加大；同时，行业竞争加大，供给侧结构性改革迫在眉睫。与传统的银行经营模式相比，开放银行在需求侧和供给侧都具有明显优势。同时，开放银行通过API、SDK等方式进行第三方输出和场景布设，这些技术本身具备一定的技术优势。在具体将开放银行推向市场的时候，API技术、数据共享、底层平台是重要的部分。银行可以通过自主建设、投资并购、合作三种方式参与开放银行。

纵观各个国家和地区的开放银行发展历程，主要有两种驱动方式：一是监管驱动，如欧盟、英国等；二是市场驱动，如中国。近年来银行业发生了巨大变化，已经从卖方市场转入买方市场，关注用户需求的变化，对于开放银行业务创新具有极大意义。

中国开放银行引发广泛探讨始于2018年，但银行业对开放银行的尝试远早于此。比如，中国银行早在2013年就推出了开放平台。中国各银行的开放银行探索各有特点。工行以ECOS系统及其背后的技术实力作为支撑，以自有平台"三融"为基石，通过工行API开放平台"走出去"、通过金融生态云平台"引进来"；兴业银行依托其同业市场（F端）的优势，布局开放银行，并转嫁到政府端（G端）、企业端（B端），通过生态互联，服务个人用户（C端），从而构建开放生态；新网银行是全在线、全实时、全客群银行，核心业务模式是万能连接，将银行的能力与场景端、资金端连接，致力于解决场景融合问题，将数种服务结合起来为客户提供产品及服务。

开放银行核心的主旨是通过金融数据共享，推动传统银行和金融科技公司更深层次地协作和竞争，最终追求用户利益最大化。开放银行的本质其实是：共享经济和平台经济崛起；人类正从IT（information technology）科技时代走向DT（data technology，数据技术）时代，科技时代是以自我控制、自我管理为主，而DT时代，它是以服务大众、激发生产力为主的技术。

DT时代有几个很明显的特征是：生态性、开放性、共赢性和普惠性。

一是生态性，即生态体系，是指在自然界的一定的空间内，生物与环境构成的统一整体，其中各类参与者之间相互影响、相互制约，并在一定时期内处于相对稳定的动态平衡状态。在社会科学发展中，生态体系的概念经常被拿来使用，指的是某种能够实现"各方共赢"的格局，而非排斥的、恶性的、你死我活的市场状况。具体到平台模式中，则是能有效支撑新商业生态的发展，各类企业在平台中频繁互动、充分有序竞争、推动创新持续涌现。

二是开放性，按照平台经济的理论基础，参与平台模式的主体越多，能够产生的正外部性就越大，最后各方获益就越多。互联网时代的平台经济模式，依托全新的信息基础设施与生产要素，可以逐渐改变集中式、封闭式的大企业发展模式，逐渐使得不同主体能够在开放条件下探索全新的交易条件与场景。

三是共赢性，在传统交易模式中，众多市场缺损的根源，都在于信息不对称。而在互联网时代的早期，少数获取大数据信息主控权的主体，也可以攫取超额利润。而随着信息社会的进一步发展，这种模式也会遭遇挑战。人们可以通过更加松散而高效的信息交换，来分享商品和服务，交易费用、搜寻成本、匹配费用也进一步降低，从而增加实现各方共赢的途径。

四是普惠性，依托平台经济模式，可以大幅度降低不同经济主体的合作成本，促进大规模协作经济的扩张，生产能力与效率得以共享，从而实现更节约的时间、更优化的资源配置、更灵活的就业等。这使得经济活力得以进一步激发，商业服务更加便捷，创业生态更加完备，实际上有助于改变传统经济发展中的扭曲，促进生产与服务的普惠性。

而开放银行这种模式的特征和 DT 时代不谋而合，因此应运而生。这种变革将开创银行业的新纪元，带来前所未有的机遇和挑战，开放式银行的业务规模未来将同互联网一样大。

开放银行如同行业的游戏改变者，新生态正在形成，并将赋能任何可能的第三方，将创新业务构建在银行的数据和基础设施之上，建立起了金融服务新模式。未来银行的基本业务可以像乐高积木一样模块化，金融服务可以按需求"拼凑"业务模块，增加服务的弹性和多样化。而银行将成为高度开放共享的金融服务平台。金融科技公司和银行的关系由竞争转为合作，共同构成了共生共存的金融生态圈，就像手机 App 和手机操作系统一样。

开放银行是近年来全球金融业的大趋势，中国由于有全球领先的金融科技生态，银行与金融科技公司已经在实践中走出共赢的路子，并力争从如下三方面做出突破：

第一，将开放银行从一种开发技术/平台工具提升为商业模式的驱动力和战略关注点。

第二，将开放银行作为商业模式、数字化战略和生态系统建立的基础，开放式 API 将可使第三方在银行的数据和基础设施之上建立起创新的生态金融服务，通过 API 化构建的开放银行生态，一个金融机构的核心资产可以被复用、共享和货币价值化，可以扩大服务的受众用户，提供新的营收来源。

第三，利用新兴科技技术，如大数据、云计算等，构建牢固稳定的基础设施、做好基础数据治理。

但创新最难的永远是自我颠覆，原有业务增长带来的惯性思维，总会限制新业务发展的投入和成长。纵观国内的开放银行发展历程，各家大银行都在做开放银行，但做出价值者寥寥，反而是微众、网商、新网这批民营银行在不知不觉中改变了行业的游戏规则。

从政策面来看，无论是"供给侧结构性改革"扩大有效供给、降低融资成本、提高技术利用水平的纲领性要求，还是"推进普惠金融发展规划"倡导的提升金融机构科技运用水平，鼓励金融机构运用大数据、云计算等新兴信息技术，打造互联网金融服务平台，为客户提供信息、资金、产品等全方位金融服务所提出的金融回归本源，扶持赋能中小实体经济成长的转型方针，都在为金融科技的"小、快、灵"提出转型要求。

监管部门应结合我国银行业发展实际，加快出台指导意见，强化开放银行顶层规划，避免市场"重复造轮子"，同时鼓励金融机构与领先的金融科技公司开展合作，优势互补，进而建立合作共赢的开放模式，建立长期的商业合作机制，推动银行向数字化和智能化方向转型。

中国拥有全球最大的银行体系，将近5000家银行，未来转型之路还很长。开放银行代表了金融科技下半场发展的重要突破口，对包括银行在内的传统金融数字化转型意义非凡。

1.4　国内外金融科技发展现状

人类文明的发展，主要不是依靠人脑的进化，而是通过社会化合作的不断创新和发展，带来生产力的大爆发。如今这个时代，互联网技术和人工智能的不断发展，给企业以及整个人类社会带来了全新的可能性。智能时代已经来临，每个人都要顺势而为。有大抱负者要敢于取势，甚至勇于造势，只有这样才能成为新经济时代的弄潮儿和引领者。那么，智能时代的商业究竟是什么？我们的未来又会因此发生何种改变呢？

数字化趋势加强，产业的发展与科学技术的进步相伴而生。从某种意义上来说，产业的形态是由科学技术的样式塑造的。智能时代来临，特别是互联网、大数据、云计算、区块链和人工智能技术将推动产业的数字化进一步发展，数字化将成为产业发展的最大特点和优势之一。

自互联网尤其是移动互联网技术出现并大规模的应用之后，人类社会就进入了数字化时代，时刻连接互联网的电脑、Pad、智能手机等终端通过将资料数字化从而实现各种资料的大容量存储以及快速远距离传播。5G网络的商用，不断提升的网络速度和质量将社会越来越多的部分纳入互联网之中。毫无疑问，5G技术的出现将进一步延续这种数字化发展趋势并推动其深入发展，2G/3G网络背景下无法实现的VR/AR、人工智能技术的广泛应用、图像远程实时的超高清传输，在4G/5G技术的支持下都将成为现实。这种数字化趋势加强的最直接的表现就是移动终端的大批量增加，最终实现"万物互联"，将实体产品的生产和消费的整个过程纳入互联网数字技术的控制之下。未来的世界，数字化技术的运用将成为我们生产和消费文化产品的最重要方式。

需求个性化以及生产和消费分层。在数字时代，伴随着技术的进步，全球消费者群体将不断扩大，多样化和个性化的需求将成为下一阶段市场关注的重点，并直接导致显著的产品生产和消费的用户分层现象。对于工业制品，人们追求统一标准以实现完美的使用效果，而对于文化产品，人们更期待达到与众不同进而表现自我的效果，获得心理上的满足。从这个角度来说，"人工智能+大数据"技术在5G网络的支持下提供了一个更加开放的应用平台和更加便捷的应用通道，将用户需求的多样化和个性化无限放大，方便每一个人选择与自己的兴趣和风格相符的产品和服务。这将在产品的生产和消费上呈现出明显的分层现象，即拥有同一种爱好和风格的人极易与其他人区别且形成一个又一个不同的群体（俗称"圈子文化"），群体成员拥有相似或者相同的产品生产和消费观念。

1.4.1 国外金融科技现状

金融行业数据量巨大，是继互联网及运营商之后数据产生最为庞大的热点行业之一，加上金融行业雄厚的资本背景，金融行业已经成为大数据应用的一片沃土。而放眼全球，金融行业也是大数据的应用重镇，无论从大数据应用综合价值潜力维度，还是平均数据量而言，金融行业大数据的应用综合价值潜力都非常高。在"TOP50"金融科技公司中，美洲公司有27家，欧洲、非洲和中东公司共有11家，亚洲公司有9家，大洋洲公司有3家。从国家分布来说，美国公司占了半壁江山，有25家公司上榜；中国排名第二，占有7席；英国排名第三，有5家公司入围。①

1. 美国。

美国是最早探索金融科技的国家，依靠科技发展诞生了苹果、谷歌、脸书（Facebook）、微软等科技巨头，并且培育了贝莱德、摩根士丹利、高盛等金融机构。初创型的金融科技公司一度发展势头很猛，但传统金融机构依靠底蕴更具竞争力；例如，以机器人投顾著称的Betterment、Wealthfront的发展不如嘉信理财。一方面，金融科技公司获取牌照难度大，并且双牌照限制导致经营成本上升；另一方面，公平信贷条款限制了技术的应用。在美国，年龄、性别、种族等涉嫌歧视的数据不可用于数据分析；以牌照为中心的金融机构依靠服务远胜依靠技术驱动的互联网公司。

其中，第一资本（Capital One）是大数据存量数据挖掘、睡眠客群激活、客户全景画像的代表；2016年《数字化投顾报告》（*Report on Digital Investment Advice*）的出台，机器人投顾业务逐渐壮大，Wealthfront、Betterment、Personal Capita都是知名的智能投顾平台；2019年美国证券交易委员

---

① 全球Fintech公司商业模式梳理［EB/OL］．http：//mt.sohu.com/20170102/n477549563.shtml，2017-01-02．

会（SEC）与美国金融业监管局（FINRA）联合发布数字资产和证券经纪机构声明，鼓励数字资产交易创新；同年，SEC、货币监理署（OCC）和联邦存款保险公司（FDIC）联合宣布加入全球金融创新网络联盟（GFIN）。

2. 英国。

英国于2014年发布全球首个网络借贷法案，对P2P行业的最低资本、客户资金管理、投资标的流转、信息披露、合格投资人等各方面都进行了细致的规定，以提升对投资者利益的保护。

2016年，巴克莱银行完成首个基于区块链技术的贸易，从互联网众筹到数字资产交易，英国始终在依托分布式理念发展金融。区块链去中心化、智能合约、不可篡改等特点可以保护互联网众筹客户资金安全；数字货币可以规避P2P交易对手信用风险。2018年英国财政部、金融行为监管局和英格兰银行共同组建"加密资产专项工作组"；同年英国政府发布了一系列关于区块链行业的监管措施；并且，英格兰银行建立分布式清算系统。2019年，FCA发布《加密货币资产指南》文件，指出加密货币资产可被视为"特定投资"。

3. 日本。

日本在大数据方面发展较早，但在将大数据与金融行业结合的程度上仍是任重道远。日本金融发展以银行业为主，日本民众对传统金融银行业服务感到满意，对于发展新型金融服务热情较弱，因而失去了大力发展金融科技的土壤；直到2016年才允许银行在获得监管部门审批后，对有助于提升银行效率、改善用户服务的"银行业等高度化公司"（即金融科技公司）进行出资。

日本建立了共享ID区块链平台，多家银行和金融机构之间可即时共享客户个人信息；出台《支付服务法案》，正式承认比特币是一种合法的支付方式；对虚拟货币采取了适度监管、鼓励创新的态度，明确了虚拟货币及其交易平台的合法地位。

2020年日本国会出台《关于提高指定数字平台透明度和公平性的法

律》，要求大型科技公司提高透明度，并且适时提供合规报告；日本证监会则利用 AI 监管系统对金融违规行为与刑事指控案件做出迅速反应，并且对上市公司财报涉嫌造假或不合理的数据进行识别。

4. 印度。

随着印度 IT 服务公司对大数据分析需求快速增长以及云计算领域新时代数字项目的发展，IT 行业对大数据专业人士的需求将持续上涨。

班加罗尔汇集了印度大部分大数据企业，占有印度 40% 的大数据就业市场份额。[①] 其他大数据专业人员需求旺盛的城市包括浦那、海德拉巴、德里、孟买和金奈等。2016 年，印度诸多大数据创新企业，包括 Realbox、Scienaptic、BRIDGEi2i 等公司已完成融资并步入良好发展时期。

印度现已实施"数字印度"战略，推行"废钞运动"，明确数字身份证卡绑定金融服务等，不仅解决了现金为主的支付方式、融资难、贪腐等社会问题，同时也为发展金融科技奠定了良好基础。

在"废钞令"的刺激下，印度金融科技行业在印度获得了主流地位。统一支付接口等印度独有的支付基础设施赢得了大众的信任，全球更多的公司也开始将注意力转向印度市场，希望能分一杯羹。

全球第二规模的人口基数、利好的市场政策，以及不断提高的移动互联网渗透率，让印度金融科技市场的巨大发展潜力成为全球资本紧盯的香饽饽。阿里、腾讯、京东、小米、复星集团在内的中国知名企业，以及红杉、高瓴在内的知名投资机构，都以投资或自营的方式，纷纷布局印度金融科技市场。

1.4.2　国内金融科技现状

金融科技行业就业前景在这样一个金融信息化的时代，复合型科技人

---

① 亿欧. 坐拥"四色之城"，看印度搭建金色 Fintech [EB/OL]. https://www.sohu.com/a/347242428_115035, 2019 - 10 - 16.

才是比较短缺的。金融科技作为金融和科技的复合学科，就业形势一片大好。除此之外，金融企业也越来越重视科技部门，这也给金融科技人才更好的机会、更广阔的发展空间。不管是金融分析师，还是金融程序开发，对人才的需求量都很大。也正是由于这种巨大的需求，很多高校都开展了金融科技方向的专业或者课程。通过学习金融相关基础知识、计算机科学、技术和服务管理科学来培养具备相应的金融服务、信息技术知识基础，有一定的开发应用技能，可以提供金融服务，金融技术和金融产品软件开发、维护和更新等工作的技术人才。

金融科技行业主要有以下特点：第一，对相关人才的高需求，对科技技术的高度使用。第二，核心技术更新慢、更新优化得比较多。第三，涉及金融和科技两大领域。因为金融科技一般指应用科技技术到金融行业中，包含了银行、证券、保险等全部企业的科技应用。所以金融科技自然涉及金融和科技两大领域。第四，职业发展比较广。金融科技行业从业者既可以从事金融分析的方向，也可以从事计算机软件开发、测试的方向，也可以做销售、管理等工作，职业空间较大。

传统的18家全国性银行也通过不同的路径进行了各自金融科技能力的提升，虽然具体路径不同，但基本遵循了ABCDIMOP的发展模式，即通过夯实A（AI，人工智能）、B（blockchain，区块链）、C（Cloud Computing，云计算）、D（Big Data，大数据）、I（internet of things，物联网）等基础技术能力，进而将其运用在M（mobile，移动）、O（open，开放）、P（platform，平台）等领域。

就基础能力的构建而言，银行一般会采用以下两条路径，抑或兼而有之：其一是自建金融科技子公司，将金融科技能力内部化；其二是与外部金融科技公司进行合作，借助后者场景及技术优势迅速提升自身的相关能力，具体如表1-2所示。

表1–2　　18家全国性银行有关金融科技战略的定位

银行	金融科技战略
工商银行	打造"智慧银行"
农业银行	以"金融科技+"为驱动,坚定实施"移动优先"战略
中国银行	坚持科技引领、创新驱动、转型求实、变革图强,"建设新时代全球一流银行"
建设银行	"top+"战略,Technology + Open + Platform
交通银行	加强金融科技的运用,打造"智慧交行"
邮政储蓄银行	成立金融科技领导小组,深入推进互联网金融、大数据应用和科技创新工作,加快智慧银行建设
浦发银行	"以客户为中心,科技引领,打造一流数字生态银行"
招商银行	深入推进"轻型银行""一体两翼"战略转型,以金融科技为转型下半场提供"核动力",持续打造最佳客户体验银行
兴业银行	围绕"安全银行、流程银行、开放银行、智慧银行"的总体方向,努力实现信息科技从支撑保障向科技引领的重要转变
光大银行	明确"一部手机,一家银行"的"移动优先"策略
中信银行	秉承"平安中信、合规经营、科技立行、服务实体、市场导向、创造价值"的经营管理理念
民生银行	"民营企业银行、科技金融银行和综合化服务银行"
平安银行	"科技引领、零售突破、对公做精"
华夏银行	推动金融科技创新,加快推进数字化银行转型
浙商银行	塑造综合化、数字化、扁平化的有机组织
广发银行	以创新为驱动,以服务为宗旨,以合规为基石
恒丰银行	人才引领,科技引领,创新引领,效率引领,效益引领
渤海银行	借力金融科技布局消费金融

资料来源:零壹智库。

统计发现,除建设银行、交通银行、招商银行、浙商银行、平安银行5家银行外(其中建设银行、招商银行、平安银行均有各自的金融科技子公司),其余13家银行均或多或少与外部金融科技公司进行了合作,且对外合作的主体中,均包含"BATJ"中的一家或几家。具体如表1–3所示。

表1-3 各银行与金融科技公司最新合作情况

银行	金融科技公司	合作成果
工商银行	京东	"工银小白"数字银行上线
农业银行	百度	"金融大脑",已成功投产
	腾讯	签署全面合作协议
	科大讯飞	签约成立智能语音联合创新实验室
	南大通用	共建联合创新实验室
中国银行	百度	与百度知识签署合作协议
	腾讯	签署《微校项目合作协议》,携手打造校园服务新生态
邮储银行	腾讯	与腾讯公司、微众银行签署全面深化战略合作协议
	创新奇智	签署战略合作协议
兴业银行	京东金融、科大讯飞	三方联手成立"AI家庭智慧银行联合实验室",共同布局物联网金融
	京东集团	品牌战略合作签约,共同深耕体育消费市场
	微软	共建数字化智能银行
光大银行	蚂蚁金服	1. 与光大银行、光大科技公司签署战略合作协议,共建"数据共创实验室" 2. 共建万家物业缴费平台
	腾讯	1. 签署战略合作协议 2. 信用卡与微信支付跨界融合项目正式上线 3. 成立"光大-腾讯金融科技创新实验室"
	京东	签署战略合作协议
浦发银行	华为、百度、科大讯飞	共建"浦发银行创新实验室"
	蚂蚁金服	签署战略合作协议
	腾讯	签署全面战略合作协议
	360企业安全集团	共同成立"浦发360网络安全联合实验室"
中信银行	腾讯	推出手机银行智能语音产品
	百度	共同发起设立国内首家独立法人直销银行百信银行
民生银行	华为	签署战略合作协议,携手构建"科技+金融"的数字化智能银行新生态

续表

银行	金融科技公司	合作成果
广发银行	百度	签署战略合作协议
恒丰银行	建信金融科技	洽谈合作
渤海银行	蚂蚁"借呗"	合作放贷，项目已运行
	金融壹账通	签署战略合作协议
华夏银行	腾讯	助力华夏银行孵化纯线上小微企业融资产品"华夏龙商贷"
	华为	共建联合创新实验室
	新希望集团、新网银行	达成战略合作协议
	金融壹账通	签署战略合作协议

资料来源：零壹智库。

2018年，建行在上海建立了全国首家"无人银行"，光大银行也成立了光大云缴费科技有限公司，升级云缴费系统，力争打造国内最大的开放式缴费平台。为提升客户体验和运营效率，节约运营成本，近年来，各行持续运用金融科技的力量，提高自身的智能化运营能力，具体如表1-4所示。

表1-4　　　　　各银行智能化最新典型成果

银行	智能化最新成果
工商银行	1. 升级聚合支付平台 2. 智能客服识别率已达98%
农业银行	1. 新一代超级柜台在全国投产上线 2. 于重庆建成国内首家DIY"智慧银行" 3. 推出信用卡刷脸办卡项目 4. 新一代网点智能服务系统投产上线
中国银行	1. 于国内各行中首推跨境银联二维码支付 2. 发布"中银慧投"，正式进军智能投资顾问市场
建设银行	1. 在上海下设国内银行业首家"无人银行" 2. 实现刷脸，创新全渠道应用

续表

银行	智能化最新成果
交通银行	1. 推出可移动"银行柜台" 2. 推出业内首个区块链资产证券化平台"聚财链"
招商银行	1. 推出"刷脸支付" 2. 率先进入"全面无卡化"时代，打造"最佳客户体验银行"
兴业银行	携手微软共建数字化智能银行
光大银行	成立光大云缴费科技有限公司，升级云缴费系统，力争打造国内最大的开放式缴费平台
中信银行	1. 推出"有温度"的智能投顾系统——"信智投" 2. 推出国内首款能计息的智能存钱罐 3. 推出"人脸支付"和手机"碰一碰"支付方式
民生银行	1. 与华为携手打造数字化智能银行 2. 应用高速签名盒子，实现银企直联
广发银行	1. 发布"极智"现金管理品牌 2. 突出"捷算通对公移动支付"
浙商银行	小微企业信贷风控实现"机器换人"
渤海银行	推出智能服务机器人
平安银行	打造"平安智慧生态快闪店"

资料来源：零壹智库。

金融科技的发展是在不断适应经济社会转型以及应对内外部机遇挑战的进程中更迭演进的。在这一意义上，2019年无疑是中国金融科技发展的一个标志化历史节点。这表现在一系列具有里程碑意义的政策制度相继出台、一系列新技术被广泛应用：例如央行《金融科技（FinTech）发展规划（2019—2021）》发布、金融科技十省市试点正式启动、金融标准体系及实施取得显著成效、数字货币体系渐成气候、金融监管科技落地生根、金融信息和数据安全保护更进一步、网贷行业合规转型规范加强、商业银行金融科技子公司全面开花、生物识别和区块链等创新技术广泛应用等。这些变化将中国金融科技带入到了一个新时代，也为银行金融科技的发展创造了全新的大环境。

这些挑战既有宏观经济和市场环境变化导致的经营压力，也有金融科技快速变革带来的技术和创新压力，还有加速转型给银行施加的竞争压力。同时，国家相关政策对于银行"坚持科技赋能"和"聚焦主责主业"提出了新的要求，有利于银行在外部压力环境下更好地加快转型步伐、服务实体经济。在中国经济结构转型和增长动力转换的新趋势下，"互联网+""新基建"和数字经济等新动能的快速推进，也为银行利用金融科技发展产业链金融等"蓝海战略"提供了新机遇。

在技术变革突飞猛进的背景下，银行如何运用大数据、云计算、人工智能、区块链等技术，革新业务模式，创新产品服务，实现自身数字化、科技化转型，同时促使信息技术成为践行普惠金融、催生消费需求、发展数字经济、服务高质量发展的重要动力，成为中小银行共同面临的一个重大课题。

总体而言，银行在深入落实"聚焦主责主业"的要求下，如何利用金融科技加快数字化转型步伐，从而强化差异化竞争优势、化解风险和不确定性，是银行改善生存环境、构建成长通道的关键所在。

2020年10月29日，中共十九届五中全会审议通过《中共中央关于制定国民经济和社会发展第十四个五年规划和二〇三五年远景目标的建议》，建议提出要提升金融科技水平，坚定不移建设数字中国、建成现代化经济体系。2021年1月29日，央行金融科技委员会会议强调，2021年要出台新阶段金融科技发展规划，加快推动金融数字化转型，发挥"技术+数据"双轮驱动作用，助力构建适应数字经济发展的现代金融体系。

"后疫情"时代，世界经济数字化转型是大势所趋，在"金融+科技"浪潮的冲击下，金融科技早已成为推动金融转型升级的新引擎，大部分金融机构都已将发展金融科技业务提升到战略高度，尝试开发新的管理模式、业务形态与协作平台，以满足客户的差异化需求，并持续为其金融主业赋能，以提升业务能力、降本增效。

截至2021年4月，央行及持牌金融机构共成立科技子公司45家，其中央行金融科技子公司4家、商业银行金融科技子公司12家、证券业金融科技子公司2家、保险业金融科技子公司27家；从区域分布来看，在广东注册的公司最多，有14家，其次是北京9家，上海8家，3个区域合计占比68.89%。①

1. 央行。

为实现金融与科技深度融合、协调发展，近年来，央行不断整合自身科技机构相关资源，通过成立金融科技子公司、推进金融市场交易报告库数据交换管理平台建设等具体措施，从规范引领、应用试点、创新监管、研究交流等方面支持金融科技应用发展。截至2021年4月，央行已成立金融科技子公司4家，筹备中金融科技子公司1家，已成立金融科技测评中心、认证中心各1家，待开业金融科技认证中心1家，目前央行的金融科技版图已覆盖北京、深圳、重庆、苏州等地。具体如表1-5所示。

表1-5　　8家央行金融科技子公司、认证中心和测评中心

公司全称	成立时间	注册资本	注册地	主要股东	开业状态
中汇金融科技（深圳）有限公司	2020年10月29日	1亿元	广东	中汇信息（100%）	已开业
成方金融科技有限公司	2020年7月30日	20.08亿元	北京	中金电子化（34.86%）	已开业
长三角金融科技有限公司	2019年3月1日	6820万元	江苏	深圳金科（67.01%）	已开业
深圳金融科技有限公司	2018年6月15日	200万元	广东	央行数研所（100%）	已开业
上海金融科技公司（筹）	—	—	上海	—	筹备中
深圳国家金融科技测评中心有限责任公司	2020年12月9日	1亿元	广东	北京银联金卡（70%）	已开业
重庆国家金融科技认证中心有限责任公司	2020年10月16日	1亿元	重庆	北京金科认证（50%）	已开业
北京国家金融科技认证中心有限公司（筹）	—	1亿元	北京	中金电子化（100%）	待开业

资料来源：零壹财经。

---

① 陈艺楠，颜晓妹. 中国持牌金融机构科技子公司大全（2021）[EB/OL]. https://www.163.com/dy/article/GVAJPRD305198086.html, 2022-02-03.

2018年8月28日，南京市人民政府、南京大学、江苏银行、中国人民银行南京分行、中国人民银行数字货币研究所五方合作共建"南京金融科技研究创新中心"正式揭牌成立，该研究中心重点研发数字货币加密算法和区块链底层核心技术，完成央行数字货币研究所布置的数字货币关键技术研究，广泛开展金融科技课题研究、人员培训、场景应用试点，力争打造成为国内乃至全球金融科技研发及应用推广平台。

2. 商业银行。

为推动银行数字化转型进程，各大银行在金融科技领域的布局不断加码，股份制银行已成为设立金融科技子公司的银行主力。商业银行的金融科技子公司短期大多以服务母公司银行业务为主，旨在推动银行科技发展与数字化转型，而长期大多以输出同业IT解决方案为主要营收来源，同时补齐银行综合经营中的科技板块。截至2021年4月，商业银行已成立金融科技子公司12家，筹备中金融科技子公司2家。具体如表1-6所示。

表1-6　　　　　　14家商业银行金融科技子公司

银行名称	银行系金融科技子公司	成立时间	注册资本	注册地	主要股东	开业状态
廊坊银行	廊坊易达科技有限公司	2020年11月18日	200万元	河北	廊坊银行（100%）	已开业
交通银行	交银金融科技有限公司	2020年8月25日	6亿元	上海	交银国际（100%）	已开业
农业银行	农银金融科技有限责任公司	2020年7月28日	6亿元	北京	农银投（100%）	已开业
中国银行	中银金融科技有限公司	2019年6月11日	6亿元	上海	津远实业（100%）	已开业
北京银行	北银金融科技有限责任公司	2019年5月16日	5000万元	北京	北银置业（100%）	已开业
工商银行	工银科技有限公司	2019年3月25日	6亿元	河北	工银国际（100%）	已开业
华夏银行	龙盈智达（北京）科技有限公司	2018年5月23日	2100万元	北京	龙盈科创（100%）	已开业

续表

银行名称	银行系金融科技子公司	成立时间	注册资本	注册地	主要股东	开业状态
民生银行	民生科技有限责任公司	2018年4月26日	2亿元	北京	民生置业（100%）	已开业
建设银行	建信金融科技有限责任公司	2018年4月12日	16亿元	上海	建银腾晖（100%）	已开业
光大银行	光大科技有限公司	2016年12月20日	2亿元	北京	光大集团（100%）	已开业
招商银行	招银云创信息技术有限公司	2016年2月23日	1.5亿元	广东	招银科技（100%）	已开业
兴业银行	兴业数字金融服务（上海）股份有限公司	2015年11月10日	3.5亿元	上海	兴业国信（70.83%）	已开业
浦发银行	浦发银行科技子公司（筹）	—	—	—	—	筹备中
中原银行	中原银行科技子公司（筹）	—	—	—	—	筹备中

资料来源：零壹财经。

2015年兴业银行集团成立首家商业银行金融科技子公司——兴业数字金融服务（上海）股份有限公司（简称"兴业数金"），对内全面负责兴业银行集团科技研发和数字化创新工作，对外为商业银行数字化转型提供解决方案、输出科技产品与服务。

商业银行对于金融科技的重视还体现在组织机构的变革上，特别是2018年以来，大型银行加速了开放银行和科技银行战略的布局。金融科技子公司的成立，不仅是其内部金融科技组织变革和机制创新的标志性举措，也承担了在开放银行生态体系中对外赋能输出的战略使命。

以中国银行为例，2019年6月11日，中国银行在上海成立全资子公司中银金融科技有限公司，提出了"立足集团内服务，放眼集团外拓展，深耕金融行业，探索跨界合作"的发展思路，在重构中国银行集团层面科技体系的基础上，从内外两个层次打造创新"试验田"和合作

"桥梁"。

3. 证券业。

2020年8月21日,中国证券业协会发布《关于推进证券行业数字化转型发展的研究报告》,报告提出要鼓励行业加强信息技术领域的外部合作,支持不同类型的证券公司通过独立研发、合作开发、与第三方科研机构或科技公司协议开发等多种模式,以提升行业数字化适应水平和自主可控能力,支持符合条件的证券公司成立或收购金融科技子公司,以推动行业自主创新。

随着互联网金融高速发展,金融科技逐渐成为券商核心竞争力之一,多家证券公司在智能化、数字化方面均有实践,加大科技投入、积极布局以提升金融科技能力。

截至2021年4月,中国共有证券业金融科技子公司2家,注册地均在广东。①

(1) 山证科技(深圳)有限公司。2020年3月13日,山西证券成立全资金融科技子公司山证科技(深圳)有限公司(简称"山证科技"),注册资本金2亿元,注册地位于广东深圳。山证科技是国内首家由监管机构批准的、国内证券公司独资的金融科技子公司,公司经营范围包括计算机软件、信息系统软件开发、信息技术咨询、数据管理等,以服务山西证券母公司为主。

山证科技基于近年来山西证券在金融科技方面的突破进展,将证券行业领先的大数据、云计算和人工智能技术与金融业务深度融合,依托母公司的投资优势和业务发展需求,充分发挥本地证券公司的优势,壮大金融科技队伍,为公司打造核心竞争力提供强有力的支撑,为母公司提供全方位的信息技术服务,为证券行业的金融科技发展贡献力量。

(2) 金腾科技信息(深圳)有限公司。2020年6月24日,中金公司与腾讯数码合资成立金融科技子公司金腾科技信息(深圳)有限公司(简

---

① 陈艺楠,颜晓妹. 中国持牌金融机构科技公司大全(2021)[EB/OL]. https://www.163.com/dy/article/GVAJPRD305198086.html, 2022-02-03.

称"金腾科技"），注册资本金 5 亿元，其中中金公司持股 51%，腾讯数码持股 49%，注册地位于广东深圳。金腾科技是证券业首家合资金融科技子公司，重点合作方向包括精准营销、大数据分析等，公司经营范围包括软件开发、信息系统集成服务、互联网数据服务等，金腾科技的成立也标志着互联网巨头和券商的联手进入新阶段。

金腾科技通过提供技术平台开发及数字化运营支持，助力中金公司财富管理、零售经纪等业务提供更加便利化、智能化、差异化的财富管理解决方案，提升投顾服务效率，优化精准营销，强化合规风控，以数字化金融科技能力推动中金财富管理业务加快转型、实现规模化发展，未来在可行情况下，金腾科技可向其他金融机构开放技术服务。

4. 其他金融行业。

2021 年 2 月 1 日起，中国银保监会发布的《互联网保险业务监管办法》正式实施，该办法在规范经营、防范风险、划清红线的基础上，鼓励保险与互联网、大数据、区块链等新技术相融合，支持互联网保险在更高水平服务实体经济和社会民生，数字化战略转型、科技赋能保险已成为行业发展趋势。

截至 2021 年 4 月，保险业已成立金融科技子公司 27 家，筹备中金融科技子公司 2 家。在已成立的 27 家公司中，广东注册公司最多，有 9 家，其次是上海 4 家，2 个区域合计占比 48.15%；已上市公司有 2 家，分别是中国平安旗下的上海陆家嘴国际金融资产交易市场股份有限公司、中国人寿战略投资入股的万达信息股份有限公司。[①]

除银行、保险、证券业持牌机构外，移动通信、电子商务、互联网等行业巨头也积极布局金融科技领域，成立金融科技子公司整合内外部资源以降低成本、挖掘资源，从而助力集团实现利益的最大化。

金融科技的落脚点在于金融，而驱动力却在于科技，科技创新的变革

---

① 陈艺楠，颜晓妹．中国持牌金融机构科技子公司大全（2021）［EB/OL］．https：//www.163.com/dy/article/GVAJPRD305198086.html，2022 - 02 - 03．

发展愈加成为中小银行数字化转型的关键变量。中国银行业协会与普华永道联合发布的《中国银行家调查报告（2019）》显示，"科技创新与技术进步"连续三年成为银行家最关注的社会发展趋势。

2020年国务院政府工作报告提出，重点支持"两新一重"建设，其中的一个"新"就是新型基础设施建设，即"新基建"。而"新基建"的核心就是数字化和信息化，包括信息基础设施、融合基础设施和创新基础设施。其中，信息基础设施就是新一代信息技术的演化，基本涵盖了5G、物联网、人工智能、云计算、区块链、大数据等各类新技术。而融合基础设施则进一步将互联网、大数据、人工智能等技术用于传统基础设施，通过融合改造，支撑其转型升级，形成新的智慧基础设施。不论是信息基础设施，还是融合基础设施，与金融领域都具有十分紧密的联系，由此将形成"金融新基建"。

对于银行而言，金融科技本身的快速变革尽管存在客观压力，但这种压力更多的其实还是机遇和动力。这不仅体现在技术变革直接降低了银行的科技创新成本，人工智能、大数据、云计算、区块链等技术的不断突破给银行提供了技术红利，同样的技术投入可以带来更大的回报；更体现在新经济和新动能的发展催生了实体经济的行业变革，数字经济、"互联网＋"和"新基建"等新动能的快速推进，促进了以技术创新为驱动的产业融合，也为银行利用金融科技发展产业链金融等蓝海战略提供了新机遇。

1.5　金融科技在数字银行发展中的作用

科技是第一生产力。而作为出资方金融市场更是科技创新的主要受益者。而科技创新带来的产品改进、产业改革，都为金融市场源源不断地注入了活力，扩展了金融市场的广度和深度，驱动着金融市场的健康发展。比如移动互联网的出现改变了触及用户的方式，大大方便和提高了整个金融的普及。云计算技术极大提升了计算的效率，大幅度降低了交易的处理成本。借助云计算的支持可以处理很多小额的交易，让整个交易更加方便，很多小额交易都可以用电子化的方式来实现。大数据，可以帮助我们更好地甄别和计量风险，给风险定价，帮助我们更好地管理风险，极大地降低交易的成本。人工智能，可以在未来的智能投顾方面，在整个金融产品和服务的投放和推荐方面，在整个面向用户的服务方面都有很多的空间，可以为大家带来更加方便、更加贴心的服务。区块链技术作为支撑比特币发展的基础技术，近年来受到互联网和其他领域专业人士的热捧，被普遍推崇为下一代全球信用认证和价值互联网的基础协议之一。它的出现预示着互联网的用途可能从传统的信息传递逐步向价值传递转移，从而为传统金融行业带来前所未有的革命和挑战。

实际上，金融科技的发展一直都是银行业发展的重要内在动力之一，而且在金融科技以及数字银行业发展的不同阶段，前者对后者的影响在不断深化。表1-7总结了不同阶段中，金融科技与数字银行的对应关系和前者对后者的影响。

表1-7　　　　　金融科技在银行业发展过程中的作用

金融科技 发展阶段	代表性 技术	金融科技对银行业的影响	数字银行 发展阶段
—	—	—	银行1.0
金融科技 1.0	传统 IT技术	IT系统是银行内部的一个成本部门，帮助银行办公业务实现电子化和自动化，提高了业务效率	银行2.0
金融科技 2.0	互联网 技术	互联网技术的发展，一方面，网上银行和手机银行的出现，使部分银行业务从线下向线上转移；另一方面，互联网金融机构更充分地利用了互联网和移动终端在汇集海量用户和信息方面的优势，实现了金融业务中资产端、交易端、支付端以及资金端的任意组合的互联互通，本质上是对传统金融渠道的变革，实现了信息共享和业务融合，对传统银行业发起了空前巨大的挑战	银行3.0

续表

金融科技发展阶段	代表性技术	金融科技对银行业的影响	数字银行发展阶段
金融科技3.0	人工智能、云计算、大数据、区块链	在这个阶段，银行业通过大数据、云计算、人工智能、区块链等新的IT技术来改变传统的金融信息采集来源、风险定价模型、投资决策过程以及信用中介角色，因此可以大幅提升传统银行的效率，解决传统银行痛点，代表技术就是大数据征信、智能投顾以及供应链金融。在此阶段，物理网点已不是银行核心，数字网络成为银行真正的核心，即数字银行时代正式到来	银行4.0

近年来，以人工智能、区块链、云计算和大数据为代表的新技术，正在快速走向成熟，并被应用到越来越多的领域。对于商业银行来说，从近几年的发展来看，其整体的资产增幅正在放缓，净利润增速呈现出下行的状态。在移动互联网快速发展的今天，传统银行要想复苏，重新抓住客户的"心"，金融科技创新是必走之路。

在中国经济进入新常态的当下，通过金融科技创新，商业银行不断提升服务能力，推动实体经济发展，其中招商银行和平安银行依靠自身优势和迅速的反应，零售金融及金融科技方面走在了传统银行的前列。具体如表1-8所示。

表1-8　　招商银行与平安银行金融科技创新比较

项目	招商银行	平安银行
成立时间	1987年	1987年
总部所在地区	深圳	深圳
机构属性	传统股份制银行	传统股份制银行

续表

项目	招商银行	平安银行
定位/战略	自2017年，招商银行正式将经营主战场从网点转向App，并采取了开放平台战略。随着金融科技概念的强力崛起，诸多行业内外相关产品和服务创新层出不穷。招商银行通过促进金融科技创新，积极提升金融科技能力，推动移动互联、云计算、大数据、人工智能、区块链等新兴技术的创新应用，明确定位"金融科技银行"，对标金融科技企业，加快向"网络化、数据化、智能化"目标迈进	平安银行继续坚定变革、转型，持续贯彻零售业务"3+2+1"经营策略，并按照全行"数字银行、生态银行、平台银行"三张名片的要求，深化"四化"新策略，着重强化"综合、差异、开放"三大能力的打造，推动信用卡、私人银行、银保业务创新突破，汽融、"新一贷"等零售贷款业务持续升级，并积极打造中台能力，革新组织模式，着力实现零售业务转型的换挡升级，全力打造"中国最卓越、全球领先的智能化零售银行"
举措	1. 招商银行全面推动零售银行的数字化转型。以MAU（月活跃用户）指标为指引，实现零售业务从卡时代向App时代的飞跃。在此过程中，招行通过内外部场景的拓展广泛引入流量，通过提升App运营能力实现流量的经营和变现，把App真正建设成为连接客户、服务客户的主要方式继银行业首家将金融科技投入比例写入公司章程后，招商银行从体制机制上再谋重举，在总行层面成立"金融科技办公室" 2. 让数据多跑路，实现"一个中心批全国"，即招商银行在总行设立零售信贷工厂，集中全国44家分行的线上小微信贷业务，像现代化的工业生产一样，通过标准化、流水线的作业对贷款进行审批	为打造"一个统一入口"，平安银行整合原口袋银行、信用卡和直销银行三大App，推出全新的口袋银行App，将简单的基础交易平台升级为承载一个账户、一个入口、多种服务的金融生活服务平台。背靠平安集团，综拓渠道是平安银行独一无二的优势。平安银行持续深挖平安集团优质个人客户资源，不仅通过产品、服务，以客户推荐客户的形式进行迁徙转化，而且专门打造B2B2C模式，将银行的账户能力通过插件、接口等技术手段与集团各线上平台（如平安好医生、汽车之家）的场景、流量相结合，形成互补
成就	截至2020年末，招商银行信用卡流通卡9953.16万张，较上年末增长4.44%；私人银行客户99977户，较上年末增长22.41%；管理的私人银行客户总资产27746.29亿元，较上年末增长24.36%；户均总资产2775.27万元	1. 2019年，该行实现营业收入1379.58亿元，同比增长18.2%；净利润281.95亿元，同比增长13.6%。在向零售转型战略实施三年之后，平安银行零售业务营收占比接近六成，利润占比接近七成，零售转型已经实现。大零售、大对公六四占比的均衡格局逐步形成，零售、对公、资金同业协同发展的思路日渐清晰，科技引领的作用更加凸显 2. 科技投入带来了用户的增长。截至2019年末，平安口袋银行月活跃用户数（MAU）3292.34万户，较上年末增长23.5%。而在三年多前，这个数字仅有不到百万

资料来源：零壹财经。

1.6 金融科技在数字银行的应用场景

1.6.1 大数据在金融领域的主要应用

金融领域大数据的应用主要以金融业务数据集为核心,面向银行业、证券业、保险业和互联网金融等细分行业,提供覆盖从数据采集、存储、分析挖掘到可视化展示全流程的解决方案。金融大数据通常用于实现资源配置效率提升、风险管控能力强化和业务能力创新等目标。

金融领域大数据的应用,按机构类型分为监管应用和机构运维服务应用两大类,其中机构运维服务又分为机构运营、服务、基础设施三类。从监管机构层面看,金融监管通过采集具有全面覆盖性和穿透性的全量数据,根据统计分析规则,运用数据分析和数据挖掘技术形成综合性监管分析报告,为监管方了解和掌握各类金融业务和机构的发展变化及存在的潜在风险,从而丰富和完善监管基础设施,还可针对一些不规范机构提出风险预警模型。从金融机构层面看,通过云计算等信息化手段对海量数据进行专业的挖掘和分析,相比传统金融模式,可以更好地判断资产价格走势、评估机构个人信用、分配资金流向、把控金融风险,为机构的运营、服务和营销渠道提供更精准的策略。

1.6.2 云计算在金融领域的主要应用

云计算在金融业的应用,主要是以面向金融机构(银行、证券、保险、信托、基金、金融租赁、互联网金融等)的业务量身定制的集互联网、行业解决方案、弹性科技资源为一体的云计算服务。目前,国内传统金融机构使用云计算主要采用私有云、公有云和行业云三种部署模式。其中,对公有云的接受程度相对落后于其他行业,这与金融行业安全性要求高以及监管严格有关。

1.6.3　人工智能在金融领域的主要应用

在人工智能的业务应用场景上,可以运用数据与技术平台的服务能力来推动传统金融业优化转型,实现场景的创新。这将给银行、证券、保险等金融机构的客户营销、风险防控、运营管理等带来深刻的变革:基于企业级平台高效开展智能分析,多维度多角度发掘客户关系图谱和进行时序动态画像,为客户提供"比客户更懂自己"的产品与服务;加强内外部信息融合与联动,依托强大的 AI 计算引擎,获取基于专家规则无法发现的风险特征,打造金融业智能风险防控体系,提升风险识别的时效和准确率;运用 OCR 识别、语义理解等技术能力,发挥机器高效的生产效率优势、简化业务操作流程、降低业务运营成本,构建高效、准确、智能的运营管理与服务体系。人工智能在金融领域的应用,要发挥技术与业务的协同优势,在前端服务客户、中台提供金融分析决策、后台提供风险管控等领域持续向业务进行赋能,创造更多的业务价值。

1.6.4　区块链应用于金融领域的前景展望

区块链的本质是信任链接的基础设施,当前虽然处于发展初期,但其底层技术具备很大的发展空间,应用前景广阔,有望重构生产关系,重塑金融产业生态。通过对行业现状的研究与分析,笔者认为区块链未来的发展趋势如下。

1. 技术方面,区块链底层技术还有很大的发展空间。

首先,在跨链互联领域,链与链之间的信息存在相互打通的需求,从而迫切地需要跨链互联的协议和标准落地,解决链与链之间信息安全共享的问题,确保跨链之后的信息同步,这是当下跨链领域研究的热点;其次,在共识算法领域，由于去中心化、安全和可扩展的不可能三角的存在，如何突破不可能三角，或者设计区块链的共识算法以满足某一领域的特定商业需求，都是未来区块链技术发展的方向；最后，安全是区块链未来的生命力保障之一，如何围绕网络部署、数据隔离、应用交互、加密存储、权限控制等维度构建安全体系，是未来面临的重要课题。

2. 应用方面，联盟链将成为主要应用模式，存在重构金融基础设施和金融服务的潜力。

当前区块链技术在金融行业的应用还处于初级阶段，以私有链和小范围的联盟链为主，因其体量小、使用场景单一而比较容易被创造和管理，进而"催熟"一些相对成熟的应用落地。随着区块链在金融行业的快速普及，必然出现一批相对同质化的应用场景，各个联盟链之间出现同质化的竞争，一定程度上有利于技术进步和服务质量的提升，有利于行业的繁荣发展；不同应用场景的并行发展，也有利于业务场景的隐私隔离，同时又能保持一定的成员灵活性。此外，区块链作为一项底层分布式存储技术，未来的应用趋势将由单技术应用转变为结合物联网、大数据、人工智能、云计算等技术的综合性应用，未来极有可能重构金融基础设施和金融服务。特别是凭借去中心化、可信性等优势，未来不仅有望重塑跨境汇款、供应链金融等金融业务，也具备重构新一代金融基础设施的潜力。

3. 制度方面，随着区块链技术的深入发展，金融区块链政策规范将逐步完善。

区块链与金融行业的结合决定了其必将面临严监管。随着区块链技术的发展和应用的日趋成熟，行业监管制度体系将进一步建设完善。与此同时，在产业生态和场景落地需求的拉动下，区块链标准体系将逐步完善，形成对区块链应用的"社会共识"，打通应用通道，防范安全风险，并激发更多的技术创新。此外。区块链的不可篡改、可追溯、公开透明的特性，也有利于监管，使其成为监管科技的一部分，促进监管部门获得更加全面实时的监管数据。

2

智能时代数字银行发展概述

2.1 智能时代发展概述

2.1.1 智能时代的特征

随着大数据、人工智能、即时通信、移动互联、社区网络、区块链等现代信息技术和媒介的快速发展与普及，整个社会已进入数字化时代。"数字化"对于今天企业的价值创造来讲，既是一次必须把握的机遇，也是一场不小的挑战。自2000年以来，数字化技术颠覆了整个经济，《财富》世界500强企业在短短二十年间进行了重新洗牌，半数企业从榜单上消失。如今，5G、人工智能以及工业互联网等新兴技术应用在不断推动经济社会的转型升级及企业地位的更替，数字化转型更是被视为"新世界"与"旧世界"之间转换的一把金钥匙。IT研究与咨询顾问机构IDC曾预测："到2021年，全球至少50%的GDP将以数字化的方式实现，数字技术将全面渗透各个行业，并实现跨界融合和倍增创新。"①

表2-1是1999年、2009年、2019年全世界市值排名前10位的公司榜单。在过去短短二十年间，只有微软一家公司是一直留在榜上的。这是一个非常大的时代的变革，但是更大的变化是2009~2019年，在短短的十年时间内，除了微软和强生公司之外，其他8家公司都是第一次上榜。2019年，如果与1999年比较的话，主题应该是"王者归来"，微软以10500亿美元市值回归第一，在这二十年期间微软有过互联网时代初期的迷茫，但是总算重新找到了自己的方位。与此同时，信息技术板块全面到来，全球市值前10名公司竟然有7家是科技公司。特别是6家互联网公司从十年前几乎默默无闻，到今天成为全球领先的公司，市值基本上都在5000亿美元以上。这些互联网的巨头科技企业，究竟做对了什么，已经做了什么？

表2-1　　1999年、2009年、2019年全球市值排名前10位的公司

排名	1999年	2009年	2019年
1	微软	中国石油	微软
2	通用电气	埃克森美孚	亚马逊
3	思科	中国工商银行	苹果
4	埃克森美孚	微软	字母表（Alphabet）
5	沃尔玛	中国移动	脸书（Facebook）
6	英特尔	沃尔玛	伯克希尔.哈撒韦
7	日本电报电话公司（NTT）	中国建设建行	阿里巴巴
8	朗讯科技	巴西国家石油	腾讯
9	诺基亚	强生	维萨
10	BP石油	壳牌石油	强生

资料来源：资本实验室. 全球市值最大公司的巨变［EB/OL］. https://baijiahao.baidu.com/s?id=1641262321655918692&wfr=spider&for=pc，2019。

① IDC. 2018中国企业数字化发展报告［R］. 2018.

企业要想基业长青，长久地生存发展，就必须紧跟时代变化，及时做出战略调整，进行商业行为的转型。我们正处在一个向数字化快速转型的时代，数字化转型成为产业变革主旋律的关键节点，抓紧数字化转型的关键时机对于企业存亡有着至关重要的意义。特别在智能时代，企业在数字化转型上要取得成功，主要从三个重要方向上进行创新，或者最少把握住两个，并且在这些方向上都有具体的突破。

1. 互联网化。

身处互联网时代，特别是移动互联网时代，你有没有"触网"、有没有"在线"，是最重要的一个环节。如果你的企业连上了互联网，特别是具备了互联网的思维，所有的优势才能为你所用；如果你跟互联网完全没有关系，这个世界可能只会离你越来越远。只有懂得如何将物理世界转换映射到互联网的虚拟世界中，你才会有在这个时代中立足的根基，这也是微软能够二十年一直在榜单中占据一席之地的原因。因此尽管很多传统企业都在讲互联网转型、O2O，但实际上，他们根本就不懂什么才是互联网化。以本部分的观点来看，包括智能手机、平板电脑在内的硬件互联网化可以分为"四化"。

（1）商业模式的互联网化。凯文·凯利早就预言，未来的硬件一定是免费的，当然要真正达到硬件免费需要一个过程，在中国的环境里更是如此，但是硬件的价格降低，朝着零利润的方向发展，至少在美国这样的互联网大国早就成为一种趋势，尽管移动端的利润趋近于零，但是通过内置的各种增值服务，同样可以建立起互联网化的商业模式。

（2）产品体验的互联网化。在过去手机的主要功能是打电话、发短信，即使内置的一些小游戏也非常简单，但是现在智能手机，其功能就是一部小型电脑，用户可以频繁地下载软件，而且手机里的软件也可以像在个人电脑上一样快速地进行更新。因此手机也可以和电脑一样，开始越来越注重用户的体验，与传统的硬件厂商相比，互联网企业能够更好地把握用户对于产品体验的需求。

（3）市场推广的互联网化。传统的手机推广方式是通过卖点策划和大量的广告投放来吸引用户，但是进入互联网时代之后，产品的推广要依赖好的产品体验，依靠口碑进行推广传播，而作为新媒体，互联网的社交网络服务（SNS）特点则打乱了传统广告对人群的划分方式，提供了一种更低成本的推广方式。

（4）产品销售的互联网化。互联网既是媒体传播平台又是产品销售的平台，电商扁平化的销售模式大大压缩了中间渠道的沉淀成本，极大丰富了商业的业态。

最后举一个智能硬件设备互联网化的例子，现在平板电脑很普及，一些传统的个人电脑巨头也都加入到了这个市场。但是问题来了，不论它们怎么做，都很难赚到钱，为什么呢？因为在传统的个人电脑商业模式里，这些巨头是通过卖硬件来赚钱，微软靠卖操作系统赚钱，但是在互联网的世界，规则发生了变化。亚马逊带来了一种新的商业模式，因为亚马逊本身就是一个互联网公司，它并不靠卖平板电脑赚钱，对它而言，平板电脑只是一个入口，一个企业和用户之间进行交流的窗口，同时也是一个向用户提供服务的平台，只要用户使用了亚马逊的平板电脑，亚马逊就可以将用户进行锁定，用户也可以在平板电脑上使用亚马逊买东西，因此即使亚马逊不靠卖平板电脑赚钱，一年下来靠卖货也能赚很多钱。当然即使如此，到目前为止，亚马逊也没能完全做到硬件免费，不过这必将成为未来的趋势。如果每台平板电脑让亚马逊亏损50美元，但是锁定一个用户能让亚马逊每年赚回100美元，这其实就是一种免费，只是要以成本价或者低于成本价来卖。这样一来，其他厂商根本就没有办法与之竞争，因为其他厂商靠卖硬件赚的利润，都被亚马逊给免了。而且亚马逊的服务还很全面，有软件商店、音乐、视频、电子书下载，对传统厂商来说，建立这一套价值链很困难。因此在今天，不论是软件还是硬件，免费都是互联网里很重要的一种力量。

微软最早的成功当然是PC时代的Windows操作系统和Office办公系统，但是，在互联网初期，微软没有了方向。1996年，比尔·盖茨下定决心，力推IE浏览器，并最终赢得了这场战争的胜利，微软跟上了互联网发展的步伐,占据了个人计算机互联网时代最重要的基础设施——信息入口——浏览器,并在此基础上衍生出了 MSN、搜索服务等众多互联网应用产品。如果说微软能够在搜索这个领域中站稳脚跟,是因为它占据了浏览器这一入口,那么,苹果公司之所以能够成为如今的庞然大物,则是因为它开创了移动互联网时代。iPhone 手机奠定了移动互联网时代的硬件标准,苹果应用商店(App Store)确定了应用和服务的生态服务标准,iOS 移动操作系统本身便是一个生态概念。在此基础上,苹果公司还整合了一系列智能服务。换句话说,现在的苹果公司是一家将硬件、软件、服务和生态全部合为一体的集大成企业。在它的基础上,全世界完成了移动互联网化。

2. 智能数据化。

智能化是指事物在移动网络、大数据、物联网和人工智能等技术的支持下,所具有的能动地满足人的各种需求的属性。比如无人驾驶汽车,就是一种智能化的事物,它将传感器、物联网、移动互联网、大数据分析等技术融为一体,从而能动地满足人的出行需求。它之所以是能动的,是因为它不像传统的汽车,需要被动的人为操作驾驶。所有的智能应用都是大数据应用的具体场景化。大数据是机器与机器对话的语言,只有机器与机器的高速对话才能产生如此规模的大数据。物联网、云计算、5G、移动终端等设施要发挥作用都要依赖机器与机器的对话。操作型大数据应用的智能化趋势,以提高执行效率为目标的大数据应用将向智能化发展,以互联网技术为基础的现代信息技术的大发展已经为服务的智能化创造了良好的条件,早期由于通信与网络能力的限制只能在一台设备上存储自动处理系统被称为自动化处理阶段。

谷歌首席执行官埃里克·施密特曾说,"现在是数据的时代,算法的时代"。[①] 所有在商业前沿探索的人,没有人会反驳这一论断。数据和算法,构成了智能的基本要素。谷歌的成功,最重要的是推动了整个商业的智能

---

① 陈庆敏. 企业数智化转型的诉求和应对策略 [EB/OL]. https://www.jianshu.com/p/689a18449516,2020-09-10.

化进程。搜索引擎是第一款大规模商业应用的智能服务，任何人在搜索框中输入一个关键词，就能够让全世界的知识为你服务，并能够迅速在秒级时间内获得你想要得到的信息。这是一个了不起的突破，我们今天回想起来都觉得这是一个只有智能商业才能完成这样的突破。

除了搜索之外，智能服务的第二个核心产品是推荐。说到推荐，亚马逊公司可以说是这一领域的开山鼻祖，这也是它能够在营销端获得巨大突破最重要的基础。亚马逊另外一个重要的突破是，它把零售和物流全流程在线化，全产业链数据融通，使得零售效率得到了巨大提升。

如果说亚马逊是在推荐方面走得最早的公司，那么腾讯和脸书（Facebook）就是在社交网络化方面走得最远的企业。这就是我要说的第三个方向。

智能化是现代人类文明发展的趋势，在工农业生产、科学技术、人民生活、国民经济等各方面起着非常重要的作用，应用领域十分广阔。

3. 网络生态化。

我们可以把整个互联网看成一台巨大的超级计算机，可以实现计算资源、存储资源、数据资源、信息资源、知识资源、专家资源的全面共享。当然，我们也可以构造地区性的网络（如张江科技园区网络）、企事业内部网络、局域网网络，甚至家庭网络和个人网络。网络的根本特征并不一定是它的规模，而是资源共享，消除了资源孤岛。计算机网络在交通、金融、企业管理、教育、邮电、商业等各行各业中，甚至是我们的家庭生活中都得到广泛的应用。各国都在致力于三网合一的开发与建设，即将计算机网、通信网、有线电视网合为一体。将来通过网络能更好地传送数据、文本资料、声音、图形和图像，用户可随时随地在全世界范围拨打可视电话或收看任意国家的电视和电影。近年计算机联网形成了巨大的浪潮，它使计算机的实际效用得到大大的提高。

实际上谷歌的广告系统非常赚钱的就是一个由千万级的小广告主和千万级的网站所组成的高效生态系统，同样，Facebook 这几年的成功也是因为它在广告技术方面的突破。阿里巴巴，特别是淘宝，则是将网络协同和智能化这两个方面做成了一个紧密结合又互相促进的生态体系。

所以我们可以看到，如今最成功的互联网企业都是在互联网化的基础之上，在网络化和智能化方面取得了重大突破，这是一个非常简单又很有效的分析和思考框架。

最近中国发展比较快的互联网企业，都是在这三个方向上有新的突破，才有可能在某一个领域里面奠定自己的领先地位。比如抖音、今日头条就是走在智能化这条路上，它从传统的内容搜索走向内容推荐，并在这个点上深耕，成就了它们过去几年的爆发式成长。拼多多、滴滴完成了购物和打车服务的网络生态化和移动互联化。当然，前提是有了智能手机的广泛普及。由于有了电子地图服务，让在线定位变得非常清晰，在这个基础上，滴滴把打车服务变成在线服务，然后通过算法进行路径和容量优化，成为智能服务，从而成就了自己。拼多多把所有供应商的生态网络化，并把社区配送并入网络生态系统，实现了自主的"拼单"购物与及时配送的协同网络体系。美团，一方面是把传统的生活服务在线化，另一方面也是在构建一个覆盖整个大众生活服务的协同网络生态圈。

海尔作为中国智能制造的领军企业，顺应工业4.0时代的要求，发起了商业4.0行为的转型升级。借助移动互联网、智能互联、大数据等技术，海尔打造了线上店、线下店、微店"三店合一"的零售生态体系。无论是微店店主，还是海尔线上店、线下店，都可以共享海尔集团的资源和利益，形成了一个开放、共赢的生态圈。通过三店之间深入的连接、合作以及价值共创，海尔实现了向用户提供产品价值到引导用户主动参与到产品及服务的价值共创的转变。目前，海尔旗下的顺逛微店已经聚集了海尔员工、大学生、创业青年、全职妈妈等近40万人的微店主，月销售额超过3亿元。①

笔者把这一批具有代表性的企业统称为智能时代的领军企业。之所以

---

① 亿邦动力网. 亿邦产业电商峰会落幕，顺逛斩获两项大奖［EB/OL］. https：//www.ebrun.com/20170421/227290.shtml，2017-04-21.

称为领军企业，是因为它们有几个非常典型的特征，是传统企业所不具备的。

第一，低成本，利用海量数据实时服务海量客户。在当今竞争日益激烈的市场环境中，领军企业如何能够从浩如烟海的交易数据或社交数据以及其他相关的数据和信息中发现商机，并将这些数据和信息合理有效地利用于商业管理和决策。要知道，这些企业的用户可能都是以10亿级别来计算的，充分利用互联网技术和算法的优势，这些企业能以极低的成本实时服务海量用户，这是它们做到今天的规模、赢利能力和市值的基础。提升企业的管理水平和效益，已经成为每个企业不得不面对的现实。面对爆炸式增长的各类信息和数据，只有那些能够合理利用先进的信息技术成功地收集、分析、处理、挖掘信息，并依据数据进行科学决策的企业才能获得竞争优势，才会成为市场的赢家。

第二，满足大规模的个性化需求。智能时代的特征是向精准升维，无法为用户提供精准服务的企业，必然很快会被淘汰。精准，即精确和准确，分别对应网络协同和数据智能。协同网络可以完成个性化服务，满足了千万人的需求，也真正满足了一个人的需求。搜索是精准到你输入的每一个关键词，它给你的内容都不一样。也就是说，根据你过去的搜索记录以及你的一些性格特征背景资料，提供一个专门为你打造的搜索引擎。天猫、京东、拼多多、淘宝就是利用了过去这几年人工智能技术上的突飞猛进，实现了千人千面，让每个人看到的内容都不一样。它们还做到了实时更新，当你浏览完一些商品并再次登录时，你看到的商品已经是根据全网的数据，按照你的需求又做了一次调优。这种大规模的个性化服务，在工业时代是无法想象的。

第三，利用机器学习实现自我更新与提升相应速度。机器学习将实现人、业务、物三者的智能连接，孕育客户与企业之间的全新互动场景，最终催生出真正的智能服务公司。让机器完全重现甚至超越人类的认知能力，这依然只是科幻小说里的情节，机器学习却是存在于人工智能技术应用幕后的现实，而且如今已可直接应用。机器学习靠模拟人类认知系统的功能来解决现实问题,其大数据分析能力则远超人类。机器学习是大数据分析的基础,是它从大数据中识别出的规律模式。它能提供高效的沉浸式用户体验,也可以用人类式的情绪作出回应。通过从数据中学习而不是明确编程,电脑现在能应付以前只有人类才能应付的挑战。它们现在已可在象棋、围棋和扑克等游戏中打败人类,能够更准确地识别图像,更精确地将语音转录为文本,还能翻译100多种语言。

比如,苹果的 Siri 和 SAP 的 Copilot,这两类产品均是利用自然语言处理技术,为用户提供交互式体验。在机器学习的帮助下,这种体验也许能达到新的高度,也就是聊天机器人。起初,聊天机器人将是上述应用程序的一部分,但有人预言,它们可以使文本界面和图形界面成为过时的产物。机器学习技术不是强迫用户学习如何操作,而是自己去适应用户。它带来的将不仅仅是一种新的用户界面,还将催生企业人工智能。机器学习的应用途径数不胜数,包括:提供完全个性化的医疗;根据过往购物记录预测客户的需求;帮助人力资源部客观公正地为每个岗位招募适当的应聘者;实现金融业的自动化支付。

得益于机器学习的相应优点,随着机器学习的日益盛行,业务流程将会实现自动化,并不断发展。客户可以利用这项技术找出最佳结果,从而更快地作出决策。每当商业环境变化,这些高级的机器也会随之改变,因为它们在不断地更新自己,适应新环境。机器学习还将帮助企业实现创新,提供适当的商业产品或服务,令企业决策基于最佳商业模式作出,从而实现不断增长。

机器学习技术能够从大数据中识别规律和模式,据此得出超越人类能力的洞见。因此,企业能够在正确的时间采取行动,将销售机会转化为成功交易。由于整个操作流程做到了优化和自动化,企业的增长速度将会加快。而且,业务流程将以更低的成本带来更好的结果。机器学习将帮助企业最大限度地减少人为失误,加强网络安全。基于人工智能技术这20年的高速发展,在某些领域,机器已经拥有强大的学习能力。从这个意义上说,它也是一种智能,即可以快速学习,甚至比人在很多领域的学习能力还要强大。所以我们看到这些企业一旦实现智能化，无论是服务的效率还是服务的满意度，都在快速提升。

2.1.2 智能时代的演变

李克强总理在2015年《政府工作报告》中首次提出制定"互联网＋"行动计划。"互联网＋"就是"互联网＋各个传统行业"，但这并不是简单的两者相加，而是利用信息通信技术以及互联网平台，让互联网与传统行业进行深度融合，创造新的发展生态，是真正具有革命性的模式通过融合发展产生乘法效应，是全新的DNA和商业模式。互联网的红利期已接近尾声，下半场是通用技术广泛使用带来的结构性升级，如云计算、大数据、机器学习、区块链等，这些技术对商业的影响犹如历史上的电力。

其实，如今"互联网＋乘法"的样板企业还没有出现，因为大部分的人还在做升级（加法），而不是改造重构（乘法）。接下来，传统方法和互联网方法都需要超越融通，而不是简单叠加，这个过程需要相当时间的积累。

1. 互联网＋传统产业，不是叠加，而是融合。

随着互联网技术的高速发展，面对移动数据海量爆炸式增长、物联网设备海量连接，以及垂直行业应用需求广泛而迫切等新形势，5G以一种全新的网络架构实现网络性能跃升，提供峰值10Gbps的带宽、毫秒级时延和超高密度连接，社会进入万物互联、人机交互的新时代。传统行业如何应对就变成了一个日益紧迫的挑战。企业的发展史，就是一部人类技术、工具变革的历史。回顾一下互联网对传统行业现已产生的影响——从线下到线上，从人类智能到人工智能，从不透明到透明等，我们就会知道，传统企业已经被互联网裹挟着走上了一条自我颠覆之路。

一直以来，互联网与传统行业之间的关系就极为微妙：一方面，互联网的兴起给传统行业的发展带来了巨大的冲击，比如电商的出现让很多传统零售商的发展举步维艰；另一方面，在互联网的步步紧逼下，传统行业开始放低身段，拥抱互联网，试图借助互联网的技术赢得新的发展契机，比如，互联网金融的兴起倒逼传统银行加速金融科技转型创新等。两相交错，很多人都在疑惑：互联网与传统行业之间到底是零和游戏，还是可以携手共赢，一同找到夹缝中的第三条路？

2015年7月4日，国务院印发《关于积极推进"互联网+"行动的指导意见》，"互联网+"成为家喻户晓的热词。我们看到了传统企业拥抱互联网的各种尝试：或者自建直销网站和移动App，或者通过淘宝、天猫、京东、唯品会等电商平台进行线上销售；通过各种方式，将会员体系在线化；在微博、微信等社交平台上开始尝试在线品牌传播与社群互动；将广告投放大量向线上渠道倾斜；一些更勇敢的企业甚至开始在内部建立创新的小团队，给他们更大的自主权，提升应对市场变化的速度。毫无疑问，这些努力令人尊敬，也获得了相当成效，但并不足以缓解传统企业在互联网时代的焦虑，问题出在哪里？

首先，在"互联网+"的语境下，所有这些尝试都仅仅把互联网技术视为工具和手段，只是提升原有体系中某些环节或局部的效率，企业目标指向仅仅是优化业务流程，而非商业模式的重构。而在当前的智能时代，特别是人工智能技术的驱动，更重要的是"互联网方法论"或者称为"互联网思维"，真正需要改变的是企业和用户的关系，或者说是整个价值创造过程，而非单一环节的效率提升。

所有这些局部的努力，专注于提升企业的原有经营指标，使得互联网工具所发挥的作用有限。线上销售、线上会员服务、线上广告投放、线上营销互动，所有这些，如果不能有机地与"供给侧"结合，通过连续性互动发现需求，以需求发现驱动设计、采购、生产的快速联动反应，就无法实现极致的用户体验，就会在新型创业公司面前失去竞争力。

其次，互联网不仅仅是与用户的简单连接，其内核是互联，是数据的互通，"互联网+"仅有连接的"形"，而没有数据和算法的"魂"，相当于在公路上跑着的马车，其局限性一目了然。

更深刻的一点是，互联网与传统产业的融合是一个漫长而痛苦的过程，从底层认知到能力再到组织的结构,都需要痛苦地打破、重建。而且整个过程充满不确定性。"互联网+"的参与者显然对此缺乏准备。

"互联网+"把互联网技术与传统行业之间的关系提升到了一个前所未有的高度,但二者的关系不应是简单叠加,而应是高度的生态融合,是把互联网的思维或者灵魂揉入产业链中;不是取代和颠覆,而是优化和升级。"互联网+"就是要利用互联网的平台和信息通信技术,把互联网和包括传统行业在内的各行各业结合起来,在新的领域创造一种新的生态。简而言之,"互联网+"不是要颠覆传统行业,而是要通过与传统行业融合,产生 $1+1 \geq 2$ 的效果。如能实现这样的预期,那么便不再是简单的加法效应,而是一种乘法倍增。

随着互联网技术和人工智能技术的飞速发展,互联网作为一个产业可能会从人们的生活中销声匿迹,因为互联网与传统行业的高度融合会让各行各业都被打上互联网的烙印。到那时候,互联网与传统行业的界限将会变得非常模糊。新的行业生态已经形成,传统行业要么优化升级,要么被淘汰。毫无疑问,在这个过程中,一些传统企业将被彻底颠覆,那些留下的企业将会变得更为强大。

2. 产业互联网,融合传统产业、改造实体世界、重构生产逻辑。

当前,以人工智能为代表的新一轮的技术浪潮正在渗透到上一轮产业革命塑造的传统行业中。云计算、大数据、人工智能开始大规模融入金融、制造、教育、医疗、零售、文化、物流等产业的各个环节中,产业互联网的技术条件和产业环境已经成熟。

产业互联网是在大数据、云计算、人工智能等新一代信息技术渗透传统产业链各环节并进行改造重塑的基础上,利用互联网思维将生产流程打通,使供给侧与需求侧的相互联结,从而实现生产端的快速响应与协同。

产业互联网与传统消费互联网的区别主要体现在两点:一是产业互联网是从供给与需求两侧出发进行双向建设,而传统消费互联网大多从需求侧出发,目的是建立流量最大化的服务与生态;二是产业互联网建立的是各节点间的联结,打通信息传导与资源流通的最优路径,而消费互联网则基于海量内容分发与流量共享逻辑，并不特别关注资源优化与最优配置，导致相当部分的流量信息传递低效且无用。

产业互联网与消费互联网又是相互融合的，产业互联网发展必须依存于消费互联网基础，借鉴消费互联网成熟的运行模式，引入消费端流量进行需求分析洞察，同时基于互联网共享思维对传统产业进行渗透、改造及重构，推动线上与线下场景的融合，通过信息流通与资源共享构建数字世界与实体世界之间的广泛互联。

3. 产业互联网存在逻辑——不断消失的流量红利以及技术与场景的持续融合。

（1）传统行业困局。2018年后，全球经济在震荡中前行，中国经济体量不断增大，GDP增长的科技进步贡献率达到58.5%[①]，中国经济增长模式从劳动力驱动型、资本驱动型逐渐转变为科技创新驱动型。然而，我国科技进步对经济发展的贡献程度仍然不足，GDP的科技进步贡献率与发达国家相比仍有近20个百分点的差距；传统行业竞争加剧，原料、土地、人力资源等生产要素成本的不断上涨使行业的利润不断被压缩，需要结构性调整进行破局。对传统行业来说，产业互联网带来的信息联通、流程优化、效率提升将释放各个行业的巨大潜能。

（2）流量红利见底。从PC互联网时代到移动互联网时代，互联网巨头凭借电商、社交、游戏、内容等垂直领域的流量红利急速崛起。伴随着移动互联网的深度渗透、模式创新井喷式发展与巨鳄资本的超强运作，传统消费互联网市场已没有太多吸引人的"美丽故事"——曾经几元钱的线上获客成本如今飙升到几千元甚至上万元，网民与消费者对产品和服务的挑剔度显著上升，市场格局越来越趋向激烈残酷的零和竞争。

对互联网科技行业来说，生产领域的复杂流程和海量生产节点，能够创造消费领域5倍以上的潜在连接规模，是互联网下一阶段发展的核心机会。

---

① 艾瑞咨询. 产业互联网三问：2019中国互联网基础逻辑［R］. 2019.

（3）数字与实体世界的密切沟通。随着互联网发展的深入，信息构成的数字世界和人类生产生活的实体世界关联愈加紧密，无论是在深度还是广度上都在加速渗透融合。一方面，随着O2O、数字支付、智慧交通等C端服务与数字化生产、智能制造、企业云端部署等B端应用的广泛落地，线上流量与服务正在与传统线下业务充分融合，数字世界与实体世界的边界逐渐模糊；另一方面，数字化改造与技术赋能领域已经由电商、物流、生活服务、交通出行等一般生活消费领域逐步扩展至制造、能源、地产、政务、民生、医疗等行业，传统产业高耸的门槛正在面临数字化与智能化浪潮的分解与重塑。

纵观互联网发展的历史进程，消费互联网已经打开实体世界数字化的窗口，下一阶段互联网将深入渗透到实体生产领域。产业互联网正是这一进程的产物，它的出现能够在消费互联网与生产行业之间建立进一步连接，构筑数字世界与实体世界之间的协同耦合关系。

4. 流量逻辑转变带来的商业模式变化。

（1）服务而非颠覆。产业互联网的全部价值，都来自其为生产者创造的效用——只有生产者收入提升或成本节约的部分才是产业互联网创造的价值所在；只有连接带来的效用大于连接的成本，连接才是有意义的。

（2）互联网服务底层化。产业互联网是虚拟世界改造实体世界的又一大趋势。然而，产业互联网无法仅靠系统或应用就完成产业链的重塑。这不仅因为生产端的系统和应用转换门槛高、中短期成本收益效用难以预期，更因为各个行业现有玩家在线下掌握的渠道、客户、资源、供应网络、利益分配机制，远非一套新系统、一种新模式、一项新技术所能撼动和颠覆。因此，传统行业的整合与模式转变仍将由行业从业者主导。

在这一过程中，互联网服务能够承担基础设施平台和技术输出的作用，即"平台化"发展。如阿里面向企业开放的钉钉平台、腾讯的企业微信与微信小程序、美团的餐饮零售系统、百度的开源机器学习框架飞桨（PaddlePaddle）、科大讯飞开放的语音应用平台，都是面向行业提供的基础服务和技术能力。

（3）两条重塑路径。在互联网服务提供基础能力的基础上，产业互联网对各个行业的重塑有两条主要路径：

一是巨头引领的模式转变——由行业巨头与互联网科技巨头引领，以阿里提出的新零售，富士康、三一重工实践的工业互联网为代表。行业巨头作为先行者对产业互联网发展模式、技术问题、资源整合方式进行探索试错，目标是形成一套成熟的商业模式和操作方法。巨头行动的示范效应常常带动行业的大规模效仿和复制，形成行业玩家对行业解决方案、技术集成与设计、战略咨询的广泛需求。

二是业务场景驱动的功能性产品服务推广——由行业专家与技术创新者引领，以 ERP 系统，用友、有赞等 SaaS 服务为代表。工具型产品服务于某一行业或某一特定业务场景，具有标准化特征，通过用户留存和增长，对行业特定环节实现渐进性替代。

5. 以数据驱动最大化产业核心价值——通过数据重构生产逻辑并创造经济效益。

（1）数据是核心生产要素。正如工业经济时代的煤炭和石油、计算机互联网时代的芯片与通信网络一样，数据和信息资源是产业互联网新经济中的核心生产要素，能够有效连接产业互联网关键节点并实现产业生态协同运行。

不同于石油、电力等工业时代基础生产资料的不可再生性及部门垄断性，数据本身是一种可共享的资源，无法垄断。在大数据时代背景下，数据的采集与流通不再局限于有限经济活动和局部资源配置，而能够依托产业互联网系统揭示复杂经济活动中的普遍联系与运行规律。这需要改造或重建传统产业的数据交互方式，拓宽数据收集渠道，加速线上线下数据的融合。

（2）可靠、敏捷与智能是数据聚合分析的典型特征。产业互联网时代，实体行业的生产属性意味着更大规模与更多维度的节点数据，涵盖物流、资金流、信息流与服务流等商业全流程。对生产数据的聚合分析将从业务洞察发展为业务决策，数理统计与单一化模型分析将不能满足企业在实际应用场景中的数据应用需求，这对数据平台建设与分析方法提出了更高要求。

可靠性——数据治理成为产业互联网参与者的核心能力，具体体现为数据质量的管理和数据基础设施动态监控。

敏捷化——基于数据模型与分析模型的完善，适用于特定场景的轻量化分析组件将大量出现，为细分领域业务板块提供自助式数据分析服务，提高应用灵活性。

智能化——数据与人工智能（AI）算法相结合，对生产流程进行智能化分析预测，应用于行动建议、路径规划、资源调度等典型场景。

（3）需求端数据分析驱动研发生产及价值链重塑。传统价值链研发设计环节缺少对需求端信息的收集洞察，设计生产与营销服务等下游环节相对割裂，市场信号传递不足。

产业互联网的出现，可以打破传统生产链条的线性传导模式，构建不同环节与需求端的信息交互网络。例如，对产品使用者的分析可以为研发环节提供决策参考，让生产者快速响应用户需求并建立正向反馈的产品研发创新机制，增加优质产品的生产；另外，产业互联网结合AI、大数据、云计算、物联网等新一代信息技术，可以建立"数字孪生"等虚拟环境下的生产协同控制系统，将供应链与销售链整合，实现仿真控制与预测，优化生产链条资源配置。

（4）数据中台革命。产业互联网时代的数据中台的建设过程主要由掌握大量核心数据的行业参与者完成，数据来源既包括需求端的消费流量与场景流量，也包括各传统产业积累的项目数据与管理经验。数据中台的主导建设方一般为具备构建企业数字化系统生态能力的信息技术提供商与服务集成商。

数据中台对内要求产业链上下游各个环节充分打通产品、业务、渠道等核心数据，并将质控流程与管理规则充分数据化后进行注入，构成一体化的数据采集沉淀及分析预测服务系统；对外要求足够的执行力与组织能力，对前端应用变化做出快速响应，输出更高的商业价值。

产业互联网致力于构建线上线下全业务互联机制，相比于单纯线上业务，数据体量更大、管理成本更高。当前各行业亟须统一各类数据产品标准与接口协议，将生产中的业务规则和流程形成标准数据体系，减少数据流通管理成本并提升协作效率。

6. 数据的中心化与生产的去中心化——让不同生产部门享受产业互联网化后的共享协作价值。

（1）真正打破"数据孤岛"。传统生产模式下，产业不同环节对数据的采集与应用相对封闭，设计、管理、生产、销售、库存等不同维度的数据信息无法完全互通，数据出现脱节，"数据孤岛"因此产生。

产业互联网的出现，要求通过数据分析与洞察形成智慧并指导生产过程，对企业全部门甚至产业全链条上数据的规则化整合、存储与分析提出了统一部署需求。

数据的融合应用，使"数据核心"成为全流程生产控制的中心。因此，产业互联网是生产数据中心化的进程——通过推动数据向具备存储条件与分析能力的数据中台流动，打破传统行业既有的数据封闭使用方式，提升生产效能。

（2）离散式生产网络推动行业合作。在传统的生产组织中，生产由决策部门统一安排进行，无论是产品制造还是内容生产，都需要不同流程和部门密切沟通，时间和空间的临近是不同生产部门之间相互合作的必要条件。

而在产业互联时代，"数据核心"成为生产的组织中心，数据中心化趋势带来的赋能效应趋显，不同生产流程、部门可以不再受制于地理空间与时间的限制。分散化的生产单元能够基于"数据核心"的分析与调度能力组织生产网络。行业内不同规模和角色的参与方能够共建生产网络，以合作共赢取代相互博弈，推动行业的良性竞争与服务品质提升。

2.1.3 智能时代的未来

伴随 2019 年 6 月 6 日中国 5G 牌照的正式发放，5G 时代也正式拉开帷幕。5G+物联网将构建新一代网络基础设施,云计算和边缘计算将构筑新一代和网络融合的计算、存储基础设施,人工智能则是新一代基础设施之上的核心,多种新的技术发展正在共同推动万物智能时代的到来。

网络连接和数据智能将对各个产业带来深远的影响,产业与产业、产业内上下游之间的边界将越来越模糊。万物互联、万物智能将推动越来越多的产业向服务化模式转型,在各行各业会出现各种服务场景的"运营商",这一重大变革将重塑各个传统行业价值链,是数字化转型带来的重大机遇。万物智能趋势对大多数行业产生重大影响可能还需要几年的时间,但影响最终会非常深远。嵌入人工智能(AI)设备最终将在企业生产和消费者生活中无处不在。企业现在都开始分析万物智能对其业务和行业的潜在影响,做好准备迎接万物智能时代机遇和挑战。

未来十年将是智能经济时代。智能经济时代有三个特点:第一是人机交互方式的智能化;第二是基础设施的智能化,包括芯片、深度学习框架等;第三是产业的智能化。大数据和人工智能迅猛发展,对社会和商业的影响日益深刻,从学术界到企业界,智能化浪潮的来临,已经成为共识。可以比肩于大航海时期和工业革命的此次变革浪潮,必然会对我们的技术发展、商业和社会都会产生重大的影响。我们在过去被认为非常难以解决的问题,会因为大数据和机器智能的使用而迎刃而解,比如解决癌症个性化治疗的难题。同时,大数据和机器智能还会彻底改变未来时代的商业模式,很多传统的行业都将采用智能技术实现升级换代,同时改变原有的商业模式。大数据和机器智能对于未来社会的影响是全方位的。另外,智能化也会对整个社会带来巨大的冲击,尤其是在智能革命的初期。

因此,在智能时代开始的时候,我们需要未雨绸缪,力争做控制世界的2%的人,而不是被智能化浪潮淘汰。既然智能时代已经势不可当。在我们感叹万物更迭、缅怀时代变迁的同时,更要打起精神推陈出新,才能有机会投身未来智能化的大浪潮中。那么,智能时代的商业是如何构成的?

简单来说,智能时代最重要的两个组成部分分别是网络协同与数据智能。网络协同推动数据智能发展的同时,数据智能也成为网络协同扩张不可或缺的助力,共同构成了智能时代商业发展的双引擎。就像我们的人类社会,这么多年以来,个体大脑的进化程度十分有限。但社会融合写作能力却飞速发展,一日千里。所以。所谓的人类文明,最关键的并不是每一个个体,而是整个社会日益增强的协同能力,这才是我们这个时代最大的优势。

1. 数据化,数字银行创新的基石。

无数据,不智能;无智能,不商业。人工智能是一场技术革命,它必然会将越来越多的商业智能化。未来数据智能将成为商业的基础,也将成为数据时代的全新的商业范式。对于当下的商业而言,智能化指的是商业决策会越来越多地依赖机器学习,依赖人工智能。机器将逐步取代人,在越来越多的商业决策上扮演非常重要的角色,它能取得的效果远远超过今天人工运作产生的效果。伴随着互联网技术,特别是物联网、数据科学和云计算能力持续的高速发展,基于数据智能的商业必将超越1913年横空出世的福特流水线,给人类整体的生产力带来一次根本性的巨大突破。

所谓数据化,不仅包括客户的经营数据,还有更多维度的数据被记录、分析和融入,构成了对客户全方位的描摹。与此同时,数据化更是一件高收益的事情。例如,"客户对经营的投入程度"这一很有价值的指标,传统金融机构几乎没有任何有效的获取方法。然而在互联网的场景下,早上几点卖家在系统平台上线了,买家的询问在几秒钟内能得到回复,这些数据都可以很直观地反映出卖家的投入度,最终计算出买卖双方的消费者行为程度。

"数据化"本质上是将一种自然生活现象转变为可量化形式的过程。它来源于人类测量、记录和分析世界的渴望,是文明进步的基础。维克托·迈尔和肯尼思·库克耶在《大数据时代》一书中对人类的数据化历史做了充满洞察的描述,"计量和记录一起促进了数据的诞生,它们是数据化最早的根基"。现在,我们已经看到,自己在互联网上留下的每一处"足迹"都被数据化地记录下来,成为各种应用推送个性化服务的关键依据。脸书(Facebook)实现了人际关系的数据化,带来了很多全新的应用,例如通过分析某便利店某商品被售卖的时间、频度等数据来"计算"促销的力度和时机。我们还看到文字被数据化、地理方位被数据化、情绪感受被数据化。与我们每个人更息息相关的是身体健康状况的数据化。互联网和物联网技术使我们可以低成本、全方位地记录数据,只有当我们拥有足够大量、足够多维度的数据时,才能真正客观、真实而深刻地理解我们周遭的环境、事物的本原以及我们自己。

本质上,就如同蒸汽机是我们进入工业文明的第一步、电是我们迈入电气化的现代工业的第一步,数据化毫无疑问是我们进入以数据智能为核心的智能时代的第一步,也是我们这个时代最重要的创造之一。

2. 数据智能,数字银行创新的加速器。

我们正处于大数据和数字化转型的时代:数据无处不在;运用数据驱动的思想和策略在实践中逐渐成为共识;数据的价值已在科学研究和工商业的不同领域得到充分展现。然而,如果无法从数据中提取出知识和信息并加以有效利用,数据本身并不能驱动和引领数字化转型取得成功。如何让数据发挥它最大的价值?"数据智能"(data intelligence)应运而生。数据智能是一个跨学科的研究领域,它结合大规模数据处理、数据挖掘、机器学习、人机交互、可视化等多种技术,从数据中提炼、发掘、获取有揭示性和可操作性的信息,从而为人们在基于数据制定决策或执行任务时提供有效的智能支持。

如果将数据视为一种新的"石油",那么数据智能就是"炼油厂"。数据智能通过分析数据获得价值,将原始数据加工为信息和知识,进而转化为决策或行动,已成为推动数字化转型不可或缺的关键技术。数据智能的重要性越来越凸显,并在近年来取得快速发展。数据智能技术赋予我们探求数据空间中未知部分的能力,在不同领域里孕育出巨大的机会。众多基于互联网的新型业务,包括搜索引擎、电子商务以及社交媒体应用等,从本质上就是建立和运作在数据智能的基础之上。

数据智能技术正在重塑传统的商业分析或商业智能领域。根据 Gartner 的调研,一种新的"增强分析"的分析模式正在颠覆旧有方式,预计在几年内将成为商业智能系统采购的主导驱动力。这种"增强分析"模式正是由数据智能技术赋能,提供了自然语言查询和叙述、增强的数据准备、自动的高级分析、基于可视化的数据探索等多种核心能力。那么,数据智能领域的技术进展如何?未来,数据智能的研究又有哪些热点?

数据智能的本质就是机器取代人直接做决策,强调的是运营决策直接由机器做出。比如每天上亿人到京东购物,每个人看到的商品都不一样,这么复杂的决策只能由机器来完成;招商银行拥有上亿的信用卡客户,每个人的信用额度都不相同,每个人调整额度的时间、幅度也不相同,这么复杂而大量的决策也是由机器来完成。当然,想要让机器取代人进行决策,有几个非常重要的前提条件——云计算、大数据和算法。云计算和大数据相辅相成,如果没有云计算,我们就没有办法用极低的成本存储和计算海量的数据;而正因为有了处理大数据的需求,我们才会对云计算的要求越来越高。二者推动了整个数据行业不断高速发展。但想要让云计算和大数据真正创造价值,背后还需要"大脑"的支撑,也就是算法。

其实算法的执行严格来说并不是机器,而是人,是算法工程师。它会将人的思考和人的角色进行模拟,抽象成一个数学模型,然后用数学方法给这个模型找到一个近似的解,之后再用代码把这个解变成机器可以执行的命令,这样就完成了一个机器大脑的构建。所以,算法其实就是将人对特定事情的理解转换成机器可以理解和执行的模型与代码。就今天人工智能技术的发展水平来说,它和人脑还是有很多不一样的地方。它的核心是靠海量数据的不断学习来优化决策,所以如果没有大数据的支撑,算法也就变成了无本之木,再也无法显露神通。

所以大数据和算法是机器学习的核心,这两者的结合才产生了快速迭代和快速优化。最好的例子就是2016年万众瞩目的AlphaGo大战世界顶级围棋棋手李世石。AlphaGo的计算能力特别强,学习效率也非常高,它可以把人类历史上所有的棋谱都快速学会,并在此基础之上进行优化。这种突出的学习和计算能力,使它很快就打败了人类棋手。此后不久推出的AlphaGo Zero在原有版本的基础之上,又取得了更大的突破,在某些方向上也代表了未来。AlphaGo Zero 甚至可以不用人的历史数据，不看历史棋谱，只靠左右手互搏，利用机器学习技术，就能够达到一个更强的算法水平。因此，AlphaGo Zero 很快就打败了 AlphaGo，这一结果也从侧面证明了未来人工智能技术的算法的突破还有很大的空间。

机器学习都基于反馈闭环，谷歌是最典型的例子。用户在搜索结果页上的每一次点击（或者一次点击都没有）的行为数据被实时记录，并反馈到数据决策引擎，不仅优化了用户的搜索结果，而且优化了任何搜索这个关键词的人得到的搜索结果。机器学习的反馈闭环必须是业务天然的一个有机部分，用户行为本身留下来的数据在帮助机器学习，这才是一个自然的智能业务循环。所以，在未来，任何一个企业都是服务企业。因为客户真正要的是服务，而不是产品。也就是说，在未来，每一个企业都必须有一个和目标客户在线互动的界面。除此之外，我们还可能得出另一个推论：任何一个硬件制造商未来可能都会是这个服务组合中的一部分。制造商不再会成为一个独立企业，而是成为他人服务闭环里的一个承载者，或者自己建立一个 2C（对消费者）的沟通渠道。

对于绝大多数企业来说，今后十年，最难的其实是创造一种产品和服务方式，把原来离线的用户在线化，产生一个持续的互动，这样才能实时记录用户的反馈，也才能优化算法、优化服务。谁先完成整个闭环，谁就占据了最大的优势。

3. 网络协同，数字银行创新的升华。

什么是网络协同？为什么它会是未来智能商业的必然？它之于未来商业又有什么样的促进推动作用呢？

首先来看字面意思，网络协同就是通过互联网协调两个或者两个以上的不同资源或者个体，协同一致地完成某一目标的过程。看到这个定义很多伙伴可能会觉得想要达成网络协同很简单，其实不然，为什么？我们来看看网约车的发展，你可能就会知道为什么网络协同并没有那么容易达到。

提到网约车不得不说，它的兴起颠覆了人们对于传统出租车行业的认知，原来人们的打车体验通常停留在不仅要等待很长时间而且如果有特殊需求还不能提前预约，这导致用户的乘车体验很不好，乘客体验不好，出租车司机体验就好吗？当然也不是。对于出租车司机而言，今天会不会载更多的客人全凭运气，毕竟司机不能掐指一算就知道哪儿会有乘车需求，等待不仅带来焦虑更带来"空跑"的成本，想想没挣到钱反而必须得白白花钱搁谁会舒服？但话说回来这些成本最终由谁来承担？司机吗？

正因为这些种种的不足所以市场才给了类似网约车这样行业的生存与发展的机会，也恰逢移动互联网的兴起，网约车利用移动终端以及强大的数据系统，把市场上尽可能多的乘客和司机整合在一起，让他们直接关联直接发生交互，缩减等待时长，增加司机收入，优化原有不合理的调度规划，优化原有不合理的打车体验，网约车把打车这么一个高频简单的场景做到了让供给方和需求方都满意。做到这个效果它依靠的是什么？答案是其背后巨大的数据智能系统，数据智能能做到实时共享需求、实时响应需求，更能针对用户留下的各种数据对现有模式进行模拟仿真分析，以此不断去优化双边市场的用户体验。

当然，站在今天我们再回过头来看历史，想想既然网约车已然有了这么多的优势，但为什么现在它的发展远不及前几年了呢？原因就是它的场景很单一也很难延伸，单一场景可以让它从0到1，但要想从1到2就会很艰难。一方面是因为打车市场来了很多像Uber、滴滴、美团、神州、曹操、嘀嗒等各种新型互联网企业的强势加入，这让网约车在已经接近饱和的市场上再去拓展规模就举步维艰；另一方面网约车本身也在延展以打车为轴的可能衍生品，比如快递，但始终没有太大的进展，而这种种原因综合在一起就导致了它现在的发展进入乏力期。想要突破窘境，网约车的发力点也许应该聚焦于无人驾驶，但这项技术的研发则会更艰难！

通过网约车的案例，我们可以看到一个高度网络协同的商业具备以下几个特点：一是直接交互；二是实时响应；三是异质角色；四是多元场景。网约车实现了直接交互和实时响应，乘客和司机直接连线需求也做到了实时满足，但在异质角色和多元场景上却没有过多的延伸，比如网约车的场景就是打车，所涉及的角色只有乘客和司机，网约车的崛起更多地也是供给方和需求方共同打造的规模经济,想要延展更多就需要在需求方不断延伸,需求方规模大了,供给方才会有更多的发力点,用户的转移成本也会下降很多。当然也可以解释为什么淘宝就是一家以网络协同驱动的企业。

2.2 智能时代的数字银行发展趋势

2.2.1 数字化成为核心

由于数字化网络是数字银行运行的核心,因此银行改革与创新需要更多的信息化支撑。随着中国经济温和回升,中国银行业将继续保持稳健的发展态势,银行改革的力度将不断加大,行业转型步伐加快。目前,中国银行业面临发展方式的转型,风险和困难逐渐增多,对风险管理和监管的要求日益提高,对金融创新的需求日益迫切。在这个过程中,科技在银行服务创新方面将承担越来越重要的角色。

从目前来看,只有建立符合银行业 IT 特点的,与数据中心发展模式相配套、相适应的 IT 运维一体化管理体系,明确运维管理的各项内容,统一运维管理的相关标准,规范运维管理的具体流程,切实转变传统的分散式、粗放式的运维管理模式,才能充分满足数据大集中后多层级、全覆盖的运维管理需要,实现运维管理的标准化、规范化和流程化。

可见,银行的数字化转型过程,就是金融与科技的融合过程,涉及金融与科技两大领域。由于传统银行在科技上不存在比较优势,因此通过科技外包或并购科技企业将成为银行数字化转型的主要方式,即建立开放银行。

开放银行(Open Banking)指银行通过开放的技术标准(API),与第三方服务商(TPP)共享客户账户信息系统和支付系统的访问权限。然后,TPP 将此访问权纳入财务应用程序,包括账户查询、财务面板、预算分析、存款产品的比价等。

开放银行有利于银行培育创新生态系统,通过 API 向第三方集成开放其核心业务功能来扩展其产品;根据用户需求定制增强型服务产品,提高客户满意度;接触服务不足的人群进入更大的利润池;纯数字服务提高营收能力;参与监管对话和技术联盟制定技术规范。

案例　最佳数字银行——新加坡星展银行[①]

2018 年 7 月,新加坡星展银行喜获两项全球殊荣,荣膺《欧洲货币》颁发的"全球最佳数字银行"与"全球最佳中小企业银行"奖项。星展银行也借此成为首家在享誉全球的《欧洲货币》2018 年卓越大奖评选中赢得两项全球类别大奖的亚洲银行与新加坡银行。

星展银行在"全球最佳数字银行"这项激烈角逐的奖项中脱颖而出,这也是自 2016 年后,星展银行在数字银行领域的领导能力再次被《欧洲货币》评为全球最佳。

星展银行已经表现出对数字银行业务清晰的表达能力,早已确立了一种渗透各业务和贯彻银行上下的企业家精神,同时也拥有科技主导的文化。除此之外,更难能可贵的是,能够深入了解细节,解释为什么和怎么样通过数字路径得以让银行盈利,这是一个全新的重要步骤。

为了衡量其数字化转型工作的有效性和普及性,星展开发了一套用来衡量数字化所创造的财务价值的方法。通过其数字价值捕获方法,星展能够制定有效的商业计划来推动与客户之间的数字行为,使客户更容易与银行进行在线互动。

星展集团执行总裁高博德说:"自 50 年前成立以来,星展银行一直致力于开拓创新。五年前,我们设想未来将是一个以加速变革为标志的未来,从那时起,我们一直积极地以一个非凡的目标来颠覆自己:让银行变得更简单、更快和更好地为我们的客户服务。在这个具有里程碑意义的一年里,

---

[①] 唐子湉. 这家亚洲银行获得两项全球大奖,银行数字化的未来是什么? [EB/OL]. https://www.sohu.com/a/241076932_100116740,2018-07-13.

我们非常自豪地看到,星展集团的数字领导力不仅在亚洲处于领先地位,同时也引领着世界。"

2.2.2 大数据成为风控的依靠

传统的数据集合往往是基于特定目的收集的,随着新兴信息技术的发展,互联网移动终端越来越融入日常生活和经济行为之中,尤其是智能硬件和设备的普及,与出行、消费、娱乐、支付等相关的数据呈爆发式增长趋势,互联网企业积累了大量数据。这些数据从多个维度刻画了经济主体的行为特征,从中可以挖掘出许多额外的信息和关联逻辑。传统的数据库软件工具和数据分析方法无法在短时间内抓取、管理和处理大数据,不仅仅因为其规模大,还在于其复杂性,传统数据一般都是结构化数据,而大数据往往包含大量非结构化数据,包括图片、视频、语音、地理位置等,并且数据都在实时更新中。云平台、云计算、机器学习等技术的突破使得对大数据的分析成为可能。金融行业由于天然具有数据量大的优势,成为大数据应用的重要领域。

大数据风控是基于互联网大数据,将数据挖掘、机器学习等技术以及大数据建模方法运用到贷前信用评审、反欺诈等风控管理环节。与传统风控模型相比,大数据风控有三个基本特征:

一是处理的数据种类多,更加多维度。大数据风控模型除了重视传统的信贷变量之外,还纳入了社交网络信息等内容,为信贷记录缺失的群体获取基本金融服务提供了可能性。

二是关注行为数据,而不仅仅是历史财务数据。传统的信用评分模型变量均与反映被评价主体债务状况和资金延付状况等资金活动相关,但大数据信用评估更关注被评价主体的行为数据,在互联网大数据时代,电子商务、社交网络和用户的搜索行为等大数据都映射着经济主体的教育背景、工作经历、社交圈子,这些信息与信用水平可能存在某种联系。大数据技术是在充分考察借款人借款行为背后的线索和线索间的关联性基础上进行数据分析，降低贷款违约率。

三是模型的建立是不断迭代和动态调整的结果。大数据风控模型的输入端是成千上万的原始数据，然后基于机器学习等技术进行大数据挖掘，寻找数据间的关联性，在关联性基础上将变量进行整合，转换成测量指标，每一种指标反映借款人某一方面的特点，比如诈骗概率、信用风险、偿还能力等。再将这些指标输入不同的模型中。最后将模型结果按一定的权重加总，最终输出的就是信用评分。在整个过程中，原始数据转换成指标需要进行不断的迭代，不同模型的权重值可以根据样本进行动态调整。

越来越多的互联网金融公司，特别是网络借贷、互联网消费金融等领域的公司开始利用大数据风控技术。一些大型银行也开始利用大数据进行授信，比如中国建设银行通过与税务部门进行数据共享，为小微企业提供快捷的信贷服务。

案例　大数据风控——河南金融服务共享平台[①]

自2020年新冠肺炎疫情发生以来，河南省金融服务共享平台充分发挥"零接触"优势，保证省内疫情防控重点医疗机构的金融服务。截至2020年4月12日，各银行通过平台累计为2085家企业放款35.23亿元人民币。

河南省金融服务共享平台是运用大数据思维搭建的、以解决民营企业和中小微企业"融资难、融资贵、融资繁"为目标的省级平台，是国内第一家，也是唯一一家省级公益性金融服务共享平台，于2019年3月5日正式上线运行。

该平台共归集工商、税务、养老、电力、信用、不动产等17个部门108类政务数据5633万条，免费向银行推送。平台推出"310"线上贷款模式，即企业"3分钟"完成线上贷款申请，银行"1分钟"完成相关数据调用，企业在平台从申请到获贷全流程网上办理，实现全程"零跑腿"。此举有效解决了贷款手续繁、提交材料多、核贷时间长等问题。

---

① 刘鹏. 金融大数据抗疫：河南为中小微企放款35.23亿元［EB/OL］. 中国新闻网, https：//baijiahao. baidu. com/s? id = 16638652887766391148wfr = spider&for = pc，2020 – 04 – 13.

河南省金融服务共享平台自2020年1月28日起开设"抗疫专题",联合各银行开通"云义贷""抗疫贷""医保贷""用工贷"等,保证省内疫情防控重点医疗机构的金融服务,保障重要医用物资、生活物资生产。截至4月12日,各上线银行通过平台累计为2085家企业放款35.23亿元,服务支持中小微企业复工复产。河南省金融服务共享平台共进驻24家银行,上线110款信贷产品,注册2.5万家企业,为13429家企业放款20834笔,放款累计总额593.23亿元。

下一步,河南将紧扣疫情防控期间企业融资需求,利用大数据、人工智能、云计算、区块链等技术持续完善平台功能,加强数据治理,优化系统连接,加快产品开发,让数据成为企业融资增信的"真金白银",将更多金融"活水"引向实体经济。

2.2.3　长尾客户成为利润增长新引擎

传统银行在技术和人力资源的双重束缚下,不得不将大部分资源倾斜到少数核心客户上,这些客户一直以来也是银行利润的主要来源。然而银行为满足核心客户个性化需求的边际成本逐渐上升,但边际收益却在下降,导致整个银行业的发展遇到瓶颈。然而,随着银行自身数据化网络基础的不断完善,大数据、云计算以及人工智能技术不断发展和被应用,银行的普通客户将能享受到批量个性化服务。比如利用大数据征信,银行可以为没有信贷经历的客户提供授信服务;利用智能投顾,可以对客户进行精准营销。因此,可以预期,数字银行时代下,个性化服务将在长尾客户群中普及,长尾客户也必将成为银行利润增长的新的引擎。

案例　长尾客户转化[①]

对于银行业而言,过去80%的利润来自20%的人群,尽管这部分客户

---

① 陈剑锐. 从二八定律到长尾至上:Fintech时代商业银行的演化路径[EB/OL]. www.fx361.com/page/2019/0701/5269332.shtml, 2019-07-01.

数量较少，但对金融产品的需求较大，且重复购买的次数较多，因此对商业银行利润贡献也较大，在客户群体中占据重要的地位。而近年来互联网新生业态带来的基于"长尾理论"的实践给整个金融行业上了生动的一课：将大量的散户和小市场汇聚也可成为与以往主流创收来源相匹敌的大市场。面对这样剧变的市场环境，银行不得不从传统的经营管理逻辑中跳出来，放低姿态去接触、了解并服务80%的小微客户，而在这个过程中银行应借助金融科技进行转型。

随着金融科技和普惠金融两大潮流的崛起，银行业逐渐看到了这80%长尾客户的价值。传统银行将目标瞄准长尾市场，如一些小微企业、夫妻店等背后的个人及有消费需求的个人，他们都有很强的金融服务需求。但由于信息不对称，加之这些用户抗风险能力相对较差，银行很难对这部分人群精准把握。这就要求银行借助人工智能和云计算等金融科技手段，结合这些用户的金融行为、社交行为、信用等数据，为这些人群精准画像，通过金融科技进行量化处理。

一直以来，银行都很想服务好80%的长尾客户，但效果却并不乐观。反观互联网企业，他们通过各种技术手段，触及了越来越多的用户，形成了"聚沙成塔"的效应。因此，银行机构要想延伸金融服务触角，金融科技是重要的手段。

过去银行是"以渠道为王"，布设了大量的银行网点。而随着互联网的出现，流量经营变得愈发重要，越来越多的用户被聚集或者黏附到互联网平台和场景中。那么，银行现在需要做的，就是运用金融科技，积极布局平台和场景，将金融服务尽可能多地延伸至80%的长尾客户。银行机构与互联网企业签署战略合作协议，利用互联网企业的技术和平台场景优势提升银行服务能力也是重要的方面。截至2020年6月，与金融科技公司签署战略合作协议的银行就已达11家。

以所熟知的蚂蚁金服为例，2019年营业收入1206.18亿元，净利润达到近169.57亿元，净利润率14%，主要盈利源于"借呗"和"花呗"，超过了很多中小银行的当期净利润。利用科技手段，蚂蚁金服的小贷服务不良率一直控制在1%以下。截至2019年,余额宝用户突破6亿,蚂蚁基金交易用户超过6000万,管理资产规模2.2万亿元,这一数字超过了很多中小银行。

细数蚂蚁金服的明星产品,无论是支付宝、余额宝,还是借呗、花呗、芝麻信用,都是围绕这80%的长尾客户展开的。长尾客户的特性是单个个体价值较小,数量众多,如果通过人力去获客、尽调、提供服务,那么借呗恐怕就不是盈利45亿元,而是亏损45亿元了。金融科技对金融最大的影响之一就是解放人力,每一个金融科技公司对此都深有感触。作为金融科技公司的一员,闪银及其母公司已经服务了海内外1.6亿用户,但整个闪银及其母公司只有1000多名员工。

传统银行在互联网浪潮中,已经把传统的支付、财富、贷款与新技术结合起来,实现了数据大集中。但在这个过程中,银行产品服务信息化多是从自身角度出发,对小微客户需求关注不足,体验欠佳,流量经营思维理念较弱。银行业由此受到启发开始尝试"直销银行"的业务模式,希望快速直达个体客户,吸引客户眼球,帮助客户快速决策购买产品或者使用服务。

而在构建"直销银行"的实践充分实施后,探索"开放银行"的发展应被提上日程:未来银行应充分应用大数据、云计算、人工智能等新技术,去构建"开放银行"服务体系,变渠道为平台,将面向大企业、中小企业及其上下游企业以及平台上的个体这一系列行为串联在一起,打造兼顾生态顶端大客户和大多数小微客户的综合性线上金融服务平台。

2.2.4 银行加速运营翻转范式

智能时代,银行业处于拐点。不断变化的客户行为,非传统的参与者,数字推动者和要求开放模型的法规都为该行业的商业转型奠定了基础。人工智能、大数据、云计算、自动化和敏捷方法都是帮助银行业进行数字化转型的关键推动力。

银行业正在利用灵活的数字平台与来自不同生态系统的参与者合作，以创建创新的产品和服务。在数据自由流动的支持下，针对个人情况量身定制的超个性化产品被用于增强客户体验并增加收入。数字、云和敏捷性提供了在中途更改路线的灵活性，并可以控制风险企业的影响。因此，银行业越来越容易接受尝试新想法或利用它们先前认为是冒险的机会的风险。借助大量的数字化投资，银行组织不仅可以很好地适应数字化浪潮，而且还可以利用它来开发差异化功能，转变运营模型并改变业务流程。但是，成功与否取决于它们能否摆脱传统的管理方法并改变组织的思维方式和文化。

1. 优化稀缺资源以充分利用资源。

这种转变的基础是思维方式的转变，即从优化稀缺资源到充分利用资源。对于准备利用生态系统中可用的大量资本、人才和能力的组织而言，存在无与伦比的增长机会。成功取决于组织能否挑战长期存在的组织信念，并从孤岛思维转变为与客户、同行和合作伙伴的协作。协作生态系统将帮助银行业组织利用更广泛的生态系统中的功能，涉足消费品等相邻行业，创建新的业务模型，设计创新产品并推动增长。基础技术平台将是这一转变的关键，并有助于实时利用生态系统资源以产生指数价值。一些国家监管机构已采取措施推广平台模型，例如，新加坡金融管理局已决定允许银行运营数字平台以匹配消费品的买卖双方。但是，银行将受到监管限制，限制其投资和扩展至非金融业务，以限制敞口并确保专注于其核心业务。

案例 优化稀缺资源

（1）新加坡的星展银行（DBS Bank）已与sgCarMart和Carro联手推出了直接买卖对购在线汽车市场DBS Car Marketplace。DBS还使用DBS Car Marketplace向客户提供优惠和贷款服务。[1]

---

[1] 资料来源：DBS Newsroom. DBS partners SG Car Mart and Carro to create Singapore's largest direct buyer-to-seller car marketplace [EB/OL]. https：//www. dbs. com/newsroom/DBS_partners_sgCarMart_and_Carro_to_create_Singapores_largest_direct_buyer_to_seller_car_marketplace.

(2) 荷兰的荷兰银行（ABN AMRO Bank）建立了具有多个应用程序编程接口（API）的开发人员门户，使外部世界可以与其进行创新合作。API 使商业客户可以轻松访问其活期存款账户，而门户则允许使用数字货币启用付款的基本单元。该门户在银行的"超越银行业日"黑客马拉松中经过了测试，该活动汇集了来自荷兰银行的合作伙伴和金融科技公司的参与者。这些努力是荷兰银行为遵守欧洲委员会 PSD 指令所做的准备工作的一部分，该指令允许受监管的第三方访问获得同意的客户的账户。①

(3) 美国联合银行已与 Lending Club 建立联盟，以通过 Lending Club 的平台购买个人贷款。② 两家公司将共同创造新的信贷产品，为两家企业的客户带来利益，从而提供卓越的体验。

(4) 挪威银行（DNB）、Eika、SpareBank 1 SR-Bank 和其他挪威银行已决定合并支付系统，例如移动支付应用程序 Vipps，借记卡服务 BankAxept 和身份验证平台 BankID Norge，以从根本上改善客户体验并避免竞争全球技术公司和改善产品。此举被认为对于保持数字支付市场的至高无上至关重要。③

2. 服务客户群至精准个性化服务单一客户。

客户数据是银行业组织中大量可用的资源。结合外部数据，它可以实时了解客户不断变化的环境，从而为大规模个性化创造机会。利用大量的客户数据，还可以实现更好的细分，并通过超越个人到特定的交易来实现无与伦比的个性化和以客户为中心的程度，从而使组织能够采用细分市场营销。通过客户数据分析获得的见解还可以帮助改善流程和提高运营效率，促进更快地交付并增强客户体验。

---

① 资料来源：ABN AMRO Press Release. ABN AMRO launches its developer portal [EB/OL]. https：//www. abnamro. com/en/newsroom/press-releases/2017/abn-amro-launches-its-developer-portal. html.

② 资料来源：Lending Club Press Release. Lending Club and Union Bank enter into strategic alliance [EB/OL]. https：//www. lendingclub. com/public/lending-club-press-2014 – 05 – 05. action.

③ 资料来源：Eika. Will establish the Nordic region's leading payment and identification player [EB/OL]. https：//www2. eika. no/aktuelt/ny-betalings-og-identifiseringssamarbeid.

案例　精准个性化客户服务

（1）安联全球企业与专业服务部（AGCS）与保险技术初创企业Flock合作，推出了一款可提供按需定制的无人机保险的应用程序。[①] 该应用程序使操作员可以针对每个无人机航班自定义政策，以适应客户提出的特定需求，并提供可选的保险附件——所有这些都只需单击一个按钮即可完成。该应用程序利用与无人机风险相关的大数据获取有关本地天气状况、环境、操作员资料等的实时信息，使用算法来处理这些数据并为每次无人机飞行分配风险评分，云计算技术被利用来进行复杂的计算，并且在一秒钟内生成分数。然后将该分数转换为用于保险飞行的保险费。

（2）法国保险公司安盛（AXA）已推出了新区块链保险产品（Fizzy），这是一个全自动的航班延误保险平台，可为个人客户提供针对航班延误的补偿。[②] 当乘客通过Fizzy购买航班延误保险时，它会记录在区块链总账中。智能合约利用全球空中交通数据，并在航班延误超过两个小时后自动启动赔偿。Fizzy利用数字化技术处理大量数据，比如乘客的位置数据、航班详细信息、航空公司的时间表和空中交通数据。通过大数据分析与人工智能相结合，使Fizzy能够提供个性化、及时的建议，以便于乘客在前往机场的途中根据可能收到的航班延误信息而购买保险。

（3）总部位于印度的创业公司Toffee已与印度和全球主要保险公司合作，通过其数字平台提供针对"千禧一代"客户生活方式量身定制的创新保单。[③] 该公司允许客户承担特定风险，例如登革热治疗、日常通勤期间的事故以及国际旅行。

（4）美国银行已部署了聊天机器人Erica，该聊天机器人利用自然语言

[①] 资料来源：Allianz. Allianz and Insurtech startup flock to launch UK's First Pay-as-you-fly drone insurance［EB/OL］. https：//www.agcs.allianz.com/global-offices/united-kingdom/news-press-uk/agcs-flock-partnership/.

[②] 资料来源：AXA. AXA goes blockchain with fizzy［EB/OL］. https：//group.axa.com/en/newsroom/news/axagoes-blockchain-with-fizzy.

[③] 资料来源：Toffee, https：//toffeeinsurance.com/.

处理从语音和文本中解密客户意图，并通过机器学习从客户数据中收集见解，从而提供个性化的银行业务建议和意见。①

3. 从降低风险到接受风险。

银行业参与者传统上采取"不输掉游戏"的方法，其重点是通过"安全"选项来控制风险。从长远来看，贸易保护主义的思维方式会通过专注于保持领先地位而不是大力推动能释放指数价值的举措来阻碍增长。随着消费者越来越期待快节奏的服务，"安全"方法将不再起作用。我们今天需要的是从减轻风险的思维方式转变为接受风险的范式，并采用"快速失败"方法来探索新机会，重点从所涉及的风险转移到创造指数级客户价值的可能性上。

案例　接受风险

蚂蚁金服集团的在线贷款机构浙江网商银行（MYbank）利用云计算和大数据技术向中小企业（SMB）领域提供贷款。② 缺乏信用历史或信用评级中小企业无法证明其信誉，因此被认为是传统银行的高风险客户群。通过分析中小型企业从阿里巴巴电子商务网络中交易的数据，浙江网商银行的自动化系统无须人工干预即可在几秒钟内评估信用度并批准或拒绝贷款。该公司为自己创建一个新的客户群的结果是，无须使用传统的信用评分或已证明的信誉度即可为高风险的中小企业细分市场提供服务的决定得到了回报。

4. 实现增量增益以创建指数价值。

企业在很大程度上侧重于提高效率和成本收益。实现转型发展，以不同的方向或更高的效率推动企业发展，将需要利用新兴技术及其网络效应，这种结合可以重塑行业并创造指数价值。

---

① 资料来源：American Banker. Where Bank of America uses AI, and where its worries lie [EB/OL]. https：//www.americanbanker.com/news/where-bank-of-america-uses-artificial-intelligence-and-where-its-worries-lie.

② 资料来源：Ant Financial [EB/OL]. https：//www.antfin.com/index.htm？locale=en_US.

案例　指数价值增长[①]

一家领先的欧洲银行在其抵押再融资功能中启用了实时信用决策。对端到端价值链进行数字化处理后，90%以上的业务可通过直通式处理为银行创造增量增益，将全职员工数（FTE）减少30%，并为银行节省大量成本。银行的客户也受益于信贷决策的端到端自动化，将等待时间从两周缩短至几分钟。与第三方服务的集成是转型成功的关键要素。

同样，浙江网商银行（MYbank）通过对替代数据的分析以评估中小型企业的信誉来涉足未知领域并创造增量增益，从而建立了一个全新的客户群。

2.2.5　银行向智能化方向加速发展

1. 智能化应用。

在运营和渠道方面，线上服务将成为银行"触客"的主要方式。与传统物理渠道相比，线上渠道运营费用相对轻盈，可突破物理局限，同时吸引年轻客群。因此各银行会不断优化线上渠道布局和结构。一方面优化线上渠道的客户体验，融入数字化互动设计，提升 App 打开速度、运作平滑度和线上客服响应速度，进一步可引入智能投顾，利用人工智能分析客户的资产负债情况和风险偏好数据，为客户提供标准化投资顾问服务；另一方面，打造手机银行、网上银行、微信银行等线上渠道协同体系。在做好线上线下渠道的基础上，在中长期对全渠道进行整合。

另外，金融科技可从四方面帮助物理网点进行数字化转型。第一，通过身份自动识别、智能自助服务机、远程视频柜员机等新技术的应用，将标准流程化的业务逐步向自助渠道迁移，以达到提升业务效率、降低人工成本的效果；第二，通过智能服务机器人、智能投资者教育让客户体验新产品新服务，并接受投资者教育；第三，实现在服务过程中抓取客户行为

[①] Ant Financial, https：//www.antfin.com/index.htm? locale=en_US.

数据，进行精准营销；第四，以移动互联技术帮助客户经理团队转型，提升客户资源管控力度，如为客户经理团队配备标准化的展业工具，提升服务标准化水平的同时，将客户信息在公司级系统中统一记录，实现对线下客户资源的统一管控，避免因客户经理团队流失而导致的客户资源流失。国内外已经有一些商业银行对网点进行转型探索，如中国银行、平安银行等。

在营销方面，数字化营销将成为主流方式。金融科技将被充分运用到客户分析和客户营销中，公私联动机制日趋成熟，基于大数据和人工智能的精准营销将普及到银行长尾客户，大大提高营销效率。比如通过采取智能助手营销，采用客户画像，结合后台数据库，通过电话智能外呼和微信小助手触达客户。

案例　中国第一家无人银行[①]

2018年4月，中国建设银行正式宣布，国内第一家无人银行在上海正式开业，没有一个保安，取而代之的是人脸识别的闸门和敏锐的摄像头，更找不到一个柜员，取而代之的是效率更高、懂你所需的智能柜员机、VTM机、外汇兑换机以及各类多媒体展示屏等琳琅满目的金融服务与体验设备。无人银行作为全程无须柜员参与办理业务的高度"智能化"网点，通过充分运用生物识别、语音识别、数据挖掘等最新金融智能科技成果，整合并融入当前炙手可热的机器人、VR、AR、人脸识别、语音导航、全息投影等前沿科技元素，为广大客户呈现了一个以智慧、共享、体验、创新为特点的全自助智能服务平台。

智能服务机器人担负起了网点大堂经理的角色，可以通过自然语言与到店客户进行交流互动，了解客户服务需求引导客户进入不同服务区域体验完成所需交易。生物识别、语音识别等人工智能技术得到广泛应用，实现对客户身份识别与网点设备的智慧联动，"一脸走天下"成为现实。通

---

① 东方网. 银行巨变，中国建行正式宣布：全国首家无人银行正式开业！[EB/OL]. https://weibo.com/ttarticle/p/show？id=2309351002874227652507581859.

过AR网点导览功能,客户手机App在真实空间和精准位置识别不同的设备,为客户介绍不同场景功能,可代替网点员工辅助客户完成交易。

各种自助机具承担了90%以上传统网点的现金及非现金各项业务,对于VIP客户的复杂业务还专门开辟了私密性很强的单独空间,可在这里通过远程视频专家系统由专属客户经理为其提供一对一的尊享咨询服务。

无人银行已不单单是一家银行,而是与书店、品牌商店等相结合的集金融、交易、娱乐于一体场景化共享场所,完全改变了人们对传统银行网点程式化、专业化的印象。无人银行内有约5万多册图书供到店客户免费阅读,并可通过App免费保存至客户手机带走;前沿的VR、AR元素游戏可供客户畅享,完成游戏体验还会获得各具特色的小礼物;办理相关金融业务可在自助售货机上领取免费饮品;VR科技被运用于让客户独享身临其境的看房体验,在将建行"建融家园"中所有租赁房产信息尽收眼底的同时免去预约看房等待时间及驱车前往现场看房的舟车劳顿,让客户来到银行不止于办理金融业务,网点从传统服务型银行场所完成了向新型金融服务体验场所"华丽转身"。

2. 智能银行。

布莱特·金(Brett King)在《银行3.0:移动互联时代的银行转型之道》一书中曾提出,"银行将不仅是一个'地方',同时也是一种'行为'。客户需要的不是实体的营业网点,而是便利的服务和功能"。随着信息技术的迅猛发展,商业银行的组织形式、服务模式也在悄然变化。

2018年3月,中国银行业协会发布的《2017年中国银行业服务报告》显示,银行业务服务"轻型化、智能化、特色化、社区化"成为发展趋势,电子渠道创新不断深化,2017年,银行业金融机构离柜交易达2600.44亿笔,离柜交易金额达2010.67万亿元,同比分别增长46.33%和32.06%,行业平均离柜业务率为87.58%。同期,网上银行交易达1171.72亿笔,交易金额达1725.38万亿元,同比分别增长37.86%和

32.77%，手机银行交易达969.29亿笔，交易金额达216.06亿元，同比分别增长103.42%和53.70%。

除传统商业银行积极拓展电子渠道、互联网渠道、移动渠道之外，民营银行的出现也为银行业务形态的变革注入了新的力量。2013年底，中共十八届三中全会通过的《关于全面深化改革若干重大问题的决定》提出，"在加强监管前提下，允许具备条件的民间资本依法发起设立中小型银行等金融机构"。2014年，经党中央、国务院批准，银监会正式开展首批民营银行试点工作，包括微众银行在内的第一批民营银行试点工作正式启动。

长期以来，小微企业、个体经营者等群体融资难、融资贵的问题，一直是传统金融体系难以有效缓解的痼疾。与传统商业银行大量铺设线下网点及ATM机的路径不同，微众银行所代表的互联网银行不开设物理网点，不发行实体卡片，所有贷款操作均可以在移动端App完成，在提升运营效率、降低成本的同时，通过移动互联网、大数据分析等信息技术，使资金以更高效的方式配置到经济社会发展的薄弱环节。

2014年12月16日，深圳前海微众银行股份有限公司正式成立，成为中国首家民营银行、互联网银行。目前，微众银行已在大众银行、直通银行和场景银行三大业务板块已陆续推出了微粒贷、微业贷、微车贷、微众银行App、微众企业爱普App、小鹅花钱、We2000等。

微众银行推出中国第一个线上无抵押的企业流动资金贷款产品——微业贷。微业贷客户70%以上企业是制造业、批发零售业和高科技行业，60%以上企业首次获得银行企业贷款。

微众银行推出的全线上、纯信用、随借随用的小额信贷产品"微粒贷"，已累计向全国31个省区市近600座城市的超2800万客户发放4.6亿笔贷款，累计放款金额超过3.7万亿元。截至2022年4月，微众区块链与多方共建的开源联盟链生态圈已汇聚超过3000家机构与企业、7万多名个人成员，成功支持了金融、医疗、司法、农业、制造业等多个行业的数百个区块链应用落地，支撑产业数字化的标杆应用超过 200 个。①

2.3 智能时代的数字银行发展存在的问题

2.3.1 信息化建设不足

数字银行区别于传统银行的关键在于，其以数字化网络为核心，而传统银行以实体分支行为核心。信息化建设是数字银行得以快速发展的"基础设施"。然而，目前我国金融企业在信息化建设方面还存在如下五方面的问题。

第一，各金融体系的建设标准很难统一，阻碍了金融信息化的进一步发展。在国有商业银行全面实施国家金融信息化标准前，许多银行都已经建立了自己的体系，由于机型、系统平台、计算机接口以及数据标准的不统一，使得各地银行的差距较大，系统的整合比较困难。

第二，金融信息化建设中，金融企业之间的互联互通问题难以得到解决。如国内众多的银行卡之间要实现互联互通，似乎需要经过一番长途跋涉。金融企业的互联互通，必须找到一种市场驱动机制来协调各方利益，找到最佳的利益平衡点。

第三，服务产品的开发和管理信息的应用滞后于信息基础设施的建设和业务的发展速度。目前国内金融企业对个性化金融增值业务的应用层次较低，部分业务领域的管理和控制还处在半信息化的阶段。

第四，互联网金融企业的认证中心建设速度缓慢。目前中国各金融企业的客户很多，都是网上的潜在客户，然而由于国内金融企业在建设认证

---

① 金投网. 微众银行是什么银行 [EB/OL]. https：//bank.cngold.org/c/2022-05-23/c8119976.html.

中心的意见上难以实现统一，使得互联网金融的认证标准也没有统一。

第五，实现数据大集中与信息安全的矛盾。科技越发展，安全性越重要，而且金融行业也是一个特殊的行业，数据的安全性更是当前急需面对的问题。数据大集中意味着统一管理，减少重复建设。数据集中能够有效提高金融企业的管理水平，加强金融风险的防范，进一步提高资金的流动性和资金营运效率，有效改善金融企业的管理机制，而且数据集中是实现各种新业务和新服务的前提基础。

2.3.2 长尾客户严重流失

"二八定律"一直以来就被各国银行业作为金融决策的重要依据，即80%的利润来源于20%的核心客户，另外20%的利润则来自其他80%的普通客户。在我国，这20%的核心客户包括大型对公企业客户以及小部分高净值个人客户，一直以来银行利润主要来自这些客户，而利润形式主要为利差收益。然而，在利率市场化进程呈现不对称性的同时，利率又处于下行周期，利差收缩成为不可避免的趋势。由于资产端优质资产的竞争将更加激烈，负债端也呈现长期化的趋势，将会给银行核心的存贷业务造成压力。也就是说，来自核心客户的利润会逐步下滑，如果普通客户的利润贡献不能被提升，那么整个银行利润将进入长期下行通道。

为了留住核心客户，各银行注重这类客户的服务体验，向其提供了差异化服务（比较典型的比如 VIP 卡的发放），与此同时，其他80%的普通客户只能得到标准化服务。但是，改革开放以来，随着中国经济的快速发展，中国消费者在生活水平不断提高的同时，消费需求也发生了巨大转变，更加向往个性化需求。可以看出中国消费者正处于对金融服务需求不断变化、期待创新的阶段。也就是说，普通客户在个性化服务上也具有很大需求，这便与大部分银行所提供的标准化服务相矛盾。而这正是长尾客户出现流失的根本原因。

总之，虽然我国信息基础设施建设发展迅猛，但是金融与信息技术的融合在银行业仍然处于起步阶段。

2.3.3 风控手段传统低效

首先,运营效率低下。大部分银行集中作业程度低,缺乏智能应用工具。除大型银行外,大部分中小银行尚未配备 OCR 智能录入、线上智能进件等系统,手工化程度较高,导致文件录入效率低、错误率高等问题,极大地提高了运营成本。这正与人们对于金融服务流程效率及体验水平的要求日益提升相矛盾。

其次,线上渠道发展水平差异大。随着智能手机的普及,年轻一代的客户的使用习惯及对金融服务的需求也发生了快速的改变。埃森哲最新调研表明超过 70% 的中国消费者表示他们去线下网点的频率低于每月一次。虽然国内银行也同样意识到这种趋势,为应对变化而积极布局线上渠道、改革线下渠道,但是并不是所有银行的转型成果都尽如人意。而且银行不同业务渠道也呈现线上化水平发展不均衡的趋势,例如,零售业务产品电子化程度较高,从最初的网上银行、手机银行到直销银行,已经开始发展各渠道接口整合;但同业业务相较而言更依赖"熟人线下获客",线上渠道有限,主要通过微信、QQ、电话、邮件等方式进行沟通。然而,通过微信等线上渠道推荐产品时,交易磋商、身份核实过程长、成本高。

再次,营销手段过于传统。银行"触客"手段仍较传统。大部分银行仍以传统海报、开展客户活动及网点堆砌营销物料等方式发展零售客户,以"地推陌拜"的方式拓展中小企业客户,"触客"手段较为传统,缺少专业营销管理工具及系统,曾经由网点和客户经理共同构成的"触客"和持续营销体系,由于数字化营销机制的出现而受到挑战。

最后,风险控制手段仍较为传统。银行是经营风险的行业,风险控制能力是银行的核心竞争力。银行通过信用评分模型来定量计算贷款违约的可能性,确定违约的损失分布,以规避风险损失,并根据预测的风险水平进行利率定价。传统的信用评分模型主要使用历史借贷数据和财务数据来预测和判断借款人的违约风险，采用传统的统计方法进行分析，这种方法最大的缺陷就是无法对那些缺乏历史借贷数据的借款人进行信用风险评估。在征信体系不完善的经济体中会存在信贷供给不足的现象。我国央行征信系统虽然覆盖了 8 亿多人，但只有 3 亿多人具有信贷历史，传统的风控技术对这部分信贷历史记录空白的群体是无效的。即便在征信业高度发达的美国，美国个人消费信用评估公司（FICO）评分也被批评信用评价标准过于单一，评估结果具有片面性，在时间上表现出严重的滞后性。

3

数字货币发展概述

3.1 数字货币概况

3.1.1 数字货币的定义和种类

1. 数字货币的定义。

传统上，人们默认货币就是法定货币，确定其职能是价值尺度、流通手段、贮藏手段、支付手段和世界货币，并根据使用方式将其划分为现金、票据、卡基支付、移动支付等不同的支付手段。在互联网时代，网络空间逐渐成形并与物理空间并存，社会大众对货币的认识变得宽泛，认为"货币就是法律规定或世俗约定能够用于支付的手段"，前者为法定货币，后者为私人货币，并出现了虚拟货币、数字货币等概念。

迄今并未有关于数字货币权威统一的界定，根据当前大多关于数字货币的论述，数字货币（digital currency）即数字化的货币，它是指以互联网为基础，以计算机技术和通信技术为手段，以数字化的形式（二进制数据）存储在网络或有关电子设备中，并通过网络系统（包括智能卡）以数据传输方式实现流通和支付功能的网络一般等价物，具有货币最为基本的交易、流通等职能。数字货币是互联网时代社会经济发展到一定阶段出现的一种新型货币形态，它以满足用户的安全性与便利性需求而存在，也代表了未来货币存在形式的发展方向。

与数字化货币相关联的还有一个概念，即货币数字化。货币数字化是指通过数字设备实现货币支付与资金转移的行为。货币数字化不创造货币，不会导致货币总量的变化，只是为用户提供了一种更快捷的货币使用方式。借记卡、信用卡等银行卡均属于货币数字化的手段，卡片本身不贮藏价值，仅用于识别身份，使用者可以连接到自己的储蓄账户或信用账户，并实现已有货币的转移，但不会产生新的货币，只是通过商业银行的服务避免了实物货币的使用，并且理论上必须是实名制的。

此外，电子货币、虚拟货币也是经常与数字货币相提并论的两个概念。通常情况下，电子货币是与银行账户相关联的记账式货币，如卡基支付、移动支付，属于前述的货币数字化是法定货币；虚拟货币则不属于法定货币，包括数字加密货币（如比特币）和非加密商业货币（如Q币、积分等）两种类型，其价值完全由市场决定。在实际应用中，虚拟货币与数字货币的概念越来越融合。

2. 数字货币的种类。

当前存在的数字货币从技术原理上来分有非加密货币和加密货币两种。

一是非加密货币。非加密货币通常是指网络社区虚拟货币，由公司或者私人等自我发行，不需要通过计算机CPU运算程序解答方程式即可获得。比较知名的非加密货币有国外的Amazon Coin、Facebook Credits等以及国内百度公司的百度币、腾讯公司的Q币、新浪的微币等。由于其依据市场需求可无限发行，所以不具备收藏以及升值的价值。

非加密货币在现实中具体表现为"服务币""游戏币"等种类。"服务币"一般只能通过用户在互联网上的特定行为获得，且仅在封闭虚拟社区使用，如论坛积分、迷你豆等。这类"服务币"由于没有在全网推广因而使用范围较窄，但是被各种论坛和站点频繁采用，使用频度较高。"游戏币"则可通过实体货币购买，但购入后不能或者很难兑换回实体货币。如Amazon Coin、Q币等。此类货币使用范围较广，以Q币为例，其不仅可用于购买腾讯公司的商品或服务，在二级市场上还可以收售。虽然腾讯公司禁止将Q币兑换回人民币，但由于第三方兑换平台的存在，Q币可以用来购买电话充值卡，实际上实现了人民币的兑换过程。另外，在网游、论坛等地方，也有不少的虚拟货币的获取和使用。目前困难的是各种货币之间兑换关系不固定，渠道也不畅通，还没有形成统一货币的影响力。

二是加密货币。加密货币是一种新型的数字货币，有人又把它称为算法货币，它依据全世界的计算机来运算一组方程式开源代码，通过计算机CPU大量的运算处理产生，并使用密码学的设计来确保货币流通各个环节的安全性。基于密码学的设计可以使加密货币只能被真实的拥有者转移或支付。新型的数字加密货币不依靠法定货币机构发行，也不受中央银行管控，因而对现行以中央银行为核心的货币发行和货币政策体系形成了冲击和挑战，也受到明显的质疑。目前比较知名的数字加密货币有比特币（Bitcoin）、莱特币（Litecoin）等。

数字加密货币与其他非加密货币最大的不同，是其总数量有限，具有极强的数量稀缺性。因为这一组方程式开源代码总量是有限的如果想获得，就必须通过计算机CPU的运算才可以。正因为加密货币总量有限，具有稀缺性，所以开采得越多，剩下的就越少，币值就升得越高，就好像地球上埋在地里的黄金，数量有限，永不贬值。而计算机运算方程式代码的运算过程就好比在金矿挖矿。因此数字加密货币的产生过程被形象地比喻成"挖矿"。通过挖矿开采出来后，加密货币就是一串代码，跟人民币左下角的那一串序列号一样，谁拥有这一串序列号，谁就拥有这一加密货币的使用权。

除了非加密货币与加密货币的这种分类方法，早在2012年，欧洲中央银行按照是否与法定货币存在自由兑换关系把虚拟货币（数字货币）分成了三类。第一类是两者之间不存在自由兑换关系的，只能在网络社区中获得和使用，如各种游戏币；第二类是可以通过法定货币来换取的，用来购买虚拟或真实的商品或服务，但不能兑换回法定货币的，如 Amazon Coin 等；第三类是两者之间能相互兑换的，并可用来购买虚拟或真实的商品或服务的，如比特币等。美国将比特币之类的数字加密货币称之为可转换的虚拟货币，并将其从税收的角度归类为特殊商品。

由于非加密货币的货币属性相对较弱，当前关于数字货币的关注点主要在加密货币上。

3.1.2 数字货币的特点

1. 货币形态的虚拟性。

虚拟性是数字货币最为显著的特征。数字货币在网络虚拟社区中虽然也可以显示成为金黄色的金币或者其他外形，但是它只是技术上的显示方式。事实上，数字货币只是以磁信号、光信号等形式储存于计算机系统中的一段二进制数据，这与现实中的法定货币的形式—纸币和硬币完全不同。

2. 应用时空的局限性。

数字货币的局限性体现在空间和时间两个方面。从空间上来看，数字货币存在于互联网系统或平台，而且目前的非加密数字货币也仅仅是流通于各自的网络平台及游戏之中，离开了特定的虚拟社区便不再具有任何价值。从时间上来看，每个企业每款游戏都不可能永远地存在下去，都有自己的经营周期，当企业走向破产、游戏被玩家冷落，相应地，这部分数字货币就回退出市场，也可能会出现新的虚拟货币。即使是数字加密货币，受监管等因素的约束，目前从使用的空间范围上也有很大的局限性。有关研究发现，比特币自产生以来，大部分并没有参与流通，他们被转入特定账户之后，就从流通中消失了。

3. 交易价格的不稳定性。

现实货币的发行是由中央银行按照市场上经济发展对货币的需求状况，以及国家的宏观货币政策制定相应的计划，尽可能确保市场的稳定和促进经济的发展。但是非加密数字货币的发行种类与数量都是由网络运营商决定的，价格也由其任意决定；而加密货币的价格更是波动剧烈。

以比特币为例，2009年诞生时几乎一文不值，2011年初价格为0.3美元，短时间内迅速攀升至30美元左右，2013年价格又出现大幅度波动，11月份曾达到1300美元，然后很快回落，价格持续震荡，2016年4月，价格基本在450美元左右，2017年12月，比特币达到历史最高价19850美元，2018年11月，比特币有所回落，跌破4000美元大关，后稳定在3000多美元。2019年4月，比特币再次突破5000美元大关，2020年2月，比特币突破了1万美元，2021年2月，比特币价格突破5万美元。2021年6月，萨尔瓦多成为世界上第一个赋予数字货币法定地位的国家，比特币在该国成为法定货币。①

从供求关系来看，比特币的供给固定，总量有限但其需求波动较大。与黄金相比，供求关系对价格影响有所不同。二者面临的需求曲线大体相同，但供求曲线差异大。比特币价格波动剧烈的原因主要来自两个方面：一是挖矿能力与货币供给无关，使得其无法通过提高挖矿能力来增加货币供给从而减轻货币价值增加的压力；二是挖矿能力本身不稳定，在比特币价值增加时挖矿有利可图，而当比特币价值下降时，挖矿缺乏激励，支付网络的处理能力也很快降低。而且比特币的价格受重大媒体舆论事件的影响也比较大。

4. 计量单位的特殊性。

现实中的法定货币分为主币和辅币，而且各单位之间都存在着固定的换算关系。我国相关银行法就规定，人民币的单位是元辅币单位是角和分，主辅币单位换算遵循十进位制。但是数字货币是以电磁信号、光信号等形式储存于计算机中的二进制数字化信息，因此没有必要作出主币与辅币的区分，每种数字货币都有自己的计量单位，具有较强的可分性，适用于小微型交易，一个比特币可以被细分到小数点后8位，0.00000001BTC是比

---

① 人民资讯. 全球首例！萨尔瓦多正式将比特币作为法定货币［EB/OL］. https：//baijiahao. baidu. com/s? id＝1702092487555887325&wfr＝spider&for＝pc，2021－06－09.

特币的最小单位。

除了以上特点，相对于纸币而言数字加密货币省去了印刷、数据审核、防伪、押运流通、保险库保管等各方面的成本；完全去中心化，没有发行机构，不可能操纵发行数量；依托互联网，无国界限制，全球流通方便快捷；账户具有隐匿性，只有一串无规律字符，不体现账户拥有者的特征，一个人还可拥有很多账户；尚无监管机构，交易费用低，任何商店使用加密货币交易，可省去税收成本。

3.1.3 数字货币的本质

与以往现实货币相比，数字货币的虚拟性并不是第一位重要的，第一位重要的是内在价值问题。也就是说，虚拟数字货币代表的价值，与一般货币代表的价值具有什么样的联系与区别。货币问题是现代性范畴的问题，虚拟的数字货币问题则是后现代性范畴的问题。它们之间并不共享同一基础范式。而正是范式的差异导致了两者的不同。

1. 价值形成机制不同。

一般货币与虚拟货币的价值基础不同，前者代表效用，后者代表价值。从行为经济学的观点推导，货币作为一般等价物，它所"等"之"价"，语言上虽称为价值，但实际上是指效用。而数字货币代表的不是一般等"价"之"效"，而是价值本身。

数字货币不是一般等价物，而是价值相对性的表现形式，或者说是表现符号；也可以说，数字货币是个性化货币。在另一种说法中，也可称为信息货币。它们的共性在于都是对不确定性价值、相对价值进行表示的符号。原有含义的货币，只能是新的更广义货币的一个特例。货币既可作为一般等价物的符号，也可作为相对化价值集的符号。

2. 货币决定机制不同。

一般货币由人民银行决定，数字货币由个人决定。一般货币的主权在共和体中心；数字货币的主权在分布式的个体节点。从信息经济学的角度看，一般货币是数字货币的一个特例。这种特例的特殊点在于：第一，参照点不变。因此，价值从一个集被特化为一个可通约的值，当参照点不变时，价值等同于效用；第二，效用相对于参照点的得失不变。这意味着，参照点所拥有的值是一个稳定的理性值、均衡值。在理性经济中，参照点也可能不变，但仍是一个散集。其不同在于这个散集中的每一个点（实际成交价）都是不稳定的，只有均衡值是稳定的；但在数字货币的价值集中，每一个点都可能是稳定的，相反是那个理性均衡值可能是不稳定的。

反映到货币决定机制上，央行正是理性价值的一个固定不变的参照点的人格化代表，而虚拟的货币市场（如股市、游戏货币市场）是由央行之外的力量决定的。正是在这个意义上，在经济学中有人把股票市场称为虚拟货币市场，把股市和衍生金融市场形成的经济称为虚拟经济。虚拟经济的本质是以个体为中心的信息经济。

3. **价值交换机制不同。**

一般货币的价值转换，在货币市场内完成；而数字货币的价值转换，在虚拟的货币市场内完成。一般货币与数字货币的价值交换，通过两个市场的总体交换完成，在特殊条件下存在不成熟的个别市场交换关系。因此可以说，一般货币与数字货币处于不同的市场。

现实中的法定货币能够实现用来购买商品，如果想再换成货币可以再将商品卖出，这样货币和商品的双向互换交易就实现了，进而保证了市场上货币的供给与需求的协调，为我国中央银行制定和实施科学合理的货币调控政策提供了保障。但是目前的网络数字货币市场并没有形成这种机制，人民币可以兑换成某种特定的虚拟货币，但是数字货币不能再兑换成人民币，只能由人民币向数字货币单方向流通，缺乏退出机制。

4. **货币创造能力不同。**

现在的数字货币不需要提现，实行的是完全零储备制度，加之以互联网为基础的网络支付更加便捷进而加快了数字货币的流通速度，这样就让数字货币在理论上具有了无限扩张的能力。在这种情况下，尽管网络运营商不会无限地提供虚拟物品，但是虚拟数字货币的交易量依然是可以无限倍地放大。

5. 风险不同。

数字货币的风险大于现实法定货币，现行发行货币是由国家根据市场情况发行的，以国家和中央银行的信誉为担保，但是数字货币均是由不同的企业根据自身的需要而设计开发的，以发行机构本身的资产和信誉为担保。

3.2　数字货币的产生与发展

3.2.1　数字货币的产生

数字货币的产生是货币自身发展在技术进步推动之下的演进结果。货币随着简单交换而产生，其形态随贸易交换发展而变化，每一次形态的演变，从具体到抽象，从实体到观念，货币都在试图用任何一种使用价值，充当价值符号，寄身于纸币、信用卡、电子终端设备中，不断向着社会化、虚拟化的方向发展。

在历史上，商品货币表现为实物货币、金属货币两种形式，这种货币兼具商品与货币的双重职能，其作为货币的价值与作为商品的价值相等。物物交换限定了交易的发展，这种生产关系不再满足生产力的发展，随即过渡到信用货币。信用货币发行都有一定的担保，国家发行的主权货币也是依靠国家的信用而强制流通的，货币信用担保也因国家的强制发行流通实现了具体化向抽象化的发展，从具体的物品到抽象的符号，实现了货币发展的一次飞跃。货币由纸质形态进入电子化时代，纯粹地变成一串数字符号。这种电子货币是一种以电子脉冲代替纸张进行资金传输与存储的货币，它的出现使得存取款、投融资等有关的交易都变成数字化的电子数据交换形式，货币开始向着无纸化方向发展，实现了第二次质的飞跃。

互联网的发展创造了繁荣的虚拟网络环境与丰富的虚拟网络产品，从而产生了数字货币利用网络社会进行的交易，这种货币是一种存储在网络服务器的数据文件，依赖于整个互联网而存在，其货币形态更进一步虚拟化。

1. 数字货币的产生。

世界上第一种数字化货币是由被誉为数字货币之父的戴维·乔姆发明并发行的。① 乔姆20世纪70年代在美国加州大学获得博士学位，作为数学家、密码学家和计算机专家的他于70年代末开始研究如何制作数字化货币。他看到互联网潜在的巨大商机，认为在互联网上必须有自己的网络货币，它可以在互联网上自由流通，成为互联网络上商品交易的货币媒介；同时它又应是一种无纸货币。经过多年的辛勤钻研，乔姆博士终于获得了成功，并于1995年开始在互联网上发行数字化货币。由于数字化货币属于金融创新，各国也没有法律规定不允许发行，发行数字化货币也就并不违法。为使发行成功并得到流通，他详细地说明了数字化货币的发行理念和使用方法。凡是向他申请使用互联网数字化货币的前1000名网络货币发烧友，均可免费获得500元数字化货币，在互联网上出售各种数字化商品的商人均可在网上定价，通过互联网向购买者收取数字化货币。由于互联网上许多软件是免费赠送的，与其白送，不如收取一些数字化货币，聊胜于无；同时，互联网上有些商品滞销，无人问津，与其等着，不如卖一点算一点，哪管数字货币是否值钱。对于前1000名申请者来说，这500元数字化货币是免费得到的，又能用它购买一些网络产品，何乐而不为呢？这样，50万元数字化货币很快就发行完了。令人振奋的是，确有商人接受这种货币，这样有买有卖，乔姆博士的数字化货币就开始在因特网上流通了。

数字化货币是以电子化数字形式存在的货币，是由0和1排列组合成的通过电路在网络上传递的信息电子流。其发行方式包括存储性质的预付卡（电子钱包）和纯电子系统形式的用户号码数据文件等形式。数字化货

---

① Xxnefwork. 数字货币教父David Chaum [EB/OL]. https：//zhuanlan.zhihu.com/p/377989659.

币与信用卡和电子支票也不同,它是层次更高、技术含量更多的电子货币,不需要连接银行网络就可以使用,并具有不可跟踪性。但从技术上讲,由于各个商家和个人都可以发行数字化货币,如果不加以规范控制和标准统一,将不利于网上电子交易的正常发展。

1995年底,由于乔姆发明的数字化货币使用者越来越多,它竟然被一家名为"马克·吐温"的银行所接受,使它可以和用户账户内真实存款转换。该行在网上刊登广告,招揽生意,凡是在该行拥有存款账号的客户,均可在国际互联网络上拥有自己的数字化货币账户,用户有权将自己存款中的美元或其他货币转为数字化货币,从而在网上进行交易时,使用这种电子货币进行支付。如果接受这种数字化货币的商人在马克·吐温银行中也拥有自己的账号,整个交易就能顺利完成。

自此以后,各种科研机构和高科技公司又陆续开发出各种各样的数字化货币及其支付系统,直至2009年比特币的诞生,引起世人对新型数字加密货币的广泛关注。

2. 数字加密货币产生的技术基础——区块链。

当前的数字加密货币基本上都采用了与比特币相同或相似的工作原理,其底层技术和基础架构就是区块链,其核心思想延续了"无法被追踪的匿名特征"并且"政府的作用被排斥在外",区块链本质上是一个去中心化的巨大分布式账本数据库(即分布式记账系统),是一串使用密码学相关联所产生的数据块,每一个数据块中包含了多次数字货币网络交易有效确认的信息。随着加密交易不断产生,"矿工"不断解密验证交易,创造新的区块来记录最新的交易,这个账本就会一直增长和延长。新的区块按照时间顺序线性地被补充到原有的区块末端,就构成了区块链。区块链上保留有每个节点比特币的余额信息,并随着自身的延长向各个节点进行自动更新。

在数字货币的交易过程中,为了保护交易者隐私和避免同一货币被多次使用的问题,主要采用了公钥密码原理和分布式时间戳技术。在保护隐私方面,公钥可以作为数字货币的接收地址,私钥被用来确认账户中货币的转移支付。公钥与电子邮件相似，是公开的；私钥与电子邮件密码相当，通过它才能对信息进行访问和处理。接收者的公钥地址和交易信息（包括本次和上次的交易数额及费用等）都通过互联网传递，发送者会使用私钥对交易信息进行数字签名，并向支付网络发送交易信息。

交易信息的有效性（包括该信息是否由特定发送者发出、发送者是否对交易货币拥有所有权以及该货币是否被重复使用等）需要进行确认。与传统金融体系中由中央结算机构来确认每笔交易的有效性所不同的是，数字货币（如比特币）网络中只有一个全局有效性的交易链，并分布式储存在支付网络的每一个节点中。为避免无效信息的泛滥和网络恶意攻击，支付节点产生新的交易模块时需要进行复杂的计算，被视为支付节点的工作证明。该计算是一种概率很低的随机碰撞试验，需要消耗支付节点大量的计算资源，因此率先完成工作证明的节点会得到一定的奖励，这个过程被称为"挖矿"。"挖矿"不仅是新的数字货币产生的过程，同时也保证了货币支付平台的高效运行。

由上可见，支撑数字加密货币的区块链技术拥有以下主要特点：

（1）去中心化。整个网络没有中心化的硬件或者管理机构，任意节点之间的权利和义务都是均等的，且任一节点的损坏或者失去都不会影响整个系统的运作。因此也可以认为区块链系统具有极好的稳定性。

（2）去信任。参与整个系统中的每个节点之间进行数据交换是无须互相信任的，整个系统的运作规则是公开透明的，所有的数据内容也是公开的。因此，在系统指定的规则范围和时间范围内，节点之间不能也无法欺骗其他节点。

（3）集体维护。系统中的数据块由整个系统中所有具有维护功能的节点来共同维护的，而这些具有维护功能的节点是任何人都可以参与的。

（4）可靠数据库。整个系统将通过分布式数据库的形式，让每个参与节点都能获得一份完整数据库的拷贝。除非能够同时控制整个系统中超过51%的节点，否则单个节点上对数据库的修改是无效的，也无法影响其他节点上的数据内容。因此，参与系统中的节点越多和计算能力越强，该系统中的数据安全性就越高。

（5）开源。由于整个系统的运作规则必须是公开透明的，所以对于程序而言，整个系统必定会是开源的。

（6）隐私保护。由于节点和节点之间是无须互相信任的，因此每个参与的节点的隐私都受到保护。相较于其他技术，区块链技术较好地解决了分布式系统中进行信息交互时面临的在整个网络中的任意节点都无法信任与之通信的对方时，如何能创建出共识基础来进行安全的信息交互，而无须担心数据被篡改的难题，这个问题称之为"拜占庭将军问题"，也称之为"拜占庭容错"或者"两军问题"。其分布式的授权机制，让安全性大大高于那些将权限数据储存于中心化数据库的形式；而分布式的加密特点，保证了没有中心数据库可以被侵入或篡改。随着区块链在数字货币结算、数字资产管理等方面的推广，区块链技术的独特效应正在逐步显现。一般认为，区块链已经或即将发生从区块链 1.0~3.0 的演变。区块链 1.0 主要是指支撑比特币的基础技术；区块链 2.0 是其在金融业务上的延伸，其应用涵盖金融机构、金融工具和智能合约；区块链 3.0 包括行业中的新兴应用，除了银行和金融科技，它包括在备案管理、知识产权管理、物联网、教育应用和政府管理等诸多方面的使用。

3.2.2　数字货币的发展

在历史演进的漫漫长河中，不同时期、不同区域都出现过不同形态的货币。即使是传统的支付方式被电子化之后，底层的支付技术也几乎没有根本性的改变，银行体系仍然是其很重要的构成。以比特币为代表的数字加密货币的出现实际上是创造了一种新的支付模式尤其是创造了一个全新的全局分布式账户系统。人们将可以通过该系统进行支付，而不再依赖银行系统的支持。数字货币自出现后交易量在迅速上升。

1982 年，戴维·乔姆（David Chaum）最早提出了不可追踪的密码学网络支付系统。

1990年，戴维·乔姆将他的想法扩展为最初的密码学匿名现金系统，这个系统就是后来所谓的eCash。

1998年，戴伟（Wei Dai）发表文章阐述了一种匿名的、分布式的电子现金系统，他将其命名为"B-money"。同一时期，尼克·萨博（Nick Szabo）发明了"Bit gold"。和比特币一样，"Bit gold"也设置了类似的机制，用户通过竞争性地解决"工作量证明问题"，然后将解答的结果用加密算法串联在一起公开发布，构建出一个产权认证系统。"Bit gold"的一个变种是"可重复利用的工作量证明"，开发者是哈尔·芬尼（Hal Finney）。

2008年，中本聪在比特摩斯（Bitcoin Metzdowd）的密码学邮件组列表中发表了一篇论文，论文描述了比特币的电子现金系统。

2009年1月3日，中本聪发布了开源的第一版比特币客户端，宣告了比特币的诞生。他同时通过"挖矿"得到了50枚比特币，产生第一批比特币的区块就叫作"创世区块"（genesis block）。

2011年，维基解密、奇点研究所（Singularity Institute）、互联网档案馆、自由软件基金会以及其他的一些组织，开始接受比特币的捐赠。电子前线基金会（Electronic Frontier Foundation）也接受了一段时间的比特币捐赠但是随后宣布停止这样做，因为比特币这样的货币系统在历史上没有先例，对于其法律前景的不确定性感到担心。一些小型的企业也开始接受比特币，莱希（LaCie）公司是一家上市公司，接受比特币作为其Wuala服务的付款方式。

2012年10月，BitPay发布报告说，超过1000家商户通过他们的支付系统来接收比特币的付款。

2012年11月，WordPress宣布接受比特币付款。声明说肯尼亚、海地和古巴等地区遭受国际支付系统的封锁，比特币可以帮助这一地区的互联网用户购买服务。

2013年4月，海盗湾和EZTV网开始接受比特币捐款。

2013年4月，中国四川省雅安地震后，公募基金壹基金宣布接受比特币作为地震捐款。

2015年,数字货币在欧洲相关国家和地区的交易量超过了10亿欧元。数字货币作为一种金融工具正在被欧洲的大多数国家认可,挪威在货币数字化的道路上处于全球领先地位。

2016年1月20日晚间,央行网站发文称,当日中国人民银行数字货币研讨会在北京召开,进一步明确央行发行数字货币的战略目标[①],做好关键技术攻关,研究数字货币的多场景应用,争取早日推出央行发行的数字货币。

2019年8月10日,中国人民银行支付结算司副司长穆长春在中国金融四十人论坛上表示,央行数字货币即将推出,将采用双层运营体系。[②]

虽然新的技术更快捷、便宜、安全和透明,但现有的系统不但运行得很好,在某些方面甚至比早期的区块链技术更加优越。美国存管信托和结算公司的白皮书指出,目前区块链技术还未成熟,还有内生规模化限制,并缺少下层结构,不能完全整合到既有金融市场环境之中。因此,该技术可能不会是每个问题的解决办法。美国佛蒙特州议会的一份报告指出,把区块链应用到公共记录管理系统中的代价可能要超过它潜在的收益。

3.2.3 数字货币的风险

作为一种时间短、速度快效率高、费用低的微型支付媒介,数字货币提高了市场效率,推动经济更好更快发展,在一定领域内执行了货币的价值尺度和流通手段职能,具有近似货币的性质。但是与传统货币相比,数字货币的交易平台脆弱,监管环节薄弱,一旦出现问题,连锁反应必然会导致一定的金融风险。随着虚拟货币的深入发展,是否会影响央行的宏观调控、是否会造成全球通货膨胀,都对现行的金融政策提出了挑战。

---

① 中国人民银行数字货币研讨会在京召开 [EB/OL]. http://www.pbc.gov.cn/goutongjiaoliu/113456/113469/3008070/index.html, 2016-01-20.

② 单雨菲. 央行数字货币将采用双层运营体系,不影响现有货币传导机制 [EB/OL]. https://baijiahao.baidu.com/s?id=1641642149731015209&wfr=spider&for=pc, 2019-08-12.

1. 市场操纵风险。

因为数字货币可以通过组建"矿机"挖取，若在某数字货币尚未红火之时，投入大量资金开采数字货币并在市场上逢低吸纳，当其在市场上占有一定比重时，如15%以上，便可能操纵整个市场。相对于股票市场中的小盘股而言，操纵一个新兴的非比特币的数字货币市场更为容易。普通投资者在这样的市场中想要赚钱难度极大。

因此，避免市场操纵风险的对策之一就是要形成行业自律，平台应对账户进行监控。对于平台中出现大批量吸入数字货币的行为应予以警示乃至停止其交易，谨防其依靠大资金操纵市场。但考虑到数字货币本身所倡导的互联网精神，做到这一点极其困难。另外，当前各个平台均为非官方机构，平台间信息共享非常困难，且很难通过身份验证、银行账号便锁定是否为同一集团在进行建仓及操纵市场。

2. 流动性风险。

数字货币经常因为市场深度不足，在非理性繁荣思维或突发性恐慌后，市场价格暴涨暴跌，很难以合理价格买入或卖出，尤其在大资金或大批量虚拟货币进入市场时，此现象尤为明显。

因此，数字货币的现有参与者可考虑积极向政府和民众推荐这一品类，增加市场参与者；对比特币采取基金中的基金（FOF）的方式运作，即形成投资于该数字货币的投资基金，允许投资者按份额购买，而非必须以整数形式购买；大平台应有一定的数字货币储备，形成有实力的做市商来保障遭遇大资金突发性冲击时，可以吸纳市场上出现的大量数字货币或资金；做好对投资者的教育工作，当市场上的成熟参与者越多时，市场将越趋于稳定。

3. 平台风险。

当前有很多数字货币平台，基本都需要将资金存入该平台进行买入或卖出。有些平台为了吸引投资者的加入，往往会提供手续费免费的优惠条件。但有些免费的平台风险较大，如2013年10月，一家在中国香港注册的比特币交易平台以"遭黑客攻击"为由，突然跑路，高管全部失踪。其后估算，本次事件卷走了大约 3000 万元人民币。①

因此，投资者应在确定自己是否投资数字货币、具体投资哪种数字货币后，对于平台进行考察和甄别，不要受手续费低的蝇头小利影响，选择有实力、声誉好的平台进行交易。对进行数字货币的交易平台纳入监管范畴，要求其缴纳准备金及保证金，预防此类问题再次发生。

4. 流通风险。

货币的根本职能之一就是能够在商品流通过程中，不断地充当购买手段，实现商品的流通。迄今为止，只有少部分商家接受数字货币作为支付手段进行商品流通。或者可以说，当下进行数字货币投资的参与者，相当一部分是以博取差价为目的，而只有一小部分是怀着将其视为未来的货币来进行提前贮藏的目的。因此，解决数字货币的流通问题，必须要增加市场上愿意接受数字货币作为支付手段的商家数量。

5. 法律主体风险。

数字货币目前仍处在法律和监管的灰色地带，面临着合法化的挑战。2013 年 12 月 5 日，中国人民银行会同工信部、银监会、证监会和保监会印发了《关于防范比特币风险的通知》，声明比特币应当是一种特定的虚拟商品，不具有与货币等同的法律地位，不能且不应作为货币在市场上流通使用。

美国国税局发布的 2014 年第 21 号通告称比特币及其他虚拟货币将被视作财产而不是一种货币。从互联网精神来看，去中心化的比特币模式是最符合网上世界的虚拟货币的。其发行权不可能集中在某一家机构，但是从文化和习惯上说，能否为广大消费者接受，恐怕还有较长的路要走。总而言之，数字加密货币的法律主体地位确立仍有很长一段路要走。

此外，数字货币未实名的账户存在安全隐患。各国的货币主管部门的态度还没确定，比特币交易由于在监管之外，因此暂时不需要纳税，可是

---

① 比特币五大风险 [EB/OL]. http：//finance.cnr.cn/gundong/20131120/t20131120 - 514181956.shtml, 2013 - 11 - 20.

其进一步发展，可能会威胁传统货币的利益，给现行的金融法律制度带来冲击，给各国的宏观经济调控带来困扰，因此，各国政府对比特币的合法性会有相当长的一个时期探讨。

3.2.4 数字货币的监管

数字加密货币给监管带来的挑战主要表现在以下三个方面：

1. 没有中心化的管理机构。

在一般的监管法规中，一个核心的内容即是监管机构对中心机构提出合规性要求，中心机构依据合规要求开展业务活动。但数字加密货币没有任何中心机构发行和维护它，这使得监管需要创新来适应新环境，而且一旦参与数字货币交易的消费者遭受损失，缺少中心机构会使得损失无法追溯。

2. 匿名性。

传统金融机构需要执行严格的客户识别程序，以避免其参与非法金融活动，因此，除现金外，其他常用金融交易形式都和客户信息相关联。而数字加密货币提供了更多的匿名性，使得非法行为也更容易藏匿。

3. 易受攻击。

在数字货币协议里，交易一经确认不能被取消。曾经屡有比特币被盗，盗窃的问题不仅出现在个人计算机的使用者，还包括一些从事比特币交易的商业机构，像 Mt. Gox（"门头沟"）在遭受黑客攻击后丢失大量比特币以致破产。还有一些黑客在用户不知情的情况下，控制计算机用于挖矿，将挖矿所得非法占有。

数字货币的重要使命之一就是部分替代现金，降低现金印制、发行、清分、销毁的巨大成本。因此，要成为一种广泛使用的支付手段，数字货币须具备区别于传统电子货币和现有其他数字加密货币的显著特点，在监管中要加强各方面的力度和投入，包括安全性、可控匿名性、周期性、不可重复性、系统无关性，并且要在开放互联环境中达到很高的交易性能。

（1）安全性。为了应对有组织、大规模的网络攻击，数字货币体系可采取无中心或多个分中心模式。为了保障数字货币的正确性、一致性和完整性，应采取足够安全可控的密码算法以及密钥分发保存机制。为提高应用安全性，防范病毒、木马侵犯以及后门威胁，数字货币载体（如手机）需要一个可信、可控、可管的使用环境，并在其中储存数字货币及持币人的信息最小集。

（2）可控匿名性。为了区别于电子货币并被持币人所青睐，同时兼顾反洗钱、反欺诈等要求，数字货币不能实名也不能完全匿名，货币当局不能直接或通过商业银行间接为持币人建立账户。"可控匿名性"表现在两个方面：一是在使用环节（转移数字货币所有权）登记持币人变动数字货币的信息，类似于现在采集纸币冠字号和比特币的"挖矿"操作；二是保持追踪持币人身份的线索信息。

（3）不可重复性。不可重复性主要体现在以下三个方面：一是数字货币必须可识别，通过唯一的标识号（ID）和系列参数保证其唯一性，并可用技术手段确认。二是数字货币的正常付款过程不可逆。三是数字货币使用历史记录不可篡改、不可抵赖。

（4）周期性。数字货币没有整洁度要求，不存在损毁和残旧回笼等问题，但在算法破译持币人个人密钥泄露、关键网络节点被劫持等特殊情况下，首先，数字货币需要全面"换版"或进行挂失，并且确保"换版"或挂失操作的及时性、有效性，衔接好同一数字货币新旧版本的使用记录。其次，还需要考虑和解决数字货币的"大小票兑换"问题。

（5）系统无关性。数字货币应尽量减少网络依赖和系统依赖，可以做到脱机小额支付、与现金和电子货币自由转换，适用于包括自然灾害在内的各种复杂环境。基于以上考虑，数字货币的技术实现框架的核心是云计算和加密算法（包括对称加密算法、非对称加密算法、散列算法及其组合）。具体包括以下四个方面：

一是建立两级系统结构。维持整个比特币体系稳定运行的动力，是参与者以"挖矿"操作（对一个时间段内的交易打包生成区块链）抢夺作为战利品的比特币。为控制货币发行量数字货币体系不能采用类似的奖励机制，需要由货币当局建立若干登记中心系统，以完成货币发行、使用登记、"换版"等各种操作，将形成"控制中心（发行库）—登记中心（业务库）"的两级系统结构。

控制中心将在线控制、监测整个数字货币体系的运作。为提供快速扩充的计算与存储能力，数字货币两级系统采用云计算技术架构，系统之间采用安全可控的量子通信技术。云计算技术架构有较好的稳定可靠性，但需要重视和解决开放环境中的"云安全"问题。

二是使用加密算法体系作为加密技术。单一加密算法将面临较大的安全风险，必须使用多种加密算法构成组合加密算法，分别用于识别和保护持币人、网络节点、数字货币交易等。组合加密算法是数字货币体系的核心和基础，须由国家密码管理机构定制设计。除了加密之外，区块链技术抵御攻击的思路是"算法加密与信息公开相结合"，以"信息改不了"代替"信息很难改"，这一做法极有创意和值得借鉴。

为每枚数字货币建立永久标识代码。为保证每枚数字货币的唯一性，并且防止被窃取冒用和重复使用，每枚数字货币的标识代码（类似纸币冠字号）经数字签名后，与持币人公钥、最近若干次支付历史信息一起，形成可用技术手段鉴别的数字货币信息。持币人使用注册名。为提高匿名程度和保护持币人隐私，不使用网络实名制、有限实名制（前台昵称，后台实名），也不在持币人注册时采用多种关联信息进行交叉身份验证。不过，持币人每次操作的网络地址、地理位置信息都会记录下来，作为特定情况下追踪交易和排查持币人身份的线索，从而达到可控匿名性的要求。

三是采用"分布式记账"的账本技术。把交易散列值组合成为前后链接的区块（交易记录集）并进行快速分发，每个网络节点都拥有账本的一致性、可追溯副本，从而大大降低了账本篡改风险，这是区块链技术具有较高网络攻击抵御能力的重要原因。不过，数字货币是开放环境中的高频支付手段，沿用"分布式记账"的做法，数据同步量大而且受制于网络需进行精巧的流程再造和应用设计。

采用分区记账方式。与微机和有线网络相比，智能手机的计算、存储和交换能力始终较弱，账本及其副本"尺寸"不能太大，在全网交易的基础上划分记账区域，并分别记账，同时设计分布式数据存储机制、定时核对机制，在数字货币体系建设中兼顾安全与效率。对交易结果进行数字签名。区块链技术记载了每个比特币"出生至今"的使用历史（散列值），进而通过全网副本的一致性比较降低账本篡改风险。在数字货币体系中，账本"尺寸"缩小且不一定全网分发副本，可对交易信息进行数字签名，增加账本篡改难度。

四是数字货币钱包技术。在移动互联时代，被誉为"人体器官"的智能手机作为数字货币载体，显然优于芯片卡等其他方式。智能手机之间的数据交换，除了使用无线网络之外，还包括蓝牙近场通信（NFC）等面对面方式，降低对POS机、ATM等受理终端的依赖。智能手机必须具备相对独立于手机操作系统的可信执行环境和硬件安全模块，存储和处理关键敏感信息。钱包软件自动检测运行环境的安全性，并确认关键敏感信息是否被篡改。

3.3 中国数字货币的发展现状

随着数字经济的发展，数字货币也由幕后走向台前，并衍生出一个新兴的名字：央行数字货币。央行数字货币是经国务院批准计划发行的法定数字货币。央行在组织市场机构从事央行数字货币研发相应工作。法定数字货币，是指由中央银行依法发行，具备无限法偿性，具有价值尺度、流通手段、支付手段和价值贮藏等功能的数字化形式货币。

根据金融资产流动性的大小、中央银行对经济运行监测和货币政策操作需要，我国中央银行于1994年第三季度开始正式确定货币层次的划分：

M0 = 流通中的现金，即流通中的实物现金；

M1 = M0 + 企业活期存款 + 机关、团体、部队存款 + 农村存款 + 个人持有的信用卡存款；

M2 = M1 + 城乡居民储蓄存款 + 企业存款中具有定期性质的存款 + 信托类存款 + 其他存款；

M3 = M2 + 金融债券 + 商业票据 + 大额可转让定期存单等。

互联网金融飞速发展，支付方式快速吸收互联网技术和信息通信技术实现电子支付形式。当前传统电子支付主要涉及流动性相对较高的 M1-M0 部分。其中企业、居民活期存款可以通过银行网络支付、移动支付完成电子支付，其他形式的银行存款也可以较快地通过商业银行网上业务转换为活期存款而具备电子支付功能；脱离了商业银行支付系统，但存储于第三方支付机构账户中的余额亦可通过相应的 App 完成电子支付。在 M1 货币统计口径内，脱离了商业银行的支付体系，又没有成为第三方支付机构账户余额的实物现金 M0 尚未数字化，不具有电子支付能力。

中国自 2014 年开始着手，准备 6 年之久的央行数字货币项目——数字货币及电子支付工具（Digital Currency Electronical Payment，DCEP）定位于数字化流通中的现金（M0），以替代实物现金。具体来说，是以一种具有电子支付功能的加密数字形态对现有实物现金的替代。这种替代降低了货币印制、投放、回笼、销毁等方面的资源能源消耗，具有更高的支付便捷度。因其与实物现金一样具有无限法偿能力，且同属于央行直接负债，在逐渐替代实物现金的过程中，将会同实物现金一起重新定义 M0 外延，实现数字化 M0。

与信用货币、电子货币、现金货币、私人数字货币的对比中，DCEP 的特征逐渐清晰，"点对点 + 电子支付 + 央行信用"是央行数字货币主要特征。

信用货币，是以信用作为保证的货币。广义来讲，指由国家法律规定的、强制流通不以任何贵金属为基础的独立发挥货币职能的货币，目前世界上几乎所有国家主权货币都采用这种形态。狭义来讲，指由商业银行信用作为支撑的、整个银行系统利用超额准备金进行贷款所派生的银行存款。此处讨论涉及信用货币的狭义概念。

电子货币，指利用互联网和计算机技术将现金或存款兑换为代表相同金额的数据，并可通过电子通信方式进行信息流交换从而实现支付结算功能的货币。随着互联网的高速发展，这电子支付方式越来越流行。

现金货币，即实物现金。指主权国家法律确定的、央行发行的、实物形态的、具有无限法偿能力的交换媒介。包括中央银行发行基金保险库、商业银行业务库、流通中的现金。

私人数字货币。一种不受管制的、数字化的货币，通常由开发者发行和管理，被特定虚拟社区的成员所接受和使用，性质上类似于在一定范围内可流通的商品。世界主流的私人数字货币包括比特币、以太币、瑞波币、比特币现金、艾达币、莱特币、新经币等。

"电子支付"指交易双方、金融机构之间使用电子手段把支付信息通过信息网络传送到银行或相应的结算处理机构，来实现货币交易流转的支付方式。DCEP 的电子支付就是使 M0 脱离物理实物形态，以加密数字串形态接入电子支付方式。

"点对点"指的是货币在交易流转过程中，支付方与对手方不必须暴露真实身份的匿名性。DECP 的点对点支付就是将实物现金的匿名性融入电子货币中。值得注意的是，电子支付的信息流天然具有可追踪性，因此中央银行将全部 DCEP 的流转确权登记归于中央银行登记中心处理，从而实现对商业银行、第三方支付平台等其他金融机构匿名的可控匿名性。

"央行信用"指货币由央行信用作为支撑。DCEP 的央行信用指其作为实物现金的替代品，同样具有高于银行存款和第三方支付平台账户余额的央行信用，是一种主权范围内具有最高信用的无限法偿法币。DCEP 的央行信用就是以央行信用弥补比特币等虚拟货币缺乏价值支撑的缺陷。

"点对点 + 电子支付 + 央行信用"表明了 DCEP 相比于其他货币的区别，体现了中国央行应对全球在支付结算服务领域的发展，私人数字货币对支付体系、经济运行、金融稳定等方面带来的冲击，在货币创新上的探索设计思路。

近年来，各主要国家和地区央行及货币当局均在对发行数字货币开展研究，新加坡央行和瑞典央行等已经开始进行相关试验，中国人民银行也在组织进行积极探索和研究。

2014年，中国人民银行成立专门的研究团队，对数字货币发行和业务运行框架、数字货币的关键技术、发行流通环境、面临的法律问题等进行了深入研究。

（1）定位与原理：现金数字化替代，两层运营体系。从报道看，央行数字货币功能的使用需先使用银行卡账户中现金进行数字货币兑换，因此央行数字货币完全可以理解为现金的数字化替代。此外，关于大行开展内部测试，也表明"人民银行发行与管理—主要商业银行和支付机构进行分发"的双层运营体系已具备较强的落地可行性。

（2）钱包与账户：App独立虚拟单元+手机数字钱包。从报道材料看，央行数字货币功能依托"DCEP个人钱包App"实现。预计未来推广使用阶段，上述App亦有可能内嵌整合为手机银行App或第三方支付App的独立功能单元。就账户体系而言，考虑到加密属性和可控匿名属性，央行数字货币的账户或将单独于既有的银行账户。

（3）支付动作：兼容二维码、NFC和转账功能。从报道看，央行数字货币钱包具备扫码支付（即主扫支付）、付款码（即被扫支付）、碰一碰（即近场NFC支付）和汇款功能。从用户体验而言，和目前主流的移动支付方式基本等同。此外，从前期央行人士介绍推测，央行数字货币或支持"双离线支付"（交易双方均离线状态下，可完成支付交易动作）。

截至2020年4月，央行数字货币已在部分银行进行内部测试，首批试点地区包括苏州、雄安、成都和深圳等地。银行科技项目的测试周期一般在半年至一年时间，3月央行年度货币金银会议亦提出"坚定不移推进法定数字货币研发工作"，因此判断自上而下推动央行数字货币年内上线可能性较大。[①]

[①] 央行数字货币内部场景测试［EB/OL］. https://www.qklw.com/specialcolumn/20220507/72480.html，2022-05-07.

2020年4月,最新报道称,苏州相城区各区级机关和企事业单位,工资通过工农中建四大国有银行代发的工作人员,将在4月份完成央行数字货币(DCEP)数字钱包的安装工作。5月,其工资中的交通补贴的50%,将以数字货币的形式拿到手。目前国内M0规模8.3万亿(增速逐年下降至5%以内),作为M0部分替代,预计央行数字货币投放量将在万亿规模,受客户习惯和技术条件的限制,取决于现金交易替换规模和电子支付替换规模。随着内测出炉,国内央行数字货币试点推出进入倒计时,中国有望成为全球首个发行数字货币的主要经济体,央行数字货币的发行势必将对现有的金融市场带来颠覆性的变化,创造全新的商业机会。①

央行货币的数字化有助于优化央行货币支付功能,提高人民银行货币地位和货币政策有效性。央行数字货币可以成为一种计息资产,满足持有者对安全资产的储备需求,也可成为银行存款利率的下限。还可成为新的货币政策工具。同时,人民银行可通过调整央行数字货币利率,影响银行存贷款利率,同时有助于打破零利率下限。

3.4 中国数字货币运营架构及体系

3.4.1 中国数字货币运行架构

1. 两种运营构架:零售模式+双层运行体系。

零售模式,指人民银行与社会公众之间没有其他中介机构,法定数字货币的投放、流通、维护等服务将由人民银行直接向全社会提供。零售模式下人民银行可以完全控制数字货币的发行,但是人民银行将要独自面对

---

① 央行数字货币应用5月落地,推进速度超预期[EB/OL]. https://baijiahao.baidu.com/s?id=1664145551473213467&wfr=spider&for=pc,2020-04-17.

数字货币系统、制度、软硬件设计及推广等极大的考验。

双层运行体系,指人民银行先把数字货币以100%准备金兑换给银行或其他金融机构,再通过这些机构向社会公众进行发放法定数字货币。双层运行体系可以充分调动商业银行现有货币发行流通系统,并将部分软硬件设计任务分担到相关金融机构,有效降低人民银行所承担风险,强化人民银行监管职能,减缓"狭义银行"对现有货币体系的冲击。

2018年8月10日,中国人民银行支付结算司副司长穆长春于中国金融四十人论坛上表示,我国央行的数字货币即将推出,并且将采用双层运营体系。① 参见图3-1。

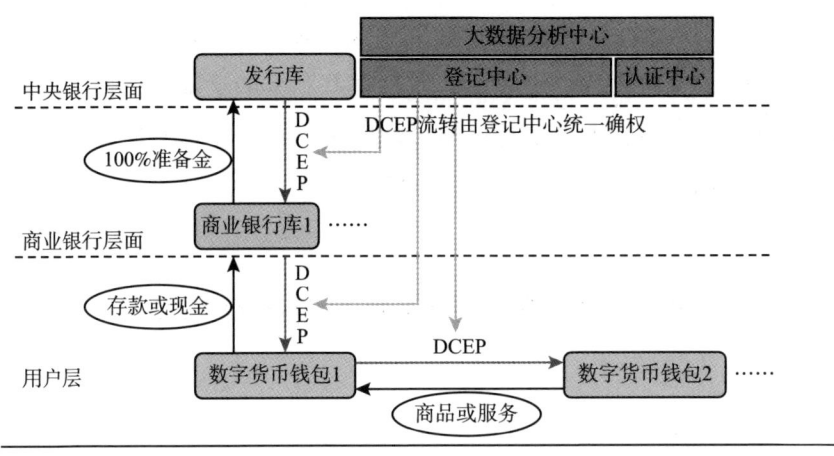

图3-1 中国央行数字货币双层运行体系

资料来源:中信建投证券研究发展部.央行数字货币对商业银行的影响[R].2020。

(1)人民银行向商业银行投放数字货币的过程:央行数字货币作为M0的一种新形态,构成人民银行的负债,不参与商业银行的贷款创造过程。商业银行须向人民银行上缴100%的准备金,同时人民银行从数字货币发

---

① 单雨菲.央行数字货币将采用双层运营体系,不影响现有货币传导机制[EB/OL]. https://baijiahao.baidu.com/s?id=1641642149731015209&wfr=spider&for=pc,2019-08-12.

行库向商业银行库转移相应金额的 DCEP。

（2）商业银行向客户发放数字货币的过程：客户需要用自身现金或存款进行兑换，同时对应数字货币的归属将会由商业银行发行库转换为客户（商户）的数字钱包。值得注意的是，央行数字货币不能直接使用商业银行传统账户，因为传统账户存取转账商业银行需要调用账户所有者真实信息，无法完成匿名要求，但央行数字货币的推广需要商业银行现有的基础设施。因此要设计数字钱包，并嵌入在商业银行的传统账户体系中。嵌入的数字钱包不构成商业银行的负债，将成为商业银行新的托管业务。

（3）客户在使用央行数字货币支付的过程：为了维护 M0 的用户体验，实现对实物现金的替代，央行数字货币被设计为具有"双离线支付功能"，即在传输介质（信息传输介质）与终端（手机等硬件）都离线的情况下完成支付的过程。用户只需要保证硬件终端电量充足，数字钱包余额充足，交易双方硬件近距离接触，在没有网络的情况下，即可完成支付。双离线支付将极大扩展央行数字货币的应用场景。

值得注意的是，央行数字货币是加密数字串，所属权的确认无法像实物现金一样通过持其物理形态而达成，相应的双层投放过程也不是货物实物形态在空间上的转移，同时数字串还要面对"双花问题"，因此央行数字货币归属权的确认（确权）显得尤为重要。为保证数字货币流转的可控匿名性，所有数字货币的确权工作将在人民银行数字货币登记中心完成。央行数字货币支付的完成表现为对应字符串归属权在登记中心不同钱包地址下的变更。

2. 商业银行在央行数字货币运营体系中的角色。

目前工、农、中、建四大国有商业银行已入局人民银行法定数字货币试点。[1] 央行数字货币发行为什么采用二元模式依托商业银行体系？商业银行在央行数字货币运行中扮演什么样的角色？

央行数字货币设计目标是实现 M0 数字化，发行一款具有央行信用的电

---

[1] 慈玉鹏，张漫游. 数字货币审慎推进 四大行或将参与试点［N］. 中国经营报，2019 - 12 - 30（8）.

子货币，实现全面替代现金。从数字货币设计完成，到被民众普遍接受，再到完成替代是现金的目标，央行数字货币的推广问题不能忽略的课题，在这一过程中商业银行扮演重要角色。

商业银行能够扮演重要角色，源于商业银行具有成熟的信贷网络基础设施、支付网络基础设施以及较为完善的IT服务系统。

一方面，经过40多年的发展，我国商业银行基础设施比较成熟，20多万银行网点数遍布全国各地，存款信贷网络密布，国有商业银行、股份制银行、城商行各个层级的商业银行对应客户群体开始分化，具有较高的专业化程度。截至2021年末，我国银行账户增速仍然非常快，截至2021年末，全国共开立银行账户136.6亿户，其中个人银行账户数量达到135.81亿户。全国共开立银行卡92.47亿张，其中借记卡84.47亿张，信用卡和借贷合一卡8亿张，相当于全国人均持有银行卡达到6.55张，其中人均持有信用卡和借贷合一卡0.57张。[①] 坐拥巨量的客户基础，可以给央行数字货币提供地域广、定向准、频次高的推广效力。

另一方面，商业银行在IT应用及服务体系上不断发展，金融科技方面持续投入积累大量经验，人才储备持续扩充。以电子支付为例，2021年银行系统电子支付业务规模达到2749.69亿笔，金额2976.22万亿元，其中，网上支付业务1022.78亿笔，金额2353.96万亿元；移动支付业务1512.28亿笔，金额526.98万亿元[②]。人民银行不必限制现有商业银行在资源、人才、技术、IT基础设施等方面的优势，而承担重新重复建设、另起炉灶、缺乏经验的成本与风险。

央行数字货币采用双层运行体系不仅有效降低人民银行所承担风险，专业化人民银行监管职能，同时保证了商业银行不被通道化或边缘化，避免成为所谓"狭义银行"，减少数字货币发行流转对商业银行的冲击。采用双层运行体系，央行数字货币的运行实现了双赢局面。

---

①② 人民银行.2021年支付体系运行总体情况［EB/OL］.http：//www.gov.cn/xinwen/2022-04/03/content_5683319.htm.

3.4.2 央行数字货币运行体系核心要素

央行数字货币运行体系的核心要素为"一币、两库、三中心"。

1. 一币。

即央行数字货币的设计要素和数据结构由人民银行负责。形式上,央行数字货币是人民银行担保并签名发售的代表具体金额的加密数字串。结构上,央行数字货币应该包含编号、金额、所有者和发行者的签名,同时附加扩展字段和可编程脚本字段将应用扩展功能和可编程功能纳入其中。所以央行数字货币不是电子形式表现的账户余额,而是携带全部信息的密码货币。

2. 两库。

(1) 数字货币发行库:人民银行存储尚未发放或已经收回的央行数字货币的数据库。

(2) 数字货币商业银行库:各商业银行存放自身所有央行数字货币的数据库,可以选择存放本地也可以选择存放在央行数字货币私有云上。

两库的设计与双层运行体系相匹配,可从技术层面支撑双层体系运行,同时分层设计有助于分层管理,支持建设更安全的存储应用执行空间。

3. 三中心。

(1) 认证中心:人民银行对央行数字货币授权投放机构以及大众客户真实身份信息进行集中管理的中心,中心使用加密技术加密客户身份与其所持有的数字钱包之间的映射关系,是央行数字货币可控匿名的重要环节。

(2) 登记中心:记录数字货币对应数字货币钱包地址的情况,权属登记即权属变更登记;记录数字货币产生、流通、清点核对及其消亡的全过程记录,有助于人民银行掌握高密度的货币流转信息。

(3) 大数据分析中心:充分利用大数据技术对数字货币环境下央行数字货币的全生命信息进行分析,了解货币运行规律,为货币政策、宏观审慎监管提供可靠数据支持。

值得注意的是,认证中心以加密形式管理数字货币钱包地址与所有者真实姓名的映射关系,而登记中心记录数字货币与所属的数字货币钱包之间的从属关系,通过将数字货币与所有者真实姓名分层管理的设计,实现对其他金融机构的匿名性。

另外,登记中心与认证中心之间设有"防火墙"制度,设定严格程序,两方信息不得随意关联,以保障合法持币用户的隐私,这一机制是"前台自愿、后台实名"的基础,进一步加固数字货币的匿名可控性。

3.4.3 央行数字货币的其他功能

1. DCEP 具有可编程性或成为"新型货币政策工具"。

央行数字货币的结构设计使其具有可编程性,即央行数字货币可以附加自定义的可执行脚本。配合登记中心中数字货币的全生命信息,将使央行数字货币衍生出新功能,打造出新型货币政策工具。

新型货币政策工具的设计思路是通过设计"前瞻性触发条件"程序,在发行前内置于央行数字货币,使其在流转过程中,可根据所处环境和程序设计自动改变自身属性。目前共有四种设计,其中三种对央行数字货币是有效性进行条件设计,涉及时点条件、流向主体条件、信贷利率条件,没有达成条件要求,央行数字货币将自动失效;第四种是对央行数字货币归还利率进行条件设计,根据宏观经济状态,逆周期调整商业银行向中央银行归还资金时的归还利率,减少商业银行贷款行为顺周期性。

2. DCEP 或成为计息资产。

人民银行可通过向数字货币商业银行库及数字货币钱包的 DCEP 余额支付利息,或酌情对央行数字货币数字钱包收取管理费的方式,完成对数字货币的正负向计息,使数字货币具有计息属性。

如果 DCEP 计息为正,即人民银行对 DCEP 持有者支付利息,将会有两层影响。在批发端,如果数字货币利率高于准备金利率时,数字货币利率将构成货币市场利率走廊下限。在零售端,数字货币利率将构成银行存款利率下限,否则或将发生一定程度的存款搬家。

如果 DCEP 计息为负，即人民银行对 DCEP 持有者收取费用，将有助于打破存贷市场零利率下限。由于实物现金零利率存在，公众总可以选择持有实物现金，负利率的金融资产将会转换为实物现金。而在 DCEP 基本完成对实物现金替代的场景下，大额实物现金持有受到限制，负利率资产将不在向零息现金转换，DCEP 负利率政策将有效传递到借贷市场，打破零利率下限束缚，释放货币政策空间。

值得注意的是，考虑到央行数字货币具有更高的信用背书、双离线支付功能，且同银行存款具有同样便捷的电子支付方式，数字货币即使不计利息，也将对商业银行存款形成一定程度的替代，即将一部分商业银行存款兑换成数字货币，并沉淀在数字货币钱包中。如果 DCEP 计息为正，影响或将变得显著。

3.5 中国数字货币对银行的影响

1. 数字化 M0 对商业银行的影响。

数字化的央行数字货币没有物理实体，将会显著降低商业银行日常经营成本。商业银行现金相关的业务主要包括现金的收付兑换、整点调运以及保管环节。为保证现金收付兑换准确无误，商业银行日常经营会投入大量人力进行复核工作，并设置烦琐的安全程序包括双经办人、逐日核对账款、日终现金轧差制度。现金整点与调运环节需要银行工作人员根据整点标准对票币进行整理、捆扎和封装，对于损伤票币进行识别、挑选、上报兑换或销毁，以及对调运车辆运行维护和押运人员培训。现金保管环节也将设计大量投入，包括业务库建设开支，安全系统配置与维修，守库员管库员薪资培训等。

总体来说，由于现金具有物理实体，为保证客户及商业银行自身财产安全，商业银行必须投入大量人力物力财力，对现金清点核对、真假核实、整理、储存设置烦琐的安全程序，构成商业银行日常经营重要组成部分。考虑到央行数字货币脱离了物理实物形态，以加密数字串的形式出现，没有折旧、不需要物理空间储存，不需要空间上的调运，天然具有可追踪性，将会极大减轻商业银行日常经营成本，提高商业银行经营效率。

2. 双层运行体系对商业银行的影响。

央行数字货币采用双层运行体系是对现金发行回笼环节的模拟，有意保留了现有货币体系的制度和利益格局，降低数字货币运行对现有货币体系的冲击，保证了商业银行不被通道化或边缘化，避免成为所谓"狭义银行"。所以，双层运行体系对商业银行的负面影响较小。另外，在传统运行模式下，发展央行数字货币，有助于商业银行对接金融科技前沿，提升商业银行服务质量，推动金融行业发展。

同时商业银行使用数字货币后，可以在互联网金融领域占据业务的制高点，延伸互联网金融业务的服务链条、丰富业务类型，提高业务的附加值。

3. 核心要素对商业银行的影响。

首先，数字货币商业银行库的设计将进一步推动商业银行 IT 技术在安全存储和高效执行方面的投入。央行数字货币双层运行体系需要商业银行设计自家数字货币商业银行库，使其具备安全存储、高效对接中央银行发行库和客户的数字货币钱包的功能。具体设计上，商业银行库需要既能防止内部人员非法盗取数字货币，又能对抗外来入侵者攻击，同时还可以承载一些特殊的应用逻辑。

其次，"三中心"可以极大增强商业银行体系的征信能力、KYC、AML 能力。数字货币钱包嵌入商业银行账户中，数字货币交易确权依托于商业银行（投放机构）上报交易请求，由人民银行认证中心集中处理。认证中心的全息信息可以覆盖检测对象所有交易信息，形成用户全息信用信息，提升征信能力；大数据分析中心与认证中心的结合可以极大增强中央对货币体系的管控能力，如 KYC、反洗钱、反恐融资等。最终中央银行的征信优势与 KYC 和 AML 能力，可以通过传统账户与数字货币钱包的结合，传达到商业银行端。

4. 技术构架对商业银行的影响。

首先，数字钱包设计进一步推动商业银行 IT 技术在区块链技术应用和保密性方面的投入，为客户设计既能充分实现匿名可控性的数字钱包，又能实现快速响应快速确权的数字钱包。

央行数字货币钱包的设计工作交由商业银行自主研发，不干预商业银行设计的具体路径，只对数字钱包功能进行了要求。如果商业银行研发的数字货币钱包基于传统银行账户，就需要进一步研究交易信息传送的密码技术，保证央行数字货币交易信息不被泄漏，具有可控匿名性。如果商业银行采用区块链技术设计央行数字货币钱包，就需要面对区块链共识机制的研发，以降低支付确认时间，提高处理能力。

其次，商业银行将会新增表外业务，包括代理央行数字货币发行、数字货币钱包托管等业务，同时现金业务将会逐渐萎缩。

5. 央行数字货币的其他功能对商业银行的影响。

目前央行数字货币处于设计数字钱包的试点环节，新型货币政策工具与计息资产尚属于央行数字货币未来的研究目标。此处仅做学理上的讨论，具体未来是怎样的设计央行还有很大的操作空间。

央行数字货币的前瞻条件发行设计，有助于对货币供求做出及时反应，降低政策内外部时滞，在前瞻条件设计合理的情况下，将会极为有效降低宏观经济风险，平衡市场波动。在同一个屋檐下，商业银行也将面临的更低的宏观经济风险，甚至能提前预知经济下行趋势，给予商业补贴或正向激励，减少商业银行顺周期行为。这将使得商业银行贷款业务形成一个稳定的利润预期，减小商业银行在环境恶化时抽贷行为对实体经济的进一步打击。

但是另一方面，前瞻条件发行设计的触发相当于在一定程度上对法定数字货币的流向做出决定，将会挤压商业银行信贷业务自主经营决策权，进一步同质化商业银行贷款业务，迫使商业银行向新业务转型。

央行数字货币若作为计息资产对商业银行的影响分为两个方面。

（1）如果 DCEP 计息为正，将会恶化商业银行净息差水平。如果持有 DCEP 将会产生利息收益，则商业银行批发端由于数字货币利率有可能超过存款准备金利率成为新的利率走廊下限而提升商业银行资产投放的最低收益率；零售端，数字货币计息将会导致存款搬家从而迫使商业银行提高存款利率推高资金来源成本。综合来看,由于存款准备金利率非零,所以资产端最低收益率的提升将会小于负债端自己成本的提高,因此恶化商业银行净息差水平。

(2)如果 DCEP 计息为负,将打通负利率政策由货币市场到借贷市场的传递,改善商业银行净息差水平。在 DCEP 基本完成对实物现金替代,大额实物现金持有受到限制的场景下,客户无法将负利率银行存款转换为零利率纸币,只能继续持有,并向商业银行支付费用,因此商业银行资产端准备金的负利率损失得以从负债端客户存款处弥补,从而改善商业银行净息差水平。

4

大数据在数字银行的应用研究

数据是数字经济时代的新型生产要素，基于数据的生产变革和业务模式创新正驱动着全球范围内经济社会各个领域的数字化、智能化转型，发展大数据已经成为国家战略。中共十九大报告明确指出，要推动"互联网、大数据、人工智能和实体经济深度融合"。

银行业数据资源丰富，数据应用由来已久。从发展特点和趋势来看，金融云快速建设落地奠定了金融大数据的应用基础，金融数据与其他跨领域数据的融合应用不断强化，人工智能正在成为金融大数据应用的新方向，金融行业数据的整合、共享和开放正在成为趋势。

随着金融科技的迅速发展，市场竞争的日益加剧，金融业务整体环境已发生巨大变化，也给当下银行的业务需求带来了许多新的挑战。比如在数字化时代下，主流客户群体的业务办理渠道已从网点申请、线下办理等方式转化为网上银行、智能设备等；服务介质也逐步从传统的银行卡、纸质等实物形态媒介向数字化、虚拟化的新媒介转变；在市场竞争方面，金融科技公司凭借自身的技术优势不断介入支付转账、贷款、理财等银行业传统的优势业务领域，激烈的市场竞争促使银行需加速经营转型发展、不断创新产品服务。这些挑战的根本原因是商业银行与新兴的互联网企业相比，虽然积累了海量数据，在数据存储和使用方面有健全的管理机制，但是在数据管理和科技创新能力上仍有很大的提升空间，因此利用数据驱动银行业务创新是当下的重点工作。

数据驱动型银行业务发展的内核体现了将数据作为全新生产要素,强调提升由数据洞察发起业务活动在整体工作中的占比,实现将数据从"结果端"向"动能端"的转变。在银行业整体前进道路中,将数据作为全新生产因素,可以在风控、投资、保险、贷款等业务场景中最大限度发挥数据价值。

4.1 大数据驱动银行发展的现状

2021年10月18日,习近平总书记在十九届中央政治局第三十四次集体学习时讲话中明确指出,"发展数字经济意义重大,是把握新一轮科技革命和产业变革新机遇的战略选择"[①],为数字经济指明了前进方向,也为金融业推进数字化转型提供了重要指示。对于大型银行来说,数字化转型不是新命题,而是被赋予新的时代内涵。大型银行必须在坚守金融本源的基础上,深刻理解数字化转型的新内涵、明确数字化转型的实施路径。

数据驱动下银行发展模式,其核心在于如何通过对数据的管理和应用,实现业务在全链路的数字化,达到降低运营成本、提升业务效果的目的。相比起其他行业,金融业本身具有高度电子化的优势,因此银行业数字化转型的起步相对迅速,但如何能将转型深化到使用数据要素来继续驱动银行业务的数字化发展,依然存在着不少的挑战。

在银行转型发展过程中,首先,大型银行数字化转型进入了金融业务与技术数据聚变式融合的数字化2.0新阶段。大型银行数字化发展整体上已走过了"数字技术反映现实世界"的"数字化1.0"阶段,完成了从手工到电子化、从电子化到信息化的迁移升级,目前正处于"数字技术改变现实世界"的"数字化2.0"阶段,即以技术、数据双要素为驱动,对银行业务模式与管理模式进行全方位、全链条改造重构。在数字化2.0阶段,科技和数

---

① 习近平谈治国理政(第四卷)[M].北京:外文出版社,2022:205.

据在银行中的战略地位愈发凸显，科技与银行的关系正在从后台支撑走向前台赋能，数据在银行的定位正在从资源转变成资产。其次，大型银行数字化转型进入技术生态、数据生态、金融生态交叉式融合的生态化、全链条发展新阶段。数字经济具有高创新性、强渗透性等特点，银行数字化转型作为数字经济的一部分，与数字产业化和产业数字化密不可分、相互促进。当前中国经济正处于产业转型升级阶段，科技正在加速成为激发社会创造力、经济活力和产业优化升级的驱动力量。而金融行业作为数字技术和数据运用最为广泛和深入的领域之一，数字技术正在承接并不断推进金融行业发展模式从资源驱动到数字驱动的转型。数据成为生产过程中的关键要素，数据驱动银行业发展模式创新也成为推动行业前进的重要手段。

一方面，主要的金融机构如工商银行、建设银行等国有银行及其他股份制银行，均从企业及架构转型方面持续发力，包括业务架构、数据架构以及IT架构的全面转型，提升企业架构整体设计能力，推动组件化、分布式架构的深入应用。

另一方面，银行业整体对于数据的应用也在有序推进当中。据2022年2月，金融信息化研究所发布的《2020—2021年金融业数字化转型发展报告》调研统计，有超过65%的被调查机构已将大数据广泛应用于风控、精准营销、反欺诈和经营决策等领域；有超过半数的机构将大数据应用于产品和服务创新、征信和智能投顾等领域，如图4-1所示。

4.1.1　银行大数据基建现状

自移动互联网、云计算、物联网等技术普及以来，数据呈现出前所未有的爆炸式增长。海量的数据增长、多样的数据类型、快速的数据更新为数据价值的挖掘提供了丰富的原材料。根据全球综合数据资料库Statista的统计，2021年全球数据产生量为79ZB，并预计在2025年达到惊人的

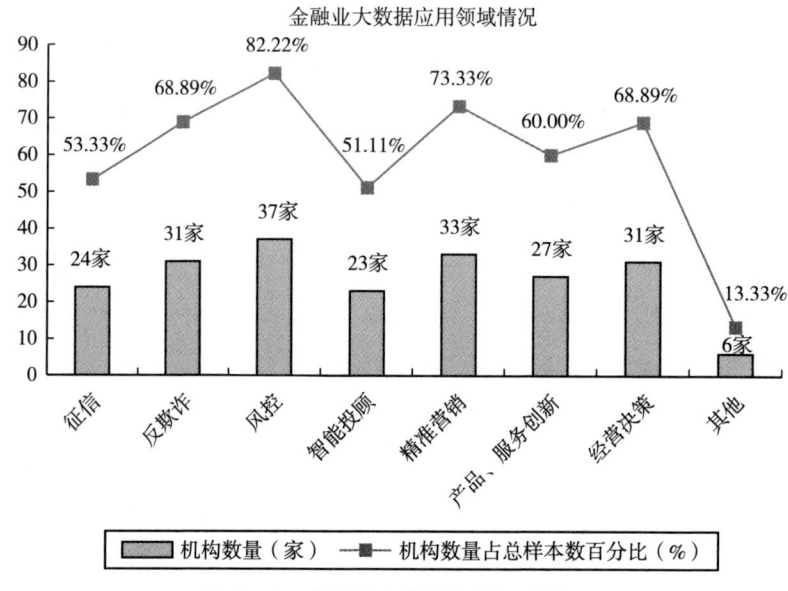

图 4-1 金融业大数据应用领域情况

资料来源：中国工商银行金融科技研究院．数据驱动银行发展模式创新［R］．2022。

181ZB。① 为了能够驾驭和使用如此庞大的数据和应对其迅猛的增速，国内银行在持续演进自身的大数据体系，打造符合自身发展需要的数据新基建。工商银行在2013年启动了新一代大数据技术架构转型工作，逐步在Hadoop和分布式数据库技术基础上在国内银行业率先实现国产化的大数据平台，并完成数据仓库转型与数据湖体系建设。同时，工行构建了贴源层、聚合层、萃取层的分层数据架构和统一的数据治理框架，具备全数据要素高效的融合共享能力，形成数据即服务的共享新模式，实现数据资产化、数据业务化、数据服务化、数据智能化的数据中台体系建设。农业银行、中国银行、建设银行和招商银行等多家国内大型银行和股份制银行也在逐步加快建设自主可控的大数据体系建设，其中技术架构上多以Hadoop为底层技术，结合MPP、NoSQL等多项技术搭建技术平台；在数据治理与架构

---

① 趣链科技有限公司．数据要素可信流通白皮书［R］．2021。

上,以数据湖和数据仓库为基础数据服务层,夯实数据驱动下金融行业快速发展创新的基础建设。

4.1.2 银行大数据应用现状

目前,国内银行业,尤其是中大型银行纷纷在数据驱动业务发展的模式上进行了探索与实践,取得了令人瞩目的成果。其应用成果主要集中在营销、风控、运营等领域,将数据与人工智能技术融合,共同驱动业务流程智能化发展。

在营销方面,建设银行在普惠金融领域,结合企业及企业主行内外数据,运用大数据技术,建立全新的客户评价体系。近几年,建设银行通过该数据应用实现普惠金融贷款余额超 8000 亿元,增速超过 30%,同时保持了较低的不良率。农业银行则建设了个人客户画像系统,将大数据所蕴含的丰富信息转换为精准的客户标签,实现全面深入地了解客户及精准营销的目的,经统计,仅个人金融部某批次营销活动,就覆盖客群近 500 万人,目标客户群金融资产增长近千亿元。[①] 招商银行数据驱动的智能获客系统利用先进的互联网技术,采用创新的智能决策引擎分流机制,运用大数据分析的方法,积极开展业务模式与产品创新,从而完善金融产品、营销方法、服务模式、业务流程、风险控制,并尽可能地优化用户体验,通过全方位搭建符合用户体验的互联网服务体系,已成为构建新零售、新生态的重要保障。

在风控方面,工商银行的"融安 e 信"大数据反欺诈系统,在工行内全渠道覆盖 49 个业务场景,累计预警超 500 万笔,涉及风险金额超 200 亿元;[②] 建设银行基于超过十年的海量金融交易数据,建立了一整套基于大数

[①] 车新帅. 个人客户画像助力农行零售数字化转型 [J]. 金融电子化, 2019 (9): 56 - 57, 6.
[②] 上海市经济和信息化委员会.【AI 新视界】工商银行:大数据与人工智能技术助力金融风险防控 [EB/OL]. http://sheitc. sh. gov. cn/gydt/20201021/4e678e1a02e6425d8e2d4308c356cad7. html, 2020 - 10 - 21.

据的风险计量、预警模型进行风险评估，预测客户还款能力、还款意愿以及欺诈风险，为建设银行实施积极主动的风险管理，提高了风控能力。

在运营方面，平安银行公司业务采用大数据技术，将金融服务与产业连接，以物联网服务实现业务数字化，创新"上有卫星，下有物联网设备，中有数字口袋、数字财资和开放银行"数字经济服务生态，提升其数字化经营能力。工商银行全面推进智慧运营数字化转型，构建了人机协作的智慧运营体系，运用 OCR、RPA 等技术，提升业务处理效率，实现文档录入、凭证识别等场景的智能化处理，替代49%的人工量；同时还推出了智慧托管系统，也是目前业内业务吞吐量最大、并发量最高的托管营运体系，支撑了超20万亿资产的托管。[①]

4.2 大数据在银行的作用与特点

大数据在四个方面可以改变传统的银行机构的数据运作模式，从而高效地实现巨大的商业价值：

一是数据质量的兼容性。大数据可以通过增"量"提升数据分析对"高质"的宽容度。在小数据时代，样本思维占据统治地位，人们通常采用抽样方式获取数据，结果并非十分精确。在大数据时代，全量思维开始深入人心，海量数据可以满足人们对数据质量的要求。

二是数据运用的关联性。大数据使数据处理的方法和算法向动态过程。人们通过持续的增量算法来优化数据结果，不仅追求因果关系，还追求相关关系。

三是数据分析的成本。大数据可降低数据分析的成本门槛。大数据改变了数据处理资源相对紧缺的状态，数据挖掘来源广泛，大量数据的融合

---

① 董云峰. 工行年报：科技实力持续领跑，数字化重构扬帆起航［EB/OL］. https：//baijiahao. baidu. com/s？id＝1695390891501174679&wfr＝spider&for＝pc，2021 - 03 - 27.

就会实现质的飞跃。

四是数据价值的转化。大数据实现了数据到价值的高效转化。大数据价值的关键在于以低成本方式大尝试大数据中蕴藏的大量机会，发现可获得价值的机会，马上进入商业推广，否则果断退出。大数据为金融机构打造了"触角优势"，能更加灵敏地感知商业环境，获取商业价值。最后，数据的整合共享为金融生态系统提供了新生动力。

4.2.1　金融云快速落地奠定大数据应用基础

金融云具备的快速交付、高扩展、低运维成本等特性，能够在充分考虑金融机构对信息安全、监管合规、数据隔离和中立性等要求的情况下，为机构处理突发业务需求、部署业务快速上线、实现业务创新改革提供有力支持。因此，金融业一直较为积极地推动云计算的落地。

目前，大型金融机构纷纷开启了基于云计算的信息系统架构转型之路，逐步将业务向云迁移。大型金融机构普遍青睐混合云架构，将非核心应用迁移到公有云上，再将部分核心应用迁移到私有云平台上，关键业务上继续使用传统架构。新兴金融机构如蚂蚁金服、微众银行等在诞生之初就把所有IT系统架构在云上。

4.2.2　实时计算能力是金融大数据应用的核心关注点

金融机构的业务要求大数据平台具有实时计算的能力，金融机构经常使用的大数据应用场景为精准营销、实时风控、交易预警和反欺诈等业务都需要实时计算的支撑。以精准营销和交易预警为例，精准营销业务场景要求在客户短暂的在线访问或咨询时间内能够洞察客户的投资倾向，为其推荐适合的产品。

交易预警场景要求大数据平台在秒级完成从事件发生，到感知变化，再到输出计算结果的整个过程，能够识别出客户的异常行为，并做出预警提示。因此，分布式计算框架的具备实时计算能力的大数据平台目前逐渐在金融机构得到应用，以满足低延时的复杂应用场景需求。

4.2.3　金融业务创新越来越依赖于大数据应用分析能力

客户对服务体验的要求越来越高，需要金融机构随时随地都能提供服务，产品设计得更易用、更直观，响应速度更快速。金融机构提供产品和服务的重点，也从简单的标准化，转变为个性化。大数据能够在产品设计和客户服务两方面提高创新能力，在产品设计上，大数据能够更好地利用现有数据，为客户进行全面的客户画像，识别客户的需求。基于精准的客户认知，金融机构可以细分客户的需求，从而针对性地设计出符合客户个性化需求的、场景化的产品。在客户服务上，大数据可以提高产品的自动化程度，从而扩大产品和服务的范围，拓宽客户基础，使得金融机构得以覆盖以前服务不到的长尾客户。此外，产品自动化还能够快速对客户需求做出反应，提高客户黏性。

4.2.4　金融数据正在向金融科技行业巨头聚集

互联网和科技行业存在的"赢家通吃"模式，在金融行业继续上演。随着行业的快速整合，原来分散在各家金融机构的数据正快速向金融科技行业巨头集中，从而形成数据寡头。以支付行业为例，原来分散在各家银行手中的支付数据正快速向支付宝和财付通集中。目前，支付宝和财付通已经覆盖了绝大多数消费场景，包括电商购物、餐饮、出行、航旅、公共事业缴费、线下购物等几乎所有消费场景。过去银行可以通过借记卡和信用卡的消费记录来分析客户的消费行为，为金融企业的服务和产品设计提供支持。现在这些小额消费行为很多都通过第三方支付发生，银行无法拿到具体的消费数据。客户消费数据的缺少，正在影响银行对个人客户的了解和分析。

4.3 大数据驱动下银行的未来定位

4.3.1 开放的银行

传统商业银行具有两项基础功能：资金中介与信息中介。银行作为资金中介可以通过专有技术实现规模经济，降低资金融通交易成本；作为信息中介可以采用专门信息处理能力，解决资金借贷双方之间因信息不对称引发的逆向选择和道德风险问题。在传统商业银行主导的融资模式下，银行是社会经济信息的收集中心，企业需向银行提供信息以获取信用。但在大数据时代，银行将不再成为经济关系的信息中心，搜索引擎、社交网络、物联网、移动互联网、计算、大数据等新兴信息技术改变了传统的信息产生、传播、加工利用的方式，特别是基于互联网技术和移动支付技术的互联网金融打破了信息不对称和物理区域壁垒，通过信息流、数据流引路类资源的充分有效分配，甚至资金供求双方可以通过网络直接获取信息并参与交易，促使传统的生产关系发生变革，形成了联网机构相对平等的关系。这对传统商业银行业务提出了挑战，商业银行将改变过去自然的、被动的社会经济信息收集中心，以开放的方式与客户平等交流，主动收集客户信息。

4.3.2 数字化的银行

从长远来看，随着数据化和网络化的全面深入发展，大数据的应用将使银行的资金中介职能进一步发生变化，表现为资金中介职能体现出虚拟化和电子化交易特征，逐渐向虚拟化方向发展，全面颠覆当前金融服务业态。

一是产品的虚拟化。资金流将更加地体现为数据信号的交换，电子货币等数字化金融产品在经济生活中将成为主流。

二是服务的虚拟化。通过移动互联网、仿真技术等科技手段，银行将更广泛地通过完全虚拟的渠道向客户提供金融服务。

三是流程的虚拟化。银行业务流程中各类凭证、单据等将以数字文件的形式出现和处理，极大提高处理的便利性和效率。在大数据时代，传统商业银行的管理理念和运营方式面临挑战。未来商业银行的整体运作将是一个数据的洪流，"数字金融"得以全面实现。

4.3.3　高生产力的银行

与物质资本、人力资本一样，数据将成为经济活动一个重要的生产要素，它也可以转变成为生产力，创造巨大的经济价值。开放的、数字化的银行随着大数据的应用可实现更高的生产力，主要体现在以下几个方面：

一是信息技术的发展及部分金融产品交易的虚拟化，使金融供应链外延，降低了全社会融资成本和财务费用，提高整个市场的生产效率。

二是大数据的积累使得商业银行通过全面分析商业银行内部数据和外部的社会化数据，可以获得更为完整的客户画像，避免因客户信息不全面导致错误认知，使得销售更具有精准性；此外，银行能够通过现有客户及其实际社会网络或业务网络，发现更多具有价值的潜在客户，并对其展开精准营销。

三是通过整合结构化和半结构化的交易数据，非结构化数据及交互数据可以进行全面的模式识别、分析，能够帮助银行实现事前风险预警、事中风险控制，建立动态的、可靠的信用系统对各种交易风险进行识别，有效地防范和控制金融风险，并深度挖掘高价值的目标客户。

四是促进银行进行产品创新。银行可以通过大数据分析技术对海量结构化与非结构化数据进行分析和挖掘，更好地了解客户的消费习惯、行为特征、客户群体及个体网络行为模式，商业银行充分利用这些信息可以为客户制定定制化、智能化的服务模式，设计开发出更贴近用户需求的产品。

4.3.4 科学决策的银行

大数据的本质特征之一是在决策模式上与传统模式不一样。大数据强调决策建立在牢固的基础数据上。大数据的客观性将对现有银行的决策机制产生巨大冲击。传统商业银行的决策模式依赖于样本数据分析和高管层的经验；大数据时代全量数据分析使得分析结果更具客观性和决策支持性，银行的决策过程将以数据分析为核心进行决策判断。对银行的管理者来说这是一场改变思维习惯的管理革命。众所周知，大数据的显著特征就是全数据分析。在大数据体系下，银行数据获取、分析和运用的渠道和机制都和传统方式不同，通过大数据分析技术和工具对海量结构化数据和非结构化数据进行分析、判断和挖掘，商业银行能够及时、准确地发现业务和管理领域的风险和机会，为业务发展和风险防范提供重要决策依据。

大数据时代，在向开放的、数字化的、高生产力的且富有科学决策的银行远景中，商业银行同样面临几大挑战：

一是文化挑战。在大数据时代，开放、融合与创新是经济社会的发展主题，市场竞争不断加剧，传统意义上的非金融机构因新生的机动力量也将切入金融服务链条挤占银行的生存市场。解释企业兴衰成败的"基因决定论"指出，前一波产业浪潮中制胜的成功企业会不断地固化自己的企业文化、运行模式、商业策略以及市场定位等基本要素以满足当前市场的需求，但这样的基因往往无法迎合下一波崛起的新浪潮。银行面临的挑战由于既有的组织架构和模块分割的内部数据结构，也有放不下原有的企业文化与思维习惯，从而无法挖掘自身潜力而处于竞争下风。

二是管理挑战。目前，商业银行通过数据标准、数据架构、元数据和数据仓库等手段进行数据管理和应用，但难以支撑以非结构化数据为基础的业务创新；同时，以业务模块为主的系统建设加剧了数据的冗余性和非一致性，造成数据整合和数据质量管理难度。因此，大数据时代，需要运用数据生命周期的数据管理方式进行管理，为数据质量及数据服务能力提升做好准备。

三是技术挑战。商业银行科技人员以往主要针对结构化数据进行开发和处理，而在大数据时代将面对海量的非结构化数据需要分析和处理。在大数据时代，处理数据体量大、数据种类繁多、流动速度快、价值密度低的大数据工具软件与信息处理技术不断创新和发展，银行科技人员需要不断快速学习和应用Hadoop、分布式计算等新技术来处理大数据。因此，银行需要加强前瞻性技术研究并与IT战略规划结合，才能赶上大数据时代的步伐。

4.4 大数据在银行应用的发展趋势

4.4.1 大数据应用水平正在成为银行业竞争力的核心要素

银行的核心就是风控，风控以数据为导向。银行的风控水平直接影响坏账率、营收和利润。经过长期的数字化改造，银行积累了海量的数据，但是这些数据是分散在各个系统中，不能实现集中分析。银行机构已经意识到需要有效地管理其日益重要的数据资产，正在主动思考和实践数据资产治理的方法。

目前，银行正在加大在数据治理项目中的投入，结合大数据平台建设项目，构建银行内统一的数据池，实现数据的"穿透式"管理。大数据时代，数据治理是银行需要深入思考的命题，有效的数据资产管控，可以使数据资产成为金融机构的核心竞争力。

在国内，银行对大数据的认知已经从探索阶段进入到实施阶段。普华永道研究显示，83%的中国银行表示希望在大数据上进行投资。[①] 银行业对

[①] 中国支付清算协会金融大数据应用研究组. 大数据在金融领域的典型应用研究 [R]. 2018.

大数据的需求属于业务驱动型，其迫切希望应用大数据技术使营销更精准、风险识别更准确、经营决策更具针对性、产品更具吸引力，从而降低企业成本，提高企业利润。随着更多银行基于大数据获得丰厚的回报，将进一步打消它们的顾虑，加速大数据的普及。

4.4.2 银行业数据整合、共享和开放成为趋势

数据越关联、越开放越有价值。随着各国政府和企业逐渐认识到数据共享带来的社会效益和商业价值，全球已经掀起一股数据开放的热潮。大数据的发展需要所有组织和个人的共同协作，将个人私有、企业自有、政府自有的数据进行整合，把私有大数据变为公共大数据。

目前，美欧等发达国家和地区的政府都在数据共享上做出了表率，开放大量的公共事业数据。中国政府也着力推动数据开放。一方面，国家带头着力推动政府数据公开。2015年，国务院《促进大数据发展行动纲要》提出：到2018年，中央政府层面实现信用、交通、医疗、卫生、就业、社保、地理、文化、教育、科技、资源、农业、环境、安监、金融、质量、统计、气象、海洋、企业登记监管等重要领域通过数据统一开放平台进行数据共享和交换。另一方面，国家还通过推动建设各类大数据服务交易平台，为数据使用者提供更丰富的数据来源。2016年，《国家发展改革委办公厅关于请组织申报大数据领域创新能力建设专项通知》中明确提到要建设大数据流通与交易平台，用以支撑数据共享。

4.4.3 银行数据与其他跨领域数据的融合应用不断强化

2015年以前，银行业主要基于银行业自有信息进行分析。银行主要基于自身静态数据通过人工对内进行经营分析、产品设计、营销设计等，对外进行客户分析和行情分析。

从2016年开始，大数据技术逐渐成熟，数据采集技术快速发展，通过

图像识别、语音识别、语义理解等技术实现外部海量、高价值数据的收集，包括政府公开数据、企业官网数据、社交数据。银行得以通过对客户动态数据的获取来更深入地了解客户。

未来，数据流通的市场会更健全。银行将可以方便地获取电信、电商、医疗、出行、教育等其他行业的数据，一方面会有力地促进银行数据和其他行业数据融合，使银行的营销和风控模型更精准。另一方面，跨行业数据融合会催生出跨行业的应用，使银行得以设计出更多的基于场景的金融产品，与其他行业进行更深入的融合。

4.4.4　人工智能正在成为银行大数据应用的新方向

新兴技术高速发展，大数据和人工智能技术正在快速融合。大数据技术强调数据的采集、存储、处理和展现。人工智能可以在各个阶段助力大数据发挥更大的作用。

在采集上，图像识别、语音识别、语义理解等人工智能认知技术实现海量非结构化数据采集。在数据的储存和管理上，人工智能技术可以实现自动为数据打标签，自动将数据归类。在数据处理上，人工智能深度学习、机器学习、知识图谱技术可以提高算法模型的数据处理的效率和准确度。数据展现上，智能可视化大屏技术可以实现数据实时监控和可视化呈现。大数据与人工智能正在进行多维度的深度融合，拓展了银行大数据的应用价值和应用场景。

4.4.5　银行数据安全问题越来越受到重视

大数据的应用为数据安全带来新的风险。数据具有高价值、无限复制、可流动等特性，这些特性为数据安全管理带来了新的挑战。

对银行来说，网络恶意攻击成倍增长，数据被窃的事件层出不穷。这对银行的数据安全管理能力提出了更高的要求。大数据应用使得银行内海量的高价值数据得到集中，并使数据实现高速存取。但是，如果出现信息泄露可能一次性泄露行内近乎全部的数据资产。数据泄露后还可能急速扩散，甚至出现更加严重的数据篡改和智能欺诈的情况。

对个人来说，银行信息的泄露会暴露出大量的个人基本信息和消费信息等，大数据技术可以便捷地大批量收集这些信息并进行画像，这使得公民更容易受到欺诈，造成经济损失。

4.5 大数据在数字银行中的几种典型应用

大数据技术的应用提升了金融行业的资源配置效率，强化了风险管控能力，有效促进了金融业务的创新发展。金融大数据在银行业得到广泛的应用。

4.5.1 信贷风险评估

在传统方法中，银行对企业客户的违约风险评估多是基于过往的信贷数据和交易数据等静态数据，这种方式的最大弊端就是缺少前瞻性。因为影响企业违约的重要因素并不仅仅是企业历史的信用情况，还包括行业的整体发展状况和实时的经营情况，而大数据技术的介入使信贷风险评估更趋近于事实，内外部数据资源整合是大数据信贷风险评估的前提。

一般来说，商业银行在识别客户需求、估算客户价值、判断客户优劣、预测客户违约可能的过程中，既需要借助银行内部已掌握的客户相关信息，也需要借助外部机构掌握的央行征信信息、客户公共评价信息、商务经营信息、收支消费信息、社会关联信息等。该部分策略主要目标为数据分析提供更广阔的数据维度和鲜活度，从而共同形成商业银行贷款风险评估资源。信贷风险评估的步骤如下：

（1）以客户大数据为基础，为存量客户建立画像，使银行能够向各管辖机构、各业务条线、各产品条线进行内容全面、形式友好、敏捷的客户级大数据集中供给。

（2）建立专项集中的企业及个人风险名单库，统一"风险客户"等级标准，集中支持各专业条线、各金融产品对高风险客户的过滤工作。

（3）统筹各专业条线、各业务环节对大数据增量信息的需求优先序列，对新客户、高等级客户、高时效业务、高风险业务实现大数据实时采集更新；对存量、一般、普通时效业务、低风险业务实现大数据集中、批量、排序、滚动更新。

4.5.2 交易欺诈识别

目前，移动支付服务操作十分便捷，客户已经可以做到随时、随地进行转账操作。面对盗刷和金融诈骗案件频发的现状，支付清算企业交易诈骗识别挑战巨大，见表4-1。

表4-1　　　　　　　　　　交易欺诈方式及场景

欺诈方式	欺诈场景	处理方式
盗刷	客户账号于多个手机上登录	身份再验证
	客户从一个不经常出现的地区进行大额转账操作	
	在1小时内于不同的城市进行消费	
诈骗	发现多个客户在短时间内向单个账户转账	提醒客户
	发现钓鱼网站	

资料来源：中国支付清算协会金融大数据应用研究组．大数据在金融领域的典型应用研究［R］．2018。

大数据可以利用账户基本信息、交易历史、位置历史、历史行为模式、正在发生行为模式等，结合智能规则引擎进行实时的交易反欺诈分析。整个技术实现流程为实时采集行为日志、实时计算行为特征、实时判断欺诈等级、实时触发风控决策、案件归并形成闭环。

4.5.3 精准营销

在移动互联网时代，客户的消费需求和消费行为是快速转变的。首先，在消费需求上，客户的需求更加细化，急需个性化的金融产品。另外，在消费行为上，银行业很难接触到消费者及了解客户的消费需求并推销产品，营销资源和营销机会极其宝贵。因此，为了降低对用户打扰和营销成本，提高营销转化率以面对日趋激烈的行业内部竞争，银行业急需一种更为精准的营销解决方案。具体来讲，银行业精准营销的主要应用目标主要为三点：

一是精准营销的首要目的是寻找目标客户，精准定位营销对象。

二是在获得客户挖掘结果后，精准营销下一步应当是针对具体客户，提供一整套智能决策方案。

三是配备完整的业务操作平台，实现整个精准营销从客户挖掘直至业务完成的各工作环节，最大化程度缩短业务操作流程，实现精准营销的"一站式"操作。

利用大数据平台的模型分析结果，挖掘出潜在客户，实现可持续的营销计划。银行业精准营销的技术流程包括以下五点（见图4-2）。

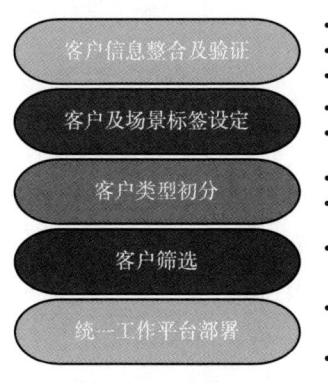

图4-2 精准营销的技术流程

资料来源：中国工商银行金融科技研究院．数据驱动银行发展模式创新［R］．2022．

（1）客户信息整合及验证。该步骤的核心为数据整合处理，即利用大数据平台打通内外部数据、不同业务数据、不同结构数据之间的壁垒，对数据格式进行规范化处理，形成以客户为中心的"一户一条"数据记录。

（2）客户及场景标签设定。根据精准营销的不同角度设定不同类别的场景标签，该类标签通常比用户标签具有更高的灵活性，以便随着业务发展和精准营销场景的变换随时增减或改变。

（3）客户类型区分。对于不同类型的目标客户，精准营销模型应当给出具有针对性的营销方案。因此需要对大数据平台里的所有客户进行类型的区分。该部分可以通过用户画像技术提供的分类标准，进行用户的标签化分类工作。建立合理的客户类型区分体系是精准营销的基础。

（4）客户筛选。客户筛选是指对客户质量进行筛选把控，普遍基于大数据平台的"黑白灰"名单技术，对客户进行判定。原则上白名单客户属于精准营销判定的推荐客户；黑名单客户则是不能服务的客户；灰名单客户为风险提示类的客户。

（5）业务统一工作平台部署。作为精准营销的前台，通过API接口打通数据存储层、数据处理层、算法层以及高级业务层，通过门户网站、App接口等方式提供银行产品推荐、客户准入、客户跟踪管理等高级营销策略。

4.5.4 "黑产"防范

银行业追求服务体验，强调便捷高效，简化手续。而这一特点也容易被不法分子利用，虚假注册、利用网络购买的身份信息与银行卡进行套现，"多头借贷"乃至开发电脑程序骗取贷款等已经形成了一条"黑色"产业链，对于金融行业而言，欺诈风险高于信用风险。

大数据能够帮助企业掌握互联网金融"黑产"的行为特点，从业人员规模、团伙地域化分布以及专业化工具等情况，并制定针对性的策略。"黑产"特征如下：借款手机归属地与真实城市IP不匹配；设备上相邻两次借款（含跨平台）时间间隔极短；用户手机长期处于同一位置未移动过等。

通过"黑产"识别和预警减少损失。

4.5.5 消费信贷

消费信贷和传统企业信贷截然不同。它拥有小额、分散、高频、无抵押和利息跨度极大的特点。在贷款额度上可以小到100元人民币；一家机构一天放贷数量可能达到数万到数十万笔；90%以上是纯信用贷，只能依靠数据进行审批；年化利率从4%到500%的都有。

客户特点是年轻、消费观念超前、无信用记录。消费信贷客户大多数年龄都在35岁以下、"月光族"、愿意透支未来。某些人群甚至对借钱消费形成习惯性依赖；80%~90%的客群无央行借贷信用记录，导致拒绝率极高。

大数据需要贯穿到客户全生命周期的始末，基于大数据的自动评分模型、自动审批系统和催收系统是消费信贷的基础。利用大量行为数据分析弥补信贷数据的缺失。下面列举一些趋势上的分析方法，例如：随着手机号使用年数的增加，客户稳定性增加，违约风险逐步降低；过去12个月内所有类目本地生活消费等级越高，违约风险越低；最近12个月网络游戏消费金额越多，违约风险越高；最近12个月内财经媒体访问天数越多，违约率风险越低；等等（见图4-3、图4-4）。

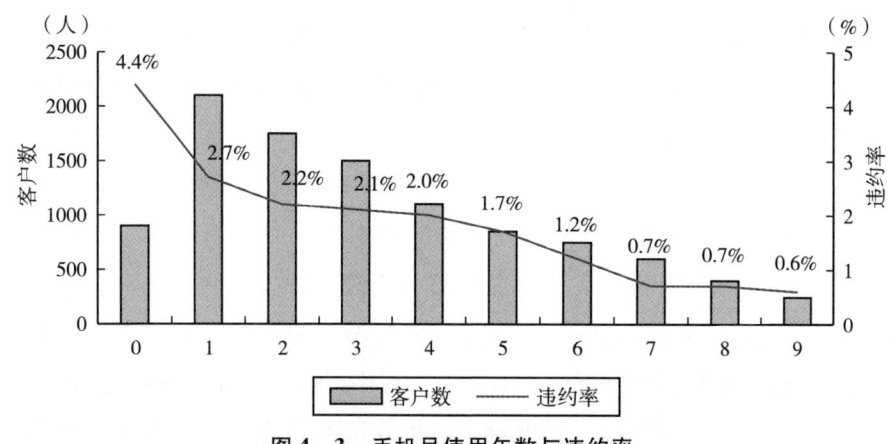

图4-3 手机号使用年数与违约率

资料来源：中国工商银行金融科技研究院．数据驱动银行发展模式创新［R］．2022。

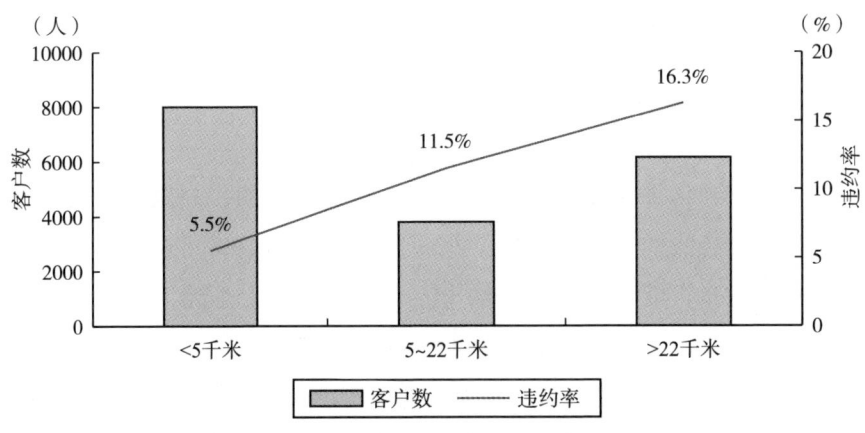

图 4-4　申请家庭住址距离差与违约率

资料来源：中国工商银行金融科技研究院. 数据驱动银行发展模式创新［R］.2022。

4.5.6　供应链金融

1. 供应链金融的产生。

供应链金融是从20世纪80年代开始的，最开始是由世界级企业为了降低成本而衍生出的一种管理概念。在以往的贸易融资中，金融机构只是简单地对单一的企业做出风险评估，由此判断是否授信，而随着大数据供应金融模式的发展，这种方式被改变，现在则是把在供应链上的相关企业统一看成一个整体，根据链条的关系和相关行业的特点来将资金有效地投入到供应链发展的相关企业当中，在金融产品和服务上进行不断的调整，使供应链上的相关企业能够得到稳定发展和有效流转。

供应链金融一般有两种：一种是以金融机构（如银行）为主导的供应链金融，还有一种就是以企业为主导的供应链金融。这两种供应链金融本质上是不同的。供应链金融其实就是一些金融机构在跟企业的客户进行内部交易结构和交易链条分析时，对交易过程中所涉及的流向进行综合把控，然后产生的收入偿还融资，凭借对企业供应链的综合控制，帮助一些企业解决融资方面的问题。

我国供应链金融发展最开始是从银行兴起的。随着互联网技术的发展，供应链金融开始广泛流行，并且规模不断扩大，同时将互联网、金融和产业链这三方面的要素进行高度的融合，最终实现了平台化的特点。在大数据背景下，供应链金融与传统的小企业信贷相比有以下几个特点：首先，随着互联网技术的发展，供应链金融由原先的"被动授信"转变为"主动授信"。从这个特点的转变能够深度分析挖掘一些信息背后所看不到的价值，有针对性地向客户提供所需要的金融产品。其次，由于简化了操作，使得获取信息的效率比以往有了很大程度的提升，审核放贷的速度也大大提高。最后一点就是它能够运用公共的资源系统，对企业的信用记录和相关纳税等情况进行动态监控，实施主动的预警。

供应链体系的产生，带来了资金在供应链内流转的问题。由于企业的独立运作资金在供应链中的流转，与生产销售的方向恰恰相反，依次从经销商、生产企业、上游企业，逐级回流到每个企业手中。这就产生了生产和销售的资金在时间上的错配，通常还伴有空间错配、要素错配等问题。

供应链管理中所面临的种种问题，孕育产生了供应链金融。供应链上下游的众多企业中，拥有优势资源的企业，例如具有核心技术企业、稀有性材料企业或垄断性渠道的企业，通常具有较高的话语权，可以赊买赊卖，即先收货进行生产再付款或者先收款用于生产再付货。由于具有良好的生产运营状况和现金流，这些企业通常又可以获得较多的金融授信。相对于供应链中的核心企业，其上下游的中小企业很难获得银行的贷款，融资成本较高。供应链体系中，上游企业和下游企业休戚相关。为了产业良好发展，供应链金融应运而生。如图4-5所示，由核心企业提供授信，为与之合作的中小企业提供账单货物等形式的担保，使得其上下游的中小企业可以使用较低成本获得融资，进行生产运营，促进整个供应链的良性发展。

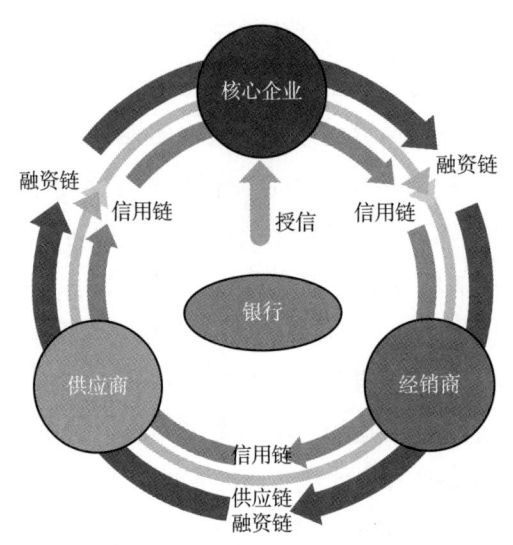

图4-5 供应链金融融资模式

资料来源：头豹研究院．区块链技术构建供应链金融新生态概览［R］．2019。

2. 供应链金融商业模式。

传统供应链金融模式以银行及核心企业为中心，将核心企业的高信用传递到供应链上下游的中小企业。随着云计算、大数据、物联网和区块链等技术的发展，供应链金融模式得以创新，各类型企业如第三方支付企业、电商平台、供应链服务公司、物流公司和互联网金融平台等纷纷开展供应链金融战略布局，成为供应链金融市场的出资方或主要参与商，推动各种供应链金融新商业模式的形成。

（1）商业银行。商业银行的供应链金融模式主要围绕核心企业开展（见图4-6），通过核心企业的信用支持将服务对象延伸至上下游的中小企业，将单一的信贷业务拓展至现金管理等综合性金融服务，帮助中小企业解决融资难问题。但商业银行的供应链金融对供应链的交易风险控制有严格要求，要求核心企业建有完善的供应链管理体系，严格的供应链的准入标准和退出机制，对不具备完善供应链管理体系的核心企业及其链路企业而言，获得商业银行的金融支持难度较大。

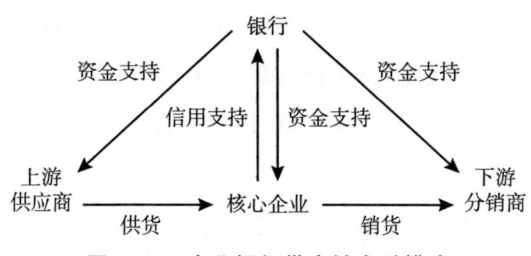

图 4-6 商业银行供应链金融模式

资料来源：头豹研究院. 区块链技术构建供应链金融新生态概览［R］. 2019。

（2）核心企业。供应链中的核心企业积累了深厚的行业背景和上下游资源，利用在行业中的地位优势发展供应链金融，能拓展企业收入来源，同时还能帮助供应链上下游的中小企业实现良性运营，促进供应链稳定发展。

以海尔供应金融为例（见图 4-7），海尔集团通过综合性服务平台"日日顺"积累的经销商数据与金融机构对接，为金融机构提供授信依据，开展基于核心企业的供应链金融业务，主要的供应链金融服务模式有货押和信用。

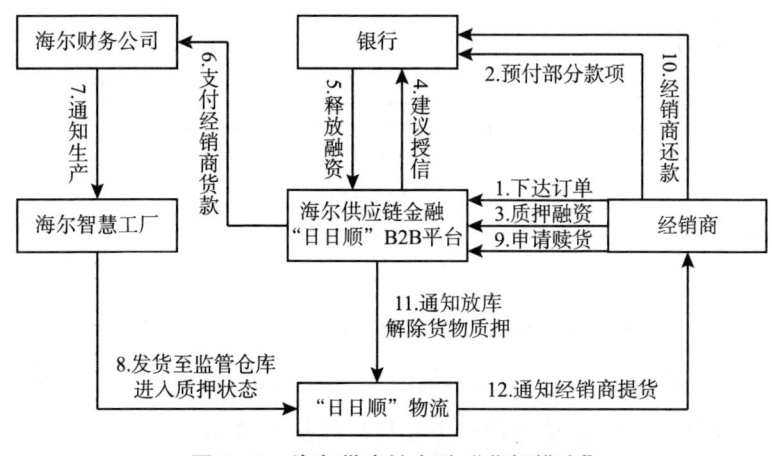

图 4-7 海尔供应链金融"货押模式"

资料来源：头豹研究院. 区块链技术构建供应链金融新生态概览［R］. 2019。

①货押模式指核心企业帮助经销商为应对节假日消费高峰以及为获得批量采购折让而进行的短期的大额采购支出进行融资。经销商通过海尔供应链金融间接获得商业银行融资，海尔集团作为商业银行的直接债务人，承担还款义务。

②信用模式是海尔供应链金融和商业银行基于经销商的业务信用而提供的金融解决方案（见图4-8）。经销商需要向海尔提交当月的预订单，海尔智慧工厂根据预订单完成生产；海尔供应链金融和银行会根据经销商的信用状况完成风险评定，将全款资金支付至海尔财务公司；财务公司通知工厂由"日日顺"物流配送至经销商处；经销商在收到货物后支付款项至合作商业银行。

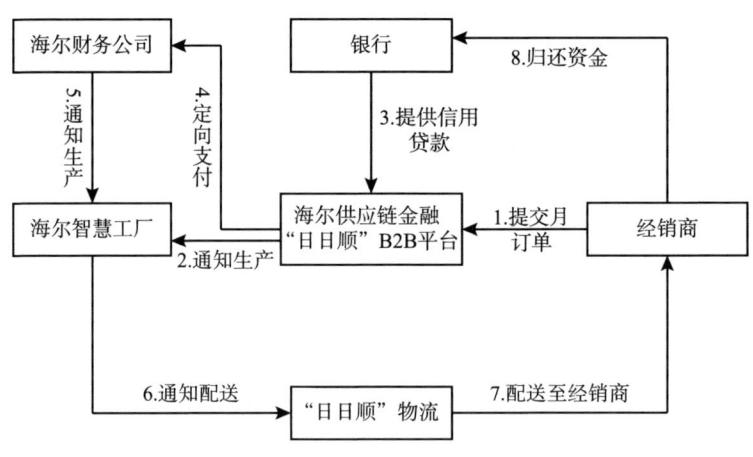

图4-8 海尔供应链金融"信用模式"

资料来源：头豹研究院．区块链技术构建供应链金融新生态概览［R］．2019。

（3）电商平台。电商平台积累了大量连续的历史交易数据，涉及交易方信息、交易周期、交易方履约情况等，发展供应链金融具有天然的数据优势，可根据真实的交易记录对企业进行风险评估。

电商平台可以多渠道接入资金，利用银行、数字金融平台或自有资金开展供应链金融业务，基于真实的交易数据，确保贷款资金流向与交易行为一致，明确还款来源，打造资金闭环（见图4-9）。以阿里巴巴、京东为代表的综合电商平台基于其自身平台流量优势，大力发展供应链金融，不断创新业务模式，降低供应链中的中小企业融资门槛。

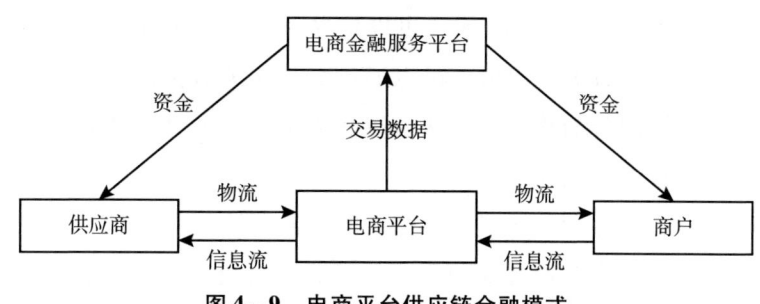

图4-9　电商平台供应链金融模式

资料来源：头豹研究院. 区块链技术构建供应链金融新生态概览［R］. 2019。

3. 大数据与供应链金融相结合。

在新时代科技力量技术的推动下，企业的生存模式也在随着时代变化而做出改变，在信息化网络时代，科技和大数据处理是第一要素，哪个企业掌握了大数据就掌握了先决条件。但是大数据本身是没有存在价值的，只有将大数据转化为自己需要的战略信息，才能在生产过程中去创造企业价值。现在有很多企业将大数据与供应链金融相结合，创造出一种新的发展模式，通过这种创新的方式使大数据与供应链金融能够互相结合，发挥最大的作用，将数据处理加工使之信息化，变得有可用空间。

（1）数据收集。数据收集是大数据技术对供应链金融的意义之一，传统的数据收集与大数据技术下的数据收集相比，无论是数据来源，还是数据的真实性、完整性等方面都有巨大提升。

大数据技术下的数据来源更广泛，从单一的小微企业应收账款和存货的数据变成了核心企业、中小企业、物流仓储等供应链的参与各方以及银行、金融机构、监管机构等数据平台共同提供的数据。将原有的数据孤岛打通，建立链条上的企业之间的交易数据和全方位多维度数据库。通过互联网云端获取企业之间交易数据，实现在交易平台上的数据互通和共享，将原先无法覆盖的中小企业客户纳入供应链信用体系，摆脱融资中存在的硬性担保等问题。

建立完备的数据共享库，实现数据的实时共享，再对收集到的大数据进行加工、分类、整合、处理后，可以建立适合自己的企业的数据库，实现数据的交互。大数据应用模式可以通过交易网关数据库模式建立起与供应链金融相协调的云端数据库，从云端获取中小企业交叉数据结合相关的行业信息实现数据交换和共享。

（2）减少信息不对称。供应链金融的大数据应用大大减少信息不对称现状，银行可以根据企业之间的投资、控股、借贷、担保以及股东和法人之间的关系，形成企业之间的关系图谱，有利于关联企业分析及风险控制。银行可以将生产数据、各种物料、劳务、水电消耗、人员成本和财务报告等一系列数据进行全面整合分析，形成一种动态的、可持续的、多维度的数据源，建立全面系统的企业征信数据库。同时通过对供应链金融中的参与主体各自的财务数据进行立体的多维度的分析研究，并通过对交易记录进行交互核对，提高数据的精确性，提高征信评估的准确性和放贷速度，减少信息不对称引起的对中小企业发展的不利影响，降低评估企业过程中的风险。

（3）大数据风险控制。银行业务的核心是风险控制，供应链金融也不例外，将风险控制与大数据结合，不断完善优化风控流程和体系。应用大数据技术，银行以核心企业为切入点，将供应链上的多个关键企业作为一个整体，利用交往圈分析模型，持续观察企业间的通信交往数据变化情况，通过与基线数据的对比洞察异常的交往动态，评估供应链的健康度，为企业贷后风控提供参考依据。

大数据和供应链金融的发展模式是相辅相成的，二者缺一不可。通过将大数据和供应链金融的结合可以将风险控制在可控的范围内，同时又可以提高效率。另外，对于企业管理层来说，将大数据与供应链金融相结合，可以帮助企业管理者、企业融资方和投资人更加直观地去分析数据，实时掌握资金流动的方向，能在瞬息万变的企业竞争中拔得头筹。

在互联网技术的驱动下，业务模式也在不断更新，在互联网时代，信息和数据是第一生产力，谁掌握了大数据谁就在占有先机。但是将大数据转化为交易产品需要一个过程，完成这个转换才能使大数据创造价值。目前很多企业提出大数据与供应链金融相结合的发展模式，通过这种方式使大数据与供应链金融完美衔接，使数据资产化，以创造更多价值。

4. 基于区块链技术的供应链金融。

当前，区块链作为一项热门技术，正在成为全球技术应用的前沿阵地，区块链技术应用已延伸至数字金融、物联网、智能制造、医疗、知识产权、供应链管理、数据资产等多个领域，有望成为全球技术创新和模式创新的"策源地"，推动"信息互联网"向"价值互联网"变迁。全球主要国家都在加快布局区块链技术发展，我国在2016年底首次将区块链写入《"十三五"国家信息化规划》，提出要实现抢占新一代信息技术主导权；2017年6月，《中国金融业信息技术"十三五"发展规划》中指出，央行将积极推动区块链等新技术的发展。目前，我国区块链专利申请数量已位居全球第一，随着区块链上升为国家战略层面，区块链必将迎来更加广阔的发展前景。然而传统供应链金融业务开展过程中面临供应链存在数据孤岛、核心企业信用不可传递、融资方缺乏可信贸易背景支持，出资方无法有效控制各方履约风险等难题，导致诸多供应链上的中小微企业仍难以解决融资问题。

随着供应链金融市场规模的增长，各行业参与方要求或支持运用技术解决传统供应链金融业务的发展难题，区块链技术特征能恰到好处地消除供应链金融存在的痛点，且经过部分示范应用验证，区块链技术与供应链金融结合，是突破传统供应链金融模式下中小企业融资瓶颈的有效解决方案，因此区块链应用自2018年起在供应链金融行业中大受追捧，各类型参与方开始跑马圈地，发力供应链金融行业（见表4-2、表4-3）。区块链技术提供商采用联合运营或建立区块链平台方式对接金融机构、核心企业的业务需求，通过融资金额提成或平台服务费产生营业收入。部分有实力的商业银行或供应链核心企业采用自主研发区块链技术方案，利用区块链开展供应链金融业务，拓展业务范围，增加营业收入。

表4-2　　　　　　　　　国内互联网公司区块链发展情况

金融机构	区块链应用情况
趣链科技	1. 2016年10月，趣链科技发布国产自研、安全可控的企业级联盟区块链底层平台HyperChain，是国内最早成立并从事联盟区块链技术研发与应用的专业团队 2. 2017年9月，趣链科技发布区块链开放服务平台飞洛BaaS，为区块链应用和推广，提供安全、便捷、高效的服务平台 3. 2020年9月，趣链科技联盟技术已服务了包括金融、政务、司法、电力、制造业、军事等关键业务领域，支撑业务规模数千亿元人民币，全国服务人数近1.5亿人
蚂蚁科技	1. 2018年6月，蚂蚁科技发布了自主研发的金融级区块链BaaS平台 2. 2018年6月，支付宝同国际银行的合作，实现基于区块链技术的跨境汇款，节约了跨境汇款的时间和成本
百度	1. 2018年8月，百度发布了区块链解决方案"超级链"，可快速实现业务和区块链的融合 2. 2020年1月，百度通过将线下广告牌的播放时间，播放次数上传到区块链平台，实现区块链广告监播功能，保障广告投放商的权益
腾讯	1. 2017年11月，腾讯推出了区块链BaaS云服务平台，借助云技术，搭建了一套高质量、更稳定的区块链服务平台 2. 2019年4月，腾讯发布首款区块链游戏化应用"一起来捉妖"，区块链技术的应用可充分保障游戏玩家数字资产的安全性
京东	1. 2018年3月，京东联合海外品牌商、京东国际供应链等合作方发布了首个基于区块链技术的全球跨境追溯体系，为消费者把关跨境商品的真伪 2. 2018年10月，京东同新泽西理工学院、中科院软件所共同成立区块链联合实验室

资料来源：浙商银行股份有限公司.基于区块链技术的供应链金融白皮书（2020）[R].2020。

表4-3　　　　　　　　　国内互联网公司区块链发展情况

金融机构	区块链应用情况
工商银行	1. 2020年4月，工商银行发布了银行业首个白皮书《区块链金融应用发展白皮书》 2. 2020年5月，工商银行同南京江北新区管委会合作，打造征拆迁资金管理区块链平台，实现征拆迁资金透明管理
招商银行	1. 2018年10月，招商银行同中建电商合作，利用区块链搭建产业互联网协作平台，为企业提供融资服务 2. 2019年6月，招商银行同腾讯公司合作，利用区块链构建电子发票线上报销业务，实现区块链同财税的融合

续表

金融机构	区块链应用情况
浙商银行	1. 2017年8月，浙商银行基于区块链平台推出了应收款链平台，实现区块链和供应链金融融合 2. 2019年8月，浙商银行同国家粮食和物资储备局粮食交易协调中心合作，共同搭建国家粮食电子交易平台，将区块链技术应用到粮食行业
金融壹账通	1. 2018年10月，平安区块链同香港金管局合作，利用区块链构建国际融资贸易网络 2. 2019年4月，平安区块链同天津港合作，利用区块链构建跨境贸易服务网络

资料来源：浙商银行股份有限公司. 基于区块链技术的供应链金融白皮书（2020）[R]. 2020。

由于供应链构成环节复杂，信息冗杂，供应链金融的开展对区块链技术具有强刚性需求，未来供应链金融区块链应用将成为金融行业区块链应用乃至区块链应用行业的发展重点，预计未来五年，区块链在供应链金融行业的营收规模的年复合增速将达30.8%。区块链技术诞生后，国内的公司就对该技术展现了浓厚的兴趣，纷纷入局成立专门的研究院、开发团队。区块链技术的特性，不仅让国内公司看到了该技术未来的应用前景，更是让中国政府看到了该技术在未来科技发展中的战略意义。2019年10月24日，中央政治局就区块链发展现状和发展趋势进行第十八次集体学习，习近平总书记提出要把区块链技术作为核心技术自主创新重要突破口。① 国内区块链技术的发展达到了一个新的高度。

4.6 大数据在银行应用中面临的挑战及建议

4.6.1 大数据在银行应用中面临的挑战

1. 银行业的数据资产管理应用水平仍待提高。

---

① 习近平主持中央政治局第十八次集体学习并讲话[EB/OL]. http：//www.gov.cn/xinwen/2019-10/25/content_5444957.htm，2019-10-25.

银行业的数据资产管理仍存在数据质量不高、数据获取方式单一、数据系统分散等一系列问题。一是银行数据质量不高，主要体现为数据缺失、数据重复、数据错误和数据格式不统一等多个方面。二是银行业数据来源相对单一，对于外部数据的引入和应用仍需加强。三是银行业的数据标准化程度低，分散在多个数据系统中，现有的数据采集和应用分析能力难以满足当前大规模的数据分析要求，数据应用需求的响应速度仍不足。

2. 银行大数据应用技术与业务探索仍需突破。

银行原有的数据系统架构相对复杂，涉及的系统平台和供应商相对较多，实现大数据应用的技术改造难度较大，而且系统改造的同时必须保障业务系统的安全可靠运行。同时，银行业的大数据分析应用模型仍处于探索阶段，成熟案例和解决方案仍相对较少，银行应用大数据需要投入大量的时间和成本进行调研和试错，一定程度上制约了银行大数据应用的积极性。而且，目前的应用实践反映出大数据分析的误判率还比较高，机器判断后的结果仍需要人工核查，资源利用效率和客户体验均有待提升。

3. 银行大数据的行业标准与安全规范仍待完善。

当前，银行大数据的相关标准仍处于探索期，银行大数据缺乏统一的存储管理标准和互通共享平台，涉及银行业大数据的安全规范还存在较多空白。相对于其他行业而言，银行大数据涉及更多的用户个人隐私，在用户数据安全和信息保护方面要求更加严格。随着大数据在多个银行业细分领域的价值应用，在缺乏行业统一安全标准和规范的情况下，单纯依靠银行自身管控，会带来较大的安全风险。

4. 银行大数据发展的顶层设计和扶持政策还需强化。

在发展规划方面，银行大数据发展的顶层设计仍需强化。一方面，银行机构间的数据壁垒仍较为明显，数据应用仍是各自为战，缺乏有效的整合协同，跨领域和跨企业的数据应用相对较少。另一方面，银行业数据应用缺乏整体性规划，当前仍存在较多分散性、临时性和应激性的数据应用，数据资产的应用价值没有得到充分发挥，业务支撑作用仍待加强，迫切需要通过行业整体性的产业规划和扶持政策，明确发展重点，加强方向引导。

4.6.2 大数据在银行应用的相关建议

1. 出台促进银行大数据发展的产业规划和扶持政策。

建议针对产业发展需求和政策空白领域,出台促进银行业大数据发展应用的指导性政策意见,明确产业发展的目标、方向、路径和要求,完善产业发展的配套保障体系和发展能力评估建设体系。指导和支持银行大数据在产业标准、安全和商业化等多个领域的相关研究。逐步加快发布和形成银行大数据产业应用标准体系和行业规范,以标准促进产业合作,创造更加良好的产业发展环境,增强产业界发展积极性。

2. 分阶段推动银行数据开放、共享和统一平台建设。

针对金融机构数据分散和隔离问题,建议监管机构牵头,分阶段推进银行业安全可控的数据开放共享。首先从制定统一数据目录,明确最低开放标准着手,逐步鼓励银行机构创新合作模式,搭建银行业统一数据平台,克服跨组织数据流通障碍。未来可鼓励金融机构探索混合所有制,建立独立运营主体,负责银行业大数据的统一管理和运营,开展跨行业、跨领域应用合作,促进银行大数据在社会经济各领域的价值实现。

3. 强化银行大数据行业标准和安全规范建设。

建议组织银行业各方主体,协同制定统一的银行业大数据交易规范,明确交易各方的数据安全责任,保障银行大数据市场的健康、有序发展;制定明确的数据安全使用标准,对银行大数据的使用权限、使用范围、使用方式和安全机制等,进行严格的规范化、标准化管理;建立有效的投诉机制和惩罚机制,实施全程全网的数据安全使用管控与源头追诉。

4. 依托行业平台推进银行大数据应用成果共享合作。

积极发挥行业组织的平台作用,打造具有品牌影响力的金融大数据交流分享平台,建立银行大数据行业的长效沟通机制,促进银行大数据应用成果的经验分享和互动交流。同时,积极推动银行业和电信、电商、旅游等跨行业的沟通和合作,通过专题活动宣传和推广,展示银行大数据在各个行业领域的应用成果,增加银行大数据应用的社会关注度。

4.7 大数据在银行应用的典型案例[①]

4.7.1 中国银行"艾达"大数据风控平台

近年来国内外金融形势愈加复杂,GDP 增速放缓,企业业绩下滑,负债率持续攀升。金融持续脱媒,企业经营呈"跨业、跨界、跨境"态势,对银行信贷依赖度,降低。集团客户关联关系复杂,更加分散化、隐蔽化、多元化,越来越多的资金从实体经济转向虚拟经济,风险蔓延速度迅猛,并呈现"跨渠道、跨地域、跨产品"传播,与此同时,银行对资金流向的监控手段却非常有限。在新的经济环境下,原来被动的风险防控方式已经难以满足新常态下客户高效性和多样性的需求。

"艾达"大数据智能风控平台是面向中国银行全行前、中、后台业务人员,包括客户经理、风险经理、审计经理和管理层的大数据风控平台。通过对结构化、非结构化数据的整合,运用大数据和人工智能等新技术重塑业务流程与风险管理模式,不断挖掘数据价值。将大数据应用作为提升风险管理能力的关键工具和重要途径,也是中国银行首次尝试用大数据建模进行风控管理。

该平台打通了数据孤岛,挖掘并提升行内存量数据价值,解放生产力、发展生产力,提升企业运营效率,"艾达"嵌入业务环节,节约的时间保守估计在 20 个工作日以上,特别是对于突发事件、隐藏风险知晓的及时性,可有效规避损失。企业实时预警监控,降低授信风险,挽回资金损失。"艾达"上线至今,触发风险预警标签 4303088 个,目前已经实现成本中

[①] 中国支付清算协会金融大数据应用研究组. 大数据在金融领域的典型应用研究 [R]. 2018.

心向利润中心转变，提升全行大数据应用能力，打造数据生态圈。

4.7.2 交通银行信用卡中心电子渠道实时反欺诈监控交易系统

业务背景是交通银行需要实时接收电子渠道的交易数据，整合系统其他业务数据，然后通过规则实现快速建模、实时预警与在线智能监控报表等功能。业务部门的总体要求是能实时接收官网业务数据，整合客户信息、设备画像、位置信息、官网交易日志、浏览记录等，通过规则实现快速建模、实时告警与在线智能监控等功能。

通过为交通银行卡中心构建的反作弊模型、实时计算、实时决策系统，帮助拥有数十TB历史数据、日均增逾两千万条日志流水的国有银行卡中心建立电子渠道实时反欺诈交易监控系统。利用分布式实时数据采集技术和实时决策引擎，帮助信用卡中心高效整合多系统业务数据，处理海量高并发线上行为数据，识别恶意用户和欺诈行为，并实时预警和处置，通过引入机器学习框架，对海量数据进行分析、挖掘构建并周期性更新反欺诈规则和反欺诈模型。

实时反欺诈监控交易系统上线后，运转稳定、高效，迅速监控电子渠道产生的虚假账号、伪装账号、异常登录、频繁登录等新型风险和欺诈行为：系统7×24小时稳定运行，日均处理逾2000万条日志流水、实时识别出近万笔风险行为并进行预警下发。数据接入、计算报警、案件调查的整体处理时间从数小时降低至秒级，监测时效提升近3000倍。

4.7.3 光大银行大数据风控智能化数据产品：滤镜

近年来，光大银行科技创新机制催化大量创新项目支持行内业务智能化转型，其中大数据实验室在风险管理领域积极开展风险预警分析研究，成功孵化出大数据风控产品"滤镜"。该产品利用大数据技术对企业客户进行过滤，提示高信用违约倾向的企业名单，向总分行风险管理决策者提供更加科学精准的决策支持。

滤镜数据产品依托光大银行首个移动应用平台"光速观察",运用多项大数据分析技术,构建大数据风险预警信号,采用名单式管理模式,向总分行风险管理决策者提示具有高信用违约风险的企业信息,有效提升风险决策时效性和精准度。滤镜将社交网络分析技术充分应用到风险预警监控,综合运用图算法进行客户风险预测实现客户、群体、网络评分,精确锁定潜在风险客户。该数据产品对隐匿在客户行为和客户交往圈中的资金短缺、风险传播、群体违约等风险事件特征化,揭示客户潜在的信用违约风险。

"滤镜"自 2016 年 5 月底开始上线试运行,通过后评价分析,大数据预警信号过滤的企业在预警后 6 个月发生违约的平均概率 27%,比传统基于专家规则模型有明显提升。滤镜目前以月度为单位产生预警客户名单,月均预警客户数 300 个左右,对应预警客户授信余额达 300 亿元,可以据此估算可能减少的损失金额可达数十亿元。

4.7.4 恒丰银行全面风险预警系统

恒丰银行近年来陆续推出了信贷工厂、消费金融、供应链金融等一系列网贷、平台贷业务,为不同行业、不同规模的客户提供了丰富的信贷类产品。业务规模快速发展的同时,如何快速、全面识别、监测、防范客户信用风险,成为全行风险管理领域最为重要的工作之一。对此,恒丰银行提出通过运用大数据技术构建信用风险预警系统,加强风险信息归集、监测、审查的准确性、及时性,强化风险预测能力。

全面风险预警系统依托于星环大数据基础平台,整合行内外数据,包括行内授信、不良、逾期、征信,行外司法、舆情、风险信号、工商、关联关系等,以多种方式为用户提供客户的风险提示和风险发现功能,为及时处置风险争取时间。数据主要来自行内交易、业务数据沉淀、外部数据采购等方式接入,结构化、非结构化数据共治,整合了共计数千万家企业的相关信息,通过批处理和数据加工处理,能够迅速为用户提供需要的服务。

恒丰银行信用风险预警系统自投产上线以来,风控能力逐步提升,在客户风险识别效率、准确率、成本控制等方面较传统风控手段有了大幅提高。新增信贷资产质量大幅提升。以某平台贷为例,自风控系统启用以来,其新增授信业务逾欠率控制在1%以内,且呈逐渐降低态势;新增的网贷、平台贷授信业务发放效率显著提升。基于大数据风控技术的航信票贷、恒信快贷等业务产品实现了24小时、8小时放款;新增业务的客户贷前调查成本大幅降低。经对数据统计,风险预审过程可综合节约近80%的人力成本,同时基于该统计数据调整的业务发展规划更为科学、符合实际。

4.7.5 恒丰银行基于大数据的客户关系管理系统

在互联网金融迅速发展的背景下,差异化营销和个性化服务越来越成为银行长期客户关系维系的重要方面。传统银行CRM主要关注内部数据,关注如何把银行内部各个业务环节中零散的客户信息搜集、汇聚起来。而在大数据时代,伴随社交和移动化的盛行,外部数据越来越丰富,促使银行不仅要关注内部数据,更要想办法把外部数据整合利用起来。通过多种渠道获取大量潜在中、高价值的客户信息,获取更多的销售商机和线索,充分了解客户的个性需求并提供差异化的服务和解决方案;拓展传统销售渠道,利用新媒体、新渠道开展精准营销,提高营销环节的投入产出比。

新CRM系统依托恒丰银行自主研发的企业级大数据技术平台,采用微服务软件架构和人工智能技术,通过对内外部数据的深度整合和价值提炼,提供客户360视图、工作提醒、智能客户推荐、营销机会发掘、产品货架与优化组合方案、行业资讯、客户风险预警、移动信贷业务、团队协同管理、业绩看板等业务功能,为业务团队掌握市场动态、识别客户价值、预见客户风险、实现精准营销和团队协作提供信息技术支撑,有力提升商业银行的客户服务水平和市场竞争。

客户经理通过产品分析生成的流失客户预警进行客户挽留，降低客户流失率。同时通过产品推荐和智能获客，新客户增长率、价值客户增加率和重点产品持有率明显提升。

5

人工智能在数字银行风险管理中的应用研究

人工智能（AI）是研究、开发用于模拟、延伸和扩展人智能的理论、方法、技术及应用系统的一门新技术科学。人工智能领域的研究包括机器人、语言识别、图像识别、自然语言处理和专家系统等。人工智能是一门广泛的技术，以至于它无法进行简单的分类。但是，术语"AI"通常是指一组统计技术，这些技术将以下各项组合在一起：

（1）大数据集。

（2）非传统数据（即变化和非结构化）。

（3）变量之间的复杂关系，导致不透明的所谓"黑盒子"模型。

（4）具有快速变化的时间轴结构的模型。

如果使用得当，人工智能可以为金融机构提供以前未知的见解、更好的目标映射和更有效的分类。例如聚类算法、深度神经网络和情感分析在客户细分、欺诈检测、价格优化、合规性监控和损失预测中的应用。

5.1 人工智能在银行风险管理领域应用概述

在金融机构中，人工智能一词不再仅仅是流行语。在各种金融服务环境中，人工智能已成为具有用例的重要工具。在本章中，我们探讨人工智能在银行风险和合规性方面的现状，并研究几个关键主题：

（1）人工智能工具的整体成熟度。

（2）人工智能成熟度在不同背景下的现状。

（3）在整个风险和合规业务价值链中使用人工智能工具的方式。

不同类型的金融机构和业务部门的人工智能使用成熟度水平存在很大差异。除少数银行外，我们发现金融行业在提到人工智能时，仍加上"追赶"这个修饰术语。即使在许多具有更多人工智能经验的大型金融机构中，今天的项目也可能是第一个大规模部署人工智能的项目。人工智能工具的应用也因使用情况而异。例如，人工智能在数据管理领域相对广泛，其中特定工具，如机器学习（ML）、自然语言处理（NLP）和图形分析（GA）已证明特别适合某些应用程序。但是，要有效利用大数据驱动的项目，金融机构必须使用正确的数据源和正确的专业知识来进行管理。

当前，几乎所有的金融机构都在有效利用第三方人工智能（AI）应用程序。例如：

（1）利用资本市场和投资管理中的替代数据将贷款和债券的条款映射到结构化数据库中。

（2）利用替代数据和媒体数据（传统媒体和社交媒体）来推动信用风险审查触发因素和补救措施。

（3）利用各种外部数据（替代数据、供应商丰富的数据集和社交媒体数据等）在金融犯罪风险管理中进行客户筛选。

（4）利用历史数据进行监管风险分析。

（5）在数据准备中使用神经网络来利用信用评分模型，或者在信用分析中使用供应链、社交媒体和其他替代数据。

（6）嵌入用于映射和分类客户和交易对手行为的人工智能，以进行用户行为分析建模。在信用评分等领域，直接使用客户配置文件和行为分析存在监管方面的挑战。但是，在金融犯罪控制、资产和负债管理和资产负债表管理的行为分析或将行为模型嵌入证券定价和交易等领域中，更多的间接用途并未遇到类似的挑战或问题。

的确，客户细分和行为分析正在成为人工智能在风险管理中实际应用场景的最强大的候选者，两者都是数据密集型的，并且都具有相对较低的失败风险。我们的研究提出的一个关键主题是，在分析需要高维、多参数分类映射或针对模糊或高非线性变量进行优化的情况下，人工智能应用程序可以很好地工作。当将其用于内部分析而不是用于法规遵从或报告目的时，也尤其如此。而且，当将人工智能应用于内部分析时，我们发现其用法的深度和成熟度通常更高。在人工智能发展周期的这个阶段，我们相信某些应用程序的普及是由两个关键因素决定的：第一，应用程序可以做什么。第二，监管发生率。

我们相信，未来两种驱动程序都可能为更广泛和更复杂的应用程序奠定基础。

5.2 人工智能在银行风险管理领域的研究发现

5.2.1 人工智能应用的成熟度

（1）没有适用于所有情况的人工智能成熟度的固定定义。重要的是要在定义成熟度的情况下考虑任何成熟度评估。可以从人工智能项目的特征（包括扩散、部署和标准化）中收集不同业务线和地区的成熟度指标。

（2）成熟度因行业和地理位置而异。特别是，我们发现人工智能应用程序的成熟度因机构类型和地理位置而异。例如，在整个风险和合规价值链中使用人工智能的方式受机构类型的影响最大。但是，可以高水平衡量成熟度，某些核心标准可以用来衡量更高级别的成熟度。其中包括用于测量不同业务线级别成熟度的扩散、部署和标准化指标和对整个企业的定量和数据科学团队的方法确定性和清晰度的评估，以及不需要任何形式的监管的流程比例批准。

（3）在金融服务中，机构业务的人工智能成熟度仍然较低。使用我们的成熟度标准（扩散、部署和标准化指标），我们发现只有少数机构业务在使用人工智能技术方面被视为"高度成熟"。而且，即使在这些最成熟的机构中，采用率也根据不同业务线而有所不同。

5.2.2　人工智能应用的现状

（1）人工智能技术是大数据管理的首选。与其他应用程序相比，人工智能技术在大数据管理中的使用相对广泛。但是，例如，尽管人工智能在资本市场和投资银行业的数据密集型服务中得到了广泛使用，但目前仍很少用于决策和针对法规的分析中。相反，在零售银行和消费者金融领域，我们发现人工智能在更广泛的环境中使用。

（2）替代数据的影响。为了适应他们需要处理的越来越多的非结构化数据，公司需要一套功能强大的新分析方法。这是驱动几乎所有银行机构业务在其风险和合规流程中越来越多（有时在某些情况下积极地）利用人工智能的关键因素。

（3）与传统技术融合以获得最佳效果。作为一组分析和数学工具，人工智能应与传统的定量技术和风险管理实践相结合，以取得最佳效果。

（4）广泛的人工智能用例。银行业的许多领域都在大量地尝试使用人工智能来替代传统工具，尤其是在零售银行业务和金融犯罪预防方面。例如：

①人工智能工具被广泛用于零售银行价值链中，尤其是在零售信用评分、行为分析和客户细分等领域。

②人工智能还广泛用于建模和生产系统中，证明了其在零售银行欺诈、反洗钱（AML）检测和行为建模中的价值。

③从治理、风险管理和合规性的角度来看，我们看到人工智能工具被用于设置和定义控制，协调控制以及自动化控制测试。

④合规性的数据管理是人工智能有望通过简化的分类管理实现价值的

另一个领域。

⑤人工智能工具还用于财务和非财务风险管理中的预警功能管理。例如，正在为客户信用风险概况（尤其是中小型企业和公司客户）生成预警信号时实施这些措施。

⑥在股权和信用研究领域，通过处理非结构化数据以揭示以前看不见的模式和相关性，利用社交媒体和客户数据来更好地理解绩效。

⑦在商品交易优化领域，采用机器学习和进化编程的模型正在管理复杂的管道。

⑧在合规领域，人工智能工具和技术主要在面向数据的上下文中使用，例如解析、分类、结构化和面向搜索的功能。

⑨从合规性的角度来看，我们看到人工智能工具被用来设置和定义控件，以及这些控件的管理。

（5）机器学习（ML）和细分分析规则。金融服务所有领域中使用最广泛的人工智能工具是 ML 和细分分析。尽管如此，在风险管理用例中，细分和行为分析成为实际应用的最强候选者。

（6）要克服的挑战。尽管人工智能具有不可否认的重要性，但许多金融机构仍然需要克服非常重要的基于技能，数据和结构的挑战。当涉及 AI 的成熟度时，机构的反应很重要，银行如何组织自身以及它们组成的团队的性质直接影响其成熟度水平及其在人工智能（AI）项目中的成功。

5.2.3　人工智能工具的使用，在各种情况下跨业务线使用人工智能工具

（1）人工智能存在于整个零售银行价值链中，尤其是在零售用户信用评分（作为流程的组成部分）以及用户行为分析和客户细分中（见图 5-1）。在零售银行业务以及金融犯罪背景下，也可以看到基于人工智能的模型的使用以及生产系统中人工智能的正式使用。

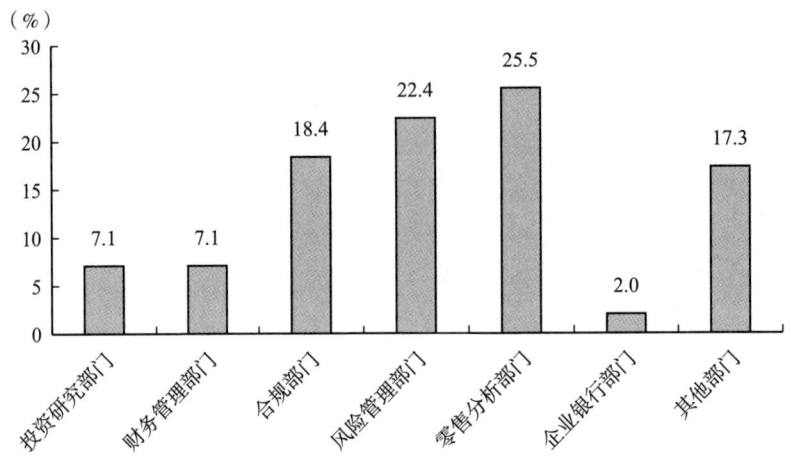

图 5-1 按业务部门使用人工智能（AI）工具的情况

资料来源：作者团队调研。

①人工智能工具也正在合规管理价值链中用于合规管理、影响管理、合规测试和合规性方面。

②人工智能工具也广泛用于围绕控制管理的 GRC 空间中。

③人工智能工具还用于在金融犯罪风险中引入认知、分析干预措施和客户筛选，案例分析和自动化（制裁、交易监控案例等）。

（2）尽管人工智能在资本市场和批发银行领域广泛用于数据密集型服务，但很少用于决策和以法规为中心的分析中。

（3）许多业务线正在尝试使用人工智能工具作为传统研究的替代方法。例如，在股权和信用研究中，利用社交媒体和客户数据来更深入地了解目标公司的业绩。

（4）在商品交易中，利用 ML 和 EP 的优化模型来管理复杂的管道。

（5）人工智能工具也正在整个财富管理价值链中使用，特别是在针对中端市场客户的投资组合优化中。

5.2.4 少数机构在使用人工智能工具方面非常成熟

通常,我们发现不同机构之间的人工智能成熟度差异很大(见图5-2)。确实,即使在我们调查的少数几个高度成熟的机构中,业务线的成熟度也各不相同。只有极少数的机构全面使用人工智能技术,并将其作为业务的基本组成部分。

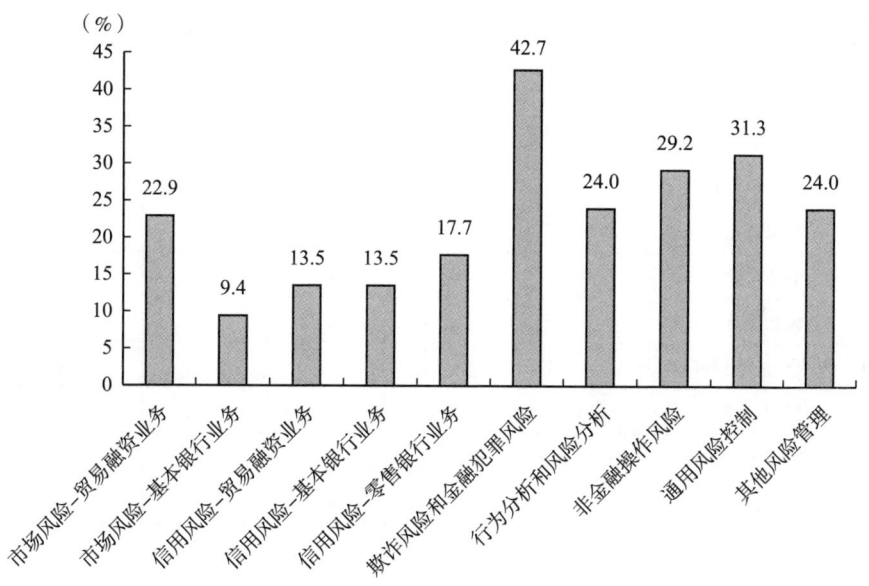

图5-2 使用人工智能(AI)工具应对一系列风险管理挑战

资料来源:作者团队调研。

我们在不同维度上定义成熟度的方式会驱动一定程度的变化。例如,一些受访者的机构在使用替代数据方面很成熟(例如,从贷款和债券文档中提取条款和条件以进行风险和交易分析),但是自第三次以来,他们就不认为自己是人工智能的"用户",恢复数据源的第三方提供者为他们处理了该处理。因此,达到可靠的成熟度定义是一项非常细致的工作。

5.2.5 使用了哪些人工智能工具？

如上所述，机器学习和数据挖掘是当今机构使用的主要人工智能工具。但是，还有许多其他工具正在使用中，包括 NLP、EP 和拓扑数据分析。

但是，我们认为 ML、NLP 和细分分析具有最广泛的应用程序和基础功能（见表 5-1）。

表 5-1　ML 和 NLP 在一系列用例中具有最广泛的适用性

类别	企业规划	细分分析	机器学习	图像分析	自然语言处理
监管报告			√		√
实时欺诈分析		√	√	√	
信用分析	√	√	√	√	√
市场风险	√	√			√
数据质量			√		√
条款与条件提炼			√		√
对手方风险	√		√		√
客户参与/行为风险		√	√	√	
反洗钱风险		√	√	√	
实时风险		√	√		√
贸易监督	√	√	√	√	√

资料来源：作者团队调研。

数据挖掘具有广泛的基础功能，可以对一组变量进行分类、聚类和存储。它还可以利用 ML、拓扑数据分析、EP、马尔可夫模型和其他方法作为其基础计算体系结构。相比之下，NLP（一种多模型技术）已被广泛应用于多个领域和业务线的各种以数据为中心的应用程序中。但是，两者都具有灵活性和适应性，能够在一系列用例中加以利用。

5.2.6 人工智能的应用改变了许多领域的数据可用性

应用程序区域与人工智能项目的兼容性取决于数据的可用性和类型，以及与特定区域相关的监管事件的级别。由于涉及数据的性质，欺诈和金融犯罪是非常适合人工智能应用的领域。例如，欺诈分析对多变量数据（即大量不同的、通常是非结构化的数据）进行操作，欺诈的发生率、倾向以高度非线性的方式与客户的特征相关联，因此对于人工智能来说很可能成为欺诈对象。

非金融运营风险（如运营弹性和 IT、网络和流程风险）也是人工智能项目的强力候选者，传统上一直在缺乏可用数据以及高度非线性和非结构化数据的普遍使用中挣扎。

数字化为网络的每个过程和几乎所有状态提供了数字"足迹"，可以（通过 AI）进行实时监控。但是，使用常规技术很难分析这些庞大、复杂且几乎无法管理的数据集，这使人工智能成为必需品。

但是，尽管这些技术显然可以在各种情况下为用户带来价值，但现有流程的健壮性和法规依据会影响其使用。在后一种情况下，流程与法规遵从程度或业务部门的报告之间的距离是决定采用率的重要因素。例如，在股票期权定价的情况下，从交易前分析的角度对波动率表面是否公平和准确的估计与监管合规性相去甚远。相比之下，《巴塞尔协议Ⅲ》下的市场风险报告则更接近法规遵从性，因为详细信息和确切框架要么由监管机构规定，要么可能需要监管部门批准，从而使其吸引力不大。

5.3 人工智能在银行实施的挑战

尽管数据驱动的项目非常普遍，但是金融机构在使用人工智能工具时面临的主要挑战是收集或访问适合于当前任务的数据（见图 5 - 3）。不幸的是，金融机构经常发现自己收集或正在访问的是质量不稳定且不一致的数据。例如，在资产定价中，大多数时间序列数据具有明显的"跳跃"特征，或者使用经过评估或内插的价格数据，这本身会对数据分析造成重大挑战。

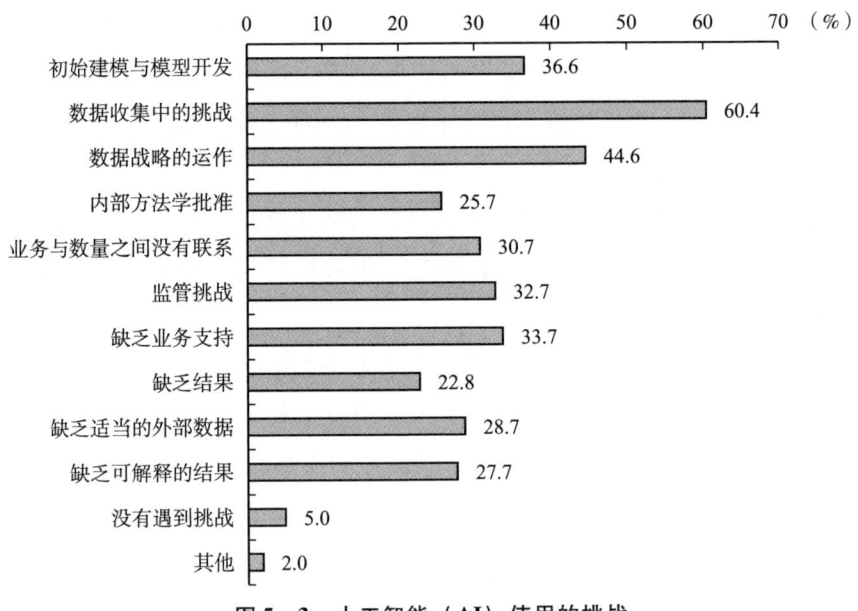

图5-3 人工智能（AI）使用的挑战

资料来源：作者团队调研。

5.4 人工智能在银行业务领域的应用

5.4.1 资本市场中人工智能的应用

如图5-4所示，尽管人工智能（AI）的使用倾向于以数据为中心，但与金融行业其他领域相比，它在资本市场的应用却超出了大多数人的预期。

我们的研究揭示的一些用例包括：

（1）NLP用于公司债券条款和条件数据库的构建；

（2）ML用于产量曲线和挥发性表面异常检测；

（3）用于产量曲线构建的ML；

（4）用于项目组合构建的EP；

（5）ML/EP用于极限优化。

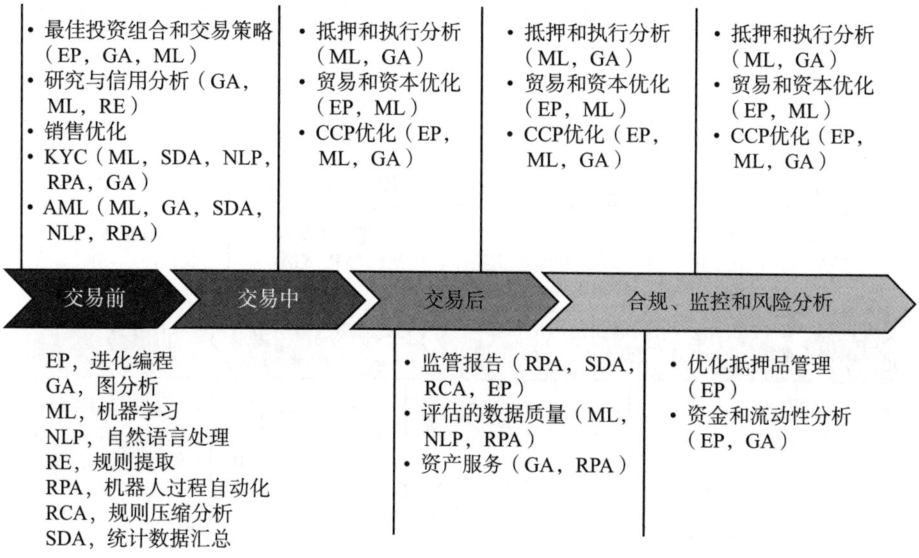

交易前
- 最佳投资组合和交易策略（EP, GA, ML）
- 研究与信用分析（GA, ML, RE）
- 销售优化
- KYC（ML, SDA, NLP, RPA, GA）
- AML（ML, GA, SDA, NLP, RPA）

交易中
- 抵押和执行分析（ML, GA）
- 贸易和资本优化（EP, ML）
- CCP优化（EP, ML, GA）

交易后
- 抵押和执行分析（ML, GA）
- 贸易和资本优化（EP, ML）
- CCP优化（EP, ML, GA）
- 监管报告（RPA, SDA, RCA, EP）
- 评估的数据质量（ML, NLP, RPA）
- 资产服务（GA, RPA）

合规、监控和风险分析
- 抵押和执行分析（ML, GA）
- 贸易和资本优化（EP, ML）
- CCP优化（EP, ML, GA）
- 优化抵押品管理（EP）
- 资金和流动性分析（EP, GA）

EP，进化编程
GA，图分析
ML，机器学习
NLP，自然语言处理
RE，规则提取
RPA，机器人过程自动化
RCA，规则压缩分析
SDA，统计数据汇总

图5-4　人工智能（AI）在资本市场业务线中的运用

资料来源：作者团队调研。

在传统的资本市场的核心领域中，如预测、风险衡量、定价、绩效分析和损益分析，人工智能的使用水平仍然相对较低。但是，这在很大程度上归因于现有的和完善的算法的可用性。笔者相信，我们已经看到人工智能在算法交易中（以及在算法交易流程本身的风险管理中）的广泛应用，提供了人工智能如何帮助弥合这一差距，成为将来采用人工智能铺平道路的一个例子。

5.4.2 财富管理中人工智能的应用

如前所述,资产组合优化和行为风险监控是人工智能工具在财富管理中使用最广泛的业务场量。全面应用标准资产组合优化和大数据分析技术在财富管理业务中的运用比较薄弱,这为基于人工智能技术的优化打开了大门,如图5-5所示,人工智能工具可以嵌入整个财富管理业务线中。随着银行在这一领域的成熟度不断加深,我们预计人工智能将扩大其覆盖范围。

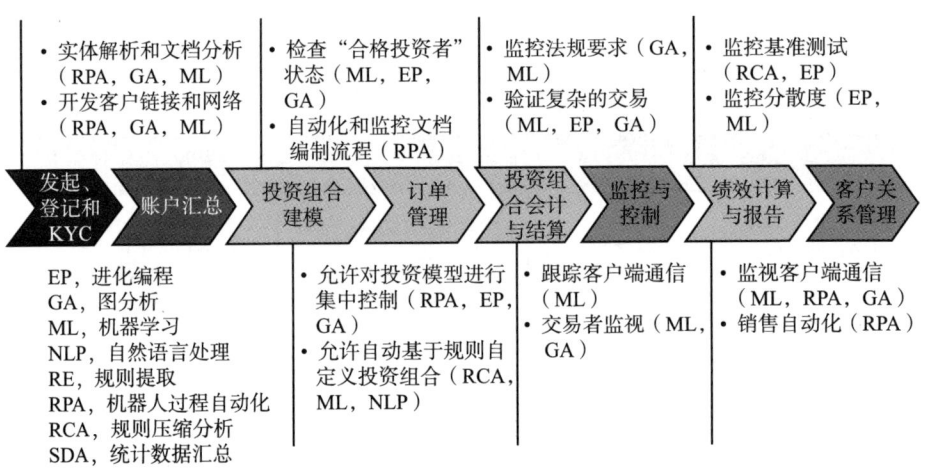

图5-5 人工智能(AI)在财富管理业务线中的运用

资料来源:作者团队调研。

5.4.3 零售银行中人工智能的应用

人工智能在零售银行业务中的应用已经很广泛,存在一些结构和法规上的界限(见图5-6)。我们观察到的应用案例包括:

(1)作为信用评分的组成部分。

(2) 客户细分和行为分析。

(3) 客户分析和客户风险分析。

(4) 用于项目组合构建的 EP。

(5) KYC/AML 支持（在细分和行为模型中）。

(6) 结合使用图分析和 ML 进行实体解析。

(7) 客户沟通管理和分析。

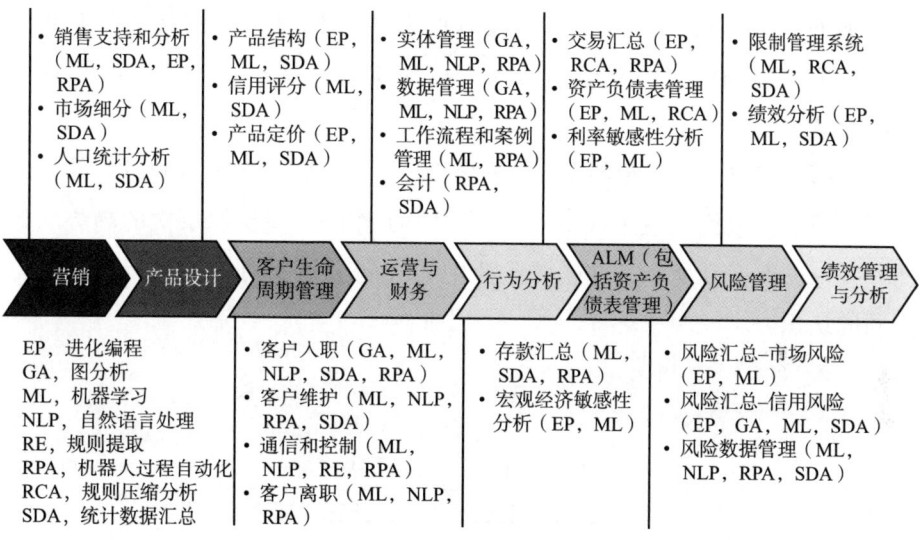

图5-6　人工智能（AI）在零售银行业务线中的运用

资料来源：作者团队调研。

5.4.4　企业银行中人工智能的应用

从复杂的合同到各种业务操作流程，非结构化数据遍布批发银行和商业银行的生态系统，但是，业务流程的数字化使批发银行的生态系统越来越适合人工智能和自动化。此外，非结构化数据在支持信用分析以及其他形式的风险分析中正逐渐发挥着越来越重要的作用。然后，可以使用人工智能在内部或外部（从供应商处）对这些非结构化数据进行适当地分析和打包。

5.5 人工智能在银行业务领域的发展趋势

人工智能项目的成熟度和部署是高度特质的,具体取决于相关的业务线的应用。在整个业务线中,人工智能工具正被用来解决源自大型非传统数据集的挑战。在非财务风险的情况下,持续的数字化促进了非传统数据的广泛可用性,这些非传统数据现在可利用人工智能。在本部分中,我们将仔细研究用户引用的人工智能工具实现所带来的当前和长期的特定优势。

本部分研究了人工智能工具在财富管理、零售、ERM 和 FCRM 部门中的实施情况,以说明在 KYC 和欺诈管理中工作的一些更深层次的趋势。如图 5-7~图 5-10 所示,金融服务业中的不同子行业对人工智能的好处有不同的认识。

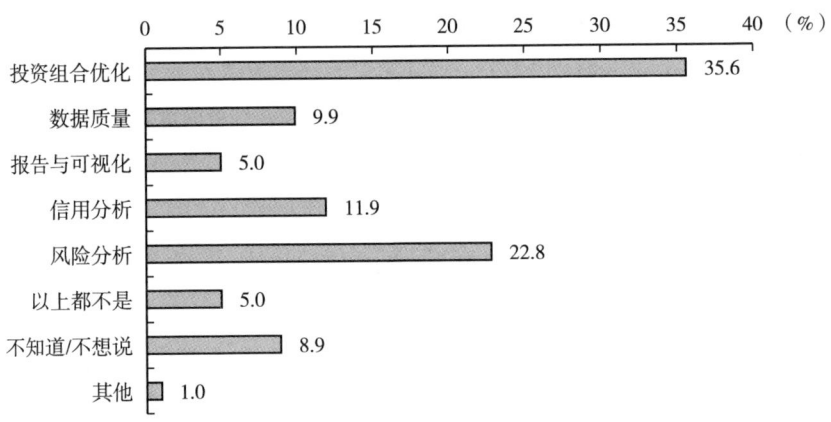

图 5-7　财富管理部门——使用人工智能(AI)工具可能会带来收益的领域
资料来源:作者团队调研。

5 | 人工智能在数字银行风险管理中的应用研究

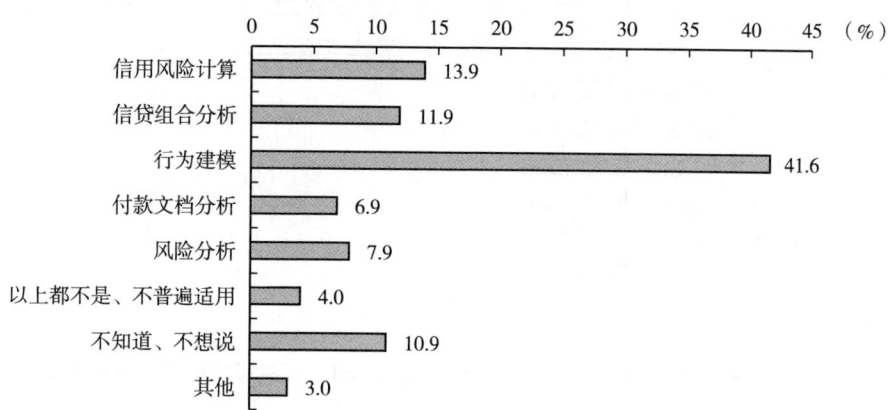

图 5–8　零售银行部门——使用人工智能（AI）工具可能会带来收益的领域

资料来源：作者团队调研。

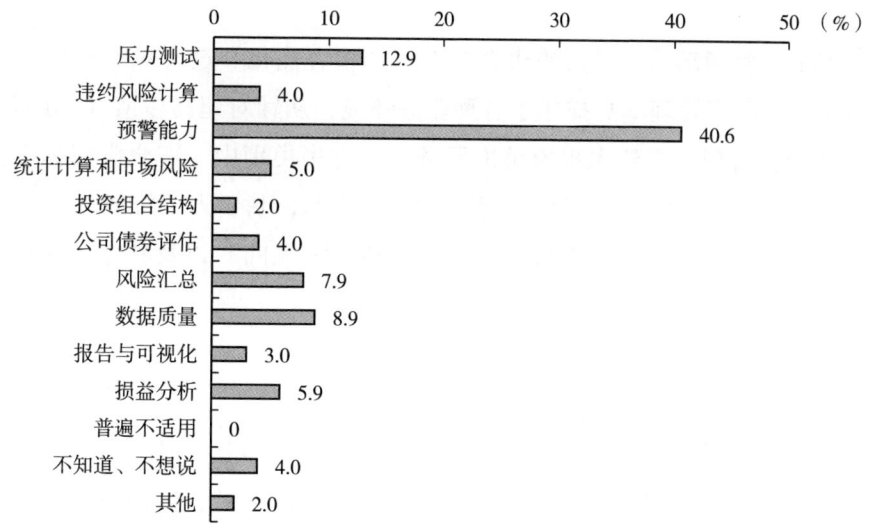

图 5–9　风险管理部门——使用人工智能（AI）工具可能会带来收益的领域

资料来源：作者团队调研。

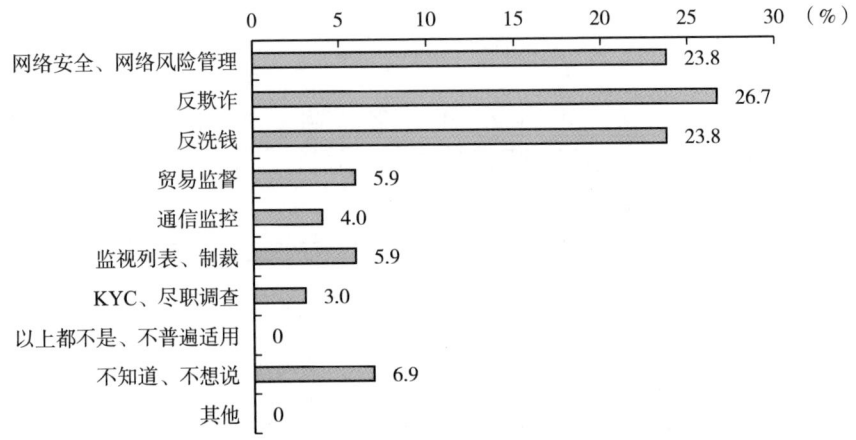

图 5-10 财务风险管理部门——使用人工智能（AI）工具可能会带来收益的领域
资料来源：作者团队调研。

5.5.1 财富管理部门

在财富管理部门，最大的机会是在资产组合优化和进行风险方面（见图 5-7）。财富管理本身描述了各种业务环境，从针对超高净值（UHNW）个人的资金管理一直到大规模精准服务。在许多类别中，完全应用标准投资组合优化和分析技术在经济上没有意义。因此，基于人工智能（AI）的优化越来越受欢迎，并且现在成为所有"机器人顾问"以及其他自动化或半自动化咨询服务的基础。

5.5.2 零售银行部门

在零售银行部门，行为建模是机构受益的突出领域，信用风险计算仅次于第二名（见图 5-8）。行为建模具有广泛的应用，并且是零售银行所有领域的基础要素，这包括管理欺诈、检查金融犯罪、管理信贷以及解决零售资产账簿的 ALM 和金库需求。同样，我们注意到 NLP 在数据和文档管理中的广泛使用。NLP 和 ML 还被用于管理事件，例如风险评级和审查的触发因素。

（1）NLP 和 ML 用于零售生命周期中的行为风险管理，最大限度地减少负面的客户互动和结果。

（2）人工智能的进步通过增加用于预警和风险审查的外部风险因素，提供了有希望的风险预警提升。

（3）在其他地方，当资本市场交易员将零售资产证券化时，例如住宅抵押支持证券（RMBS）和商业抵押支持证券（CMBS），迫切需要创建行为模型。这些可能非常复杂，具体取决于各种财务和非财务参数。它们可能包括宏观经济数据或特定的财产数据（例如抵押的性质或抵押的单个财产）或其他运营数据。机器学习技术提供了强大的引擎来整理这些各种类型的数据。

5.5.3 风险管理部门

在风险管理部门，人工智能技术的使用似乎集中在非监管应用上，例如预警信号的生成以及对"假设情况"的分析，而不是监管报告项目（见图 5-9）。一家大型通用银行的负责人说："他们使用人工智能来构建变化多端的业务情景库，他们可以用来扫描成千上万个基准结果和数百万个市场数据点，以查明值得关注的潜在领域。"对他们而言，ML 和 EP 的结合（即使用 EP 组件设置目标和界限）使他们能够使用市场基准、信用曲线和其他市场变量的不同排列来系统地考虑业务情景，并将其应用于整个机构。

5.5.4 财务风险管理部门

在财务风险管理部门，受访者看到了在反欺诈、反洗钱和网络安全应用中的最大好处，而 KYC 的兴趣日益浓厚（见图 5-10）。使用外部风险因素进行客户筛选以及在金融犯罪信号的管理上用于制裁筛选和交易监控的警报优先级排序框架方面提供了更大的弹性。

6

数字银行的数据治理研究

当前银行业正以推进数字化转型为契机,积极调整经营理念,优化经营机制,发展构建数字银行经营体系。完整的数字银行经营体系应覆盖三层:基础数据层、业务应用层和经营管理层。基础数据层涵盖底层数据平台,以及大数据、人工智能、云计算等技术支撑;业务应用层涵盖客户、渠道、产品、风控、运营等领域,面向产品和服务创新发展和应用;经营管理层涵盖决策管理、战略制定等。数字银行的三层体系中,数据是基石,基础数据层的建设是业务应用和经营管理的基础,为上层应用提供数据服务支撑,但是随着银行数据规模越来越大,数据来源越来越多样化,数据使用过程中暴露出来的问题也越来越突出,一旦缺乏高质量的数据和有效的数据治理,基础数据层就无法提供高质量的数据服务,无法充分释放数据价值,数字银行建设也就成为一纸空谈。因此,数据治理是银行数据价值充分发挥的保障,也是银行数字化转型的内在需要和必然选择。

6.1 银行业数据治理历程

6.1.1 国外银行业数据治理发展历程

20世纪七八十年代,国外银行数据主要来自银行内不同交易系统的

"密码箱",由此产生了独立零散的数据管理系统,主要用于存储交易数据,同时又加入了部分基础数据管理功能,由此数据管理逐渐被人们所认知,并在后来 20 多年时间里得到了快速发展。其间又出现了致力于数据管理、实践及相关知识体系建立的 DAMA(data management association)体系,用于提高银行数据管理水平,协助解决业务发展中遇到的数据挑战和问题。进入 21 世纪,用于数据能力成熟度评估的 DMM(data management maturity)模型开始应用于国外银行及各大企业,DMM 涵盖了数据管理战略、数据质量管理、数据操作、数据平台和架构、数据治理、支撑流程六大职能,数据作为银行重要资产由单一数据管理模式逐步迈向了全流程数据治理。

国际上银行数据治理大致经历了四个不同阶段:应用程序阶段、企业存储库阶段、策略阶段和大数据阶段。

1. 应用程序阶段(1960~1990 年)。

在此阶段,大部分银行为了更高效地支持交易业务处理,减少在订单处理、平衡总分类账等工作的人力投入,纷纷建立了一系列数据处理系统,数据被视为业务系统运行产生的副产品,除了业务交易中和业务应用程序使用之外,并没有过多使用价值。因此,数据没有被视为有价值的共享资产,数据价值的实现仅局限于业务范畴之内。

在数据管理方面,部分银行尝试通过企业数据模型来管理数据,但却受到了两个因素的限制:一是缺少组织架构支持和相应授权保障落地执行;二是由于封闭应用系统缺乏灵活性和开放性,导致进行数据管理活动时效率低下。因此,当时通过企业数据模型进行数据治理的想法主要是一种学术探索。

2. 企业存储库阶段(1990~2005 年)。

从 20 世纪 90 年代初,大多数银行已经开始意识到数据资产的重要性,数据价值已不仅仅体现于业务范畴。例如,决策越来越依赖于数据分析,通过数据也可以优化管理流程。同时,银行的数据来源也更为多样化、分散化,数据难以被高效统一使用,于是数据大集中需求开始出现,银行通过建立如数据仓库、数据湖等大型企业存储库来解决相关问题。但出于成本考虑，该阶段银行的企业存储库建设主要围绕核心业务的数据进行。由于相关数据管理活动在不同系统上进行，所以数据治理通常围绕单个企业存储库进行。例如，数据仓库或 ERP 系统的数据治理。严格意义上讲，在企业存储库时代，数据治理是一种非正式的治理模式，缺乏清晰的组织架构、全局治理规划目标、明确定义和执行的制度流程。

3. 策略阶段（2005~2010 年）。

在此阶段，随着银行业务呈现多样化和复杂化，通过建立企业存储库已难以满足银行对数据灵活组合使用、高质量分析挖掘、可视化呈现的需求，最终无法对业务的灵活开展实现快速响应。

一些银行意识到这一问题后，开始摸索用不同方式解决数据和业务的矛盾，率先组成了以业务价值驱动为主导的数据治理组织对数据资产进行管理，并制定了协作流程管理对业务开展至关重要的核心数据，并采用了以策略为中心的数据模型、数据质量标准、数据安全和数据生命周期管理方法，而非建立更大、更复杂的企业存储库。例如，建立以数据驱动业务发展为导向的治理策略等，加强引导数据对业务场景的支撑分析等，企业存储库开始转向构建在集成企业数据策略基础上的数据治理平台。

在此阶段，国际上部分领先银行已形成了将数据扎根于业务的方方面面，引入数据治理体系建设的强大文化，并利用 DMM 数据成熟度模型定期从数据管理策略、数据管理、数据质量、数据生命周期、平台架构、流程支撑六大领域评估数据治理成熟度，推动数据治理向前发展，提升数据在银行业务、流程、管理、决策方面的价值发挥能力。

4. 大数据阶段（2010 年~）。

伴随着全球互联网、物联网、移动端等信息技术的发展和普及，自 2009 年后，全球数据规模出现爆发性增长，根据互联网数据中心（IDC）作出的评估，数据量一直都在以每年 50% 的速度增长，也就是说每两年就增长一倍（大数据摩尔定律）。人类在最近两年产生的数据量相当于之前产生的全部数据量，截至 2022 年，全球所拥有的数据量将达到 61.2ZB！

相较于 2010 年（988EB），数据量将增长近 63 倍。据 IDC 发布的报告《数据时代 2025》显示，全球每年产生的数据将从 2018 年的 33ZB 增长到 2025 年的 175ZB，相当于每天产生 491EB 的数据，全球已经进入大数据时代。银行作为最依赖于数据的行业，面对庞大且快速增长的数据量，以及大量文本、视频、图片等非结构化数据，对银行数据治理提出了新挑战。2013 年，巴塞尔委员会发布的《有效风险数据加总和风险报告的原则》，搭建起了系统重要性银行风险数据治理的总体框架，主要涵盖了总体治理、数据 IT 基础设施、风险数据加总能力、风险报告能力等数据治理要求。2018 年欧盟出台的 GDPR 条例，对银行数据治理及数据安全也提出了更高、更明确的目标。

国际上，摩根大通、花旗银行、德意志银行等大型商业银行，为了应对大数据所带来的挑战，已从以策略为中心的数据治理模式转向自动化、智能化、工具化为特征的数据治理模式，并寻求在监管合规、元数据管理、主数据管理、数据标准、数据质量、数据安全、数据共享、数据生命周期等传统数据治理领域之外更广泛的治理模式，推动数据治理和公司治理相互融合。例如，部分银行利用精准高效的数据分析进行公司战略规划、商业运营流程优化、内部组织管理优化等，赋予数据治理打造全流程数字化银行的使命。

6.1.2　国内银行业数据治理发展历程

为了推动银行业充分挖掘和利用数据价值，我国出台了一系列有关数据治理的政策法规（见表 6-1）。

表 6-1　　　　2003~2019 年有关数据治理的政策法规

时间	内容
2003 年	中国银监会提出"1104 工程"

续表

时间	内容
2004年	《银行业监管统计管理暂行办法》
2008年	中国银监会首次提出EAST监管系统概念,EAST系统于2012年立项
2011年	中国银监会发布《银行监管统计数据质量管理良好标准》
2011年	中国银监会发布《中国银行业信息科技"十二五"发展规划监管指导意见》
2012年	《商业银行资本管理办法(试行)》
2017年3月	中国银监会发布《银行业金融机构监管数据标准化规范》,对检查分析系统(EAST)做进一步升级,要求金融机构自2017年7月正式执行该监管规范的最新版本EAST3.0
2018年3月	中华人民共和国国家质量监督检验检疫总局、中国国家标准化管理委员会发布《数据管理能力成熟度评估模型》(GB/T 36073—2018),2018年10月1日起已实施,适用于全行业
2018年5月	中国银保监会发布《银行业金融机构数据治理指引》,明确要求各银行业金融机构开展数据治理,充分发挥数据价值
2019年5月	国家市场监督管理总局、国家标准化管理委员会发布《网络安全等级保护制度2.0》
2019年5月	国家网信办发布《数据安全管理办法(征求意见稿)》
2019年8月	中国人民银行印发《金融科技(FinTech)发展规划(2019—2021)》,再次提出银行业金融机构要加快完善数据治理机制,加强金融科技对金融创新发展的赋能作用
2019年	《中国银保监会银行业金融机构监管数据标准化规范(2019版)》发布,进一步修订了EAST3.0在数据结构、校验规则、采集模式、数据质量方面的要求,提出了EAST4.0规范

资料来源:作者整理。

结合监管部门发布的数据治理相关政策法规背景,中国银行业数据治理经历了三个阶段:

第一阶段:2003年银监会启动"1104工程",逐步将现场检查与非现场监管分离,合理配置非现场监管人力资源,进一步加强非现场监管力量,对银行业金融机构的数据信息进行持续、系统的监测和分析,提高监管能力和效率。"1104工程"是建立有效银行监管体系的重大举措,在此背景下,国内各商业银行及全国股份制银行等银行机构开始重视银行内监管信息报送系统的建设,围绕监管所需报送的基础报表、特色报表、监管指标等相关数据,银行机构对数据内容、数据质量管控等流程进行了规范约束,形成了以"监管报送"为主要内容的数据治理初期需求。

第二阶段:随着国内金融市场改革发展,为了进一步提高对银行业金融机构现场检查的力度和效果,2008年银监会首次提出了EAST监管系统概念,2012年EAST1.0开始试点报送。由于EAST监管报送涉及的数据范围和领域更广,国内银行纷纷扩大了与报送领域相关的数据治理的建设和系统平台的建设,在此阶段,大部分银行依托数据仓库,主要围绕业务场景,开展了数据标准规范化建设,在将规范化的数据应用于监管报送的同时,逐步扩大数据在业务发展和精细化运营中的分析应用。

第三阶段:近几年银行对数据治理作为银行数字化战略转型基础的认识更为深入,并开始积极探索适合本行的数据治理道路,持续扩大数据治理领域。2018年,银保监会发布的《银行业金融机构数据治理指引》(以下简称《指引》),对国内银行业金融机构开展数据治理提出了更加明确而具体的要求,旨在指导银行业金融机构加强数据治理,提高数据质量,发挥数据价值,提升经营管理能力。国内银行数据治理从面向"监管"为主转向全面关注"数据安全管控""数据质量提升""数据价值发挥"等领域,目前大部分银行已制定了与数据治理相关的制度规范,设立了数据治理职能部门,从被动治理转向主动治理模式。

6.1.3　国内银行业数据治理方式

数据治理是一项复杂、长期、系统性的工程,涉及思维、方法、组织、系统工具等多方面要素。国内银行在开展数据治理时,较多联合专业咨询公司进行数据治理方案的咨询和规划实施,并以此制定适合本行经营管理目标的数据治理体系框架。同时,借助数据仓库或数据集市的建设,将数据管理工作的重点转向深层次的数据治理,如推动全行数据标准化、加强数据质量管理、防范风险发生、加速业务创新、提高精细化运营和更好地满足监管要求等。

6.2 银行数据治理概述

6.2.1 银行数据治理的发展

银行开展数据治理工作的时间普遍较晚,起步于"十一五"初期,发展于"十二五"期间,总体来看,银行数据治理工作大致分为三个阶段:

第一阶段:"十一五"之前,中小银行的数据治理主要集中在监管报送领域。"十一五"开始,国内银行业市场化改革程度不断深化,银行业务发展进入快车道,在一些经济发达区域中,部分资产规模和业务规模较大的银行,开始面临数据管理难题,率先提出了数据治理的需求。例如,在江浙沪地区部分规模较大的城市商业银行,开始采用与大型商业银行相同的数据治理策略和实施路线,旨在提升数据资产管理和利用能力。

第二阶段:"十二五"期间,银监会发布了《银行监管统计数据质量管理良好标准》,EAST监管系统也逐渐在各行落地,大部分银行开始意识到数据治理的重要性,开始与专业咨询公司合作探索数据治理发展道路。例如,部分银行开始设立"数据治理委员会"作为数据治理牵头部门,负责全行数据治理工作的开展;部分银行从监管要求入手,重点治理数据标准缺失和数据质量不高的问题,设立专职部门负责数据标准建设和质量提升工作。

第三阶段:面临银行数字化加速转型和监管政策要求,开展数据治理工作已成为银行的共识,超过80%的银行将数据治理纳入公司治理的范畴,将数据治理提升至公司战略高度,并积极建立数据治理组织架构、数据标准。

6.2.2　银行数据治理的特点

1. 数据来源越来越多样化、丰富化。

在大数据时代，伴随移动支付、互联网金融、征信体系的成熟，以及银行业务发展进一步下沉，银行的数据来源从以核心系统、信贷系统等为主的内部数据，逐步扩展至从外部机构引入大量外部数据，如第三方征信数据、银行间交易数据、运营商数据、互联网数据、宏观经济数据、市场竞争数据等，形成了目前内外部数据共存，结构化和非结构化数据共存，外部数据重要性日益突出的特点。

2. 数据完整性及数据交叉验证性不足。

相比大型银行，国内中小银行在数据来源和数据采集方面处于劣势，导致数据完整性及数据交叉验证性不足。例如，大型银行在收集个人客户信息时，可在客户从分支行申请办理不同业务时，进行多维度、多批次的信息收集，最终形成较为完整的客户基本信息、联系信息、管理信息、关联信息、评价信息、风险信息、财务信息等，这些丰富、完整的数据汇总在一起，又可互为交叉验证数据的真实性、准确性，从而降低欺诈风险的发生。而中小银行往往受限于区域发展和业务种类单一的现状，在自身数据收集完整性及数据交叉验证性上较为薄弱。

3. 数据分散、杂乱，孤岛问题突出。

在应用系统建设初期，由于大多数银行缺少系统性、前瞻性的规划，且缺乏业务部门和科技部门的协同规划，最终造成系统建设较为分散、自建系统和外购系统不兼容的问题，从而导致银行内数据分散、杂乱，数据孤岛问题突出，关联性差。

4. 数据采集手段没有完全数字化，外部数据难以实现本地化匹配。

在数据采集层面，大多数银行呈现出内部客户数据缺乏，外部数据难以实现本地化匹配的状况。具体而言，在银行内部数据采集手段普遍落后，在众多业务场景没有实现全面的数字化，仍存在大量的纸质及手工操作，导致数据无法以数字化方式留存于系统中，最终难以数据建模，从而无法对客户进行多维度分析；在外部数据接入使用方面，一方面外部数据平台由于业务区域限制不一定满足银行区域性客户数据的需求，另一方面银行作为金融机构对外部数据的真实性和可靠性要求较高，同时外部数据源的快速接入和统一管理对技术能力要求较高，这些都导致了银行外部数据使用上的困难。

6.2.3 银行数据治理的目标与价值

在全球经济放缓、利率市场化加速、金融脱媒，以及互联网金融等新金融快速发展的背景下，银行业加速推进数字化升级，发展数字银行是必然趋势。银行要应对这些挑战，就必须转变经营管理思路，提升经营管理效率，实现以数据为驱动的精细化智慧经营，同时重视内外部数据在客户、渠道、产品、风控、运营等业务应用方面的价值挖掘和使用，加强数据治理工作不仅可以帮助银行打好数据基础、提升数据质量、挖掘数据价值，为实现数字化银行转型提供有效支持，同时做好数据治理、保证监管报送数据质量、满足监管机构的相关要求也是银行满足政策要求和合规性要求的必备条件。开展数据治理给银行带来的价值主要体现在以下几方面：

1. 提升银行运营管理水平。

银行在数据治理中通过对数据价值的不断挖掘，如利用大数据分析技术在网点投放、营销获客、服务提升、费用报销等领域帮助银行识别冗余、低效的流程环节，进而加以改进，最终达到提高运营效率、降低成本的目的。

2. 提高银行风险管理能力。

2019年前9个月，银保监会系统共做出行政处罚决定2912件，处罚银行保险机构1575家次，处罚责任人员2091人次，罚没金额7.75亿元。[①]

---

① 银保监会：前9个月处罚银行保险机构1575家次罚没金额7.75亿元［EB/OL］. https：//baijiahao.baidu.com/s? id=1647997609596736876&wfr=spider&for=pc，2019-10-21.

在监管制度日趋严格的环境下，银行在经营中面临更大的风险管理压力，例如在合规、反洗钱、反恐和反制裁融资等方面，银行需要投入更多资源和系统来做好风险管控；在经济下行和金融市场波动情况下的银行面临更大的流动性风险等。银行需更加关注客户可能存在的信用风险、流程管控缺失带来的操作风险、市场波动所带来的市场风险以及政策合规性等方面的风险，通过加强对相关风险因素的数据挖掘分析、分类识别、提前预判，从而有效地防范和降低风险的发生，为中小银行持续稳健经营提供保障。

3. 更好地服务于银行决策和客户服务。

面对竞争压力，银行数字化转型势在必行，而转型的关键是融合数据、新技术、新思维来深挖客户需求，提升客户体验，提供个性化、差异化的产品和服务创新。此外，通过科学化决策和精细化运营有助于提升银行总体盈利能力，避免同质经营。

6.3 银行数据治理现状

6.3.1 银行数据治理调研与分析[①]

分别从区域位置、银行资产规模、数据治理架构、数据标准应用、数据价值应用等五个维度来定量研究银行数据治理现状。

1. 从区域位置看。

不同区域的中小银行数据治理情况差异性明显。银行中数据治理情况最好的主要集中在华南地区、华中地区以及华东地区的江、浙、沪地区，数据治理情况较差的则主要集中在西北地区，以及华东地区的非江、浙、沪地区。

---

① 中国银行业协会. 中小银行数据治理研究报告 [R]. 2021.

在区域维度下，结合数据治理架构、数据治理工作开展情况、数据管理、数据质量控制、数据价值实现五个维度来看，华北、西北、华东地区银行在数据质量控制上普遍不够理想，西北地区银行在数据治理架构上相对落后；东北、华北地区银行在数据价值实现上不够理想；华南地区银行数据治理开展情况比较领先，东北地区相对落后；华南、华中地区的银行在数据管理上比较领先。

2. 从银行资产规模看。

在资产规模维度下，结合数据治理架构、数据治理工作开展情况、数据管理、数据质量控制、数据价值实现五个维度来看，资产规模较大的银行在五个维度的得分情况均好于中小资产规模的银行；但中小银行在数据质量控制方面均表现得不够理想，数据治理工作开展情况得分以受访银行大、中、小资产规模依次递减。

3. 从数据治理架构看。

数据组织架构是保障数据治理工作长效开展的组织和管理机构。根据中国银行业协会的统计，目前超过 2/3 的银行已经成立数据组织架构，其数据治理水平明显好于尚未成立数据组织架构的银行。[①]

4. 从数据标准应用看。

数据标准是数据质量建设和数据应用的核心基础，目前大部分银行都已开启了数据标准化工作。完全没有数据标准应用的银行仅占 5%，其数据治理水平远低于业界平均水平，同时还存在较多其他数据治理问题。例如：在数据使用过程中，数据质量问题频发，基础数据质量不稳定；数据口径不一致，业务上难以利用；对数据治理重视程度不高，标准化工作进展缓慢等。

5. 从数据价值应用看。

数据治理的目的是让数据更好地发挥价值，提高银行在业务经营、风险管理和内部控制等方面的精细化管理能力和产品服务创新力，提升银行盈利能力和竞争力，实现真正意义上的数据驱动业务发展，推动银行数字

---

① 中国银行业协会. 中小银行数据治理研究报告［R］. 2021.

化转型。银行的数据价值应用大部分集中在监管数据报送、经营决策分析和风险管理监控三方面。从数据价值应用和数据治理平均得分来看，数据价值应用能力较好的银行，数据治理水平也普遍高于数据价值应用能力较差的银行。

6.3.2 银行数据治理的痛点

经过近几年业务高速增长，银行积累了大量丰富的数据资源，如何科学、高效地管理这些数据资源、利用数据提升盈利能力，成为越来越多的银行关注的问题。但数据治理是一项长期、复杂、烦琐的工程，且涉及较多领域，多数银行在开展数据治理时面临诸多痛点。

1. 缺少清晰的数据治理意识。

（1）各部门重视度不够，治理意识不强。数据治理是一项全局性工作，需要行内各部门相互协作，相互配合。根据中国银行业协会的统计，约占21%的银行对数据治理重视程度不够，各部门协同推进困难，行内数据治理意识不强，造成数据治理工作开展困难。[①] 主要表现为：

①部分银行业务部门数据治理参与程度不高，信息科技部门在系统建设时对业务部门的数据需求缺少考虑，部门之间配合度较低；

②部分银行对数据治理重视不够，对数据治理的认识还停留在报表报送阶段；

③缺少主动数据治理意识，相比风险合规、反洗钱等强制要求，日常工作中缺少数据治理意识，事后被动工作大于事前主动预防；

④业务条线人员重业务轻数据治理，不了解数据治理的重要性和基础性作用。

（2）数据治理架构不清晰，职责划分不明确。根据中国银行业协会的调研发现，尚未成立数据治理组织架构和正在筹建中的中小银行占受访银

---

① 中国银行业协会. 中小银行数据治理研究报告 [R]. 2021.

行总数的26%，且存在数据治理架构不清晰、职责划分不明等问题，主要表现为①：

①存在数据多头管理的现象，数据治理组织层次和职责边界不明确；

②数据的归口管理部门难以确定，部分平台类系统数据和共用的数据存在有人使用、无人管理，数据认责、流程不明等问题；

③业务部门只希望作为数据使用部门，而非数据管理部门，推动数据职责落实难度较大；

④部分数据治理工作涉及多个业务部门，但对该类业务无明确的认责机制，无法确定牵头管理部门。

（3）数据安全管控难，缺少数据安全意识。数据安全是银行的生命线，数据安全管控的实质是采用措施保护银行数据资产，杜绝因偶然或恶意侵犯致使数据资产遭受破坏、篡改及泄露。数据安全是银行各项业务开展的基础，也是满足合规性运营的基本要求。

在数据安全管控方面，大部分的银行在测试和生产环境之间做了有效隔离，同时对数据访问进行了权限管控；半数的银行建设了数据安全管控系统，但仅有少量银行制定了完善的数据安全管理制度；数据安全培训及宣传力度不够，致使大部分银行对银行内数据安全认识不全面、不深刻，造成了数据安全管控难。

同时，在认为应优先开展的数据治理工作银行机构中，仅有少量的银行选择了数据安全管理，折射出银行对数据安全管理普遍重视程度不够，缺少数据安全意识。

2. 缺少科学的数据治理实施路径。

（1）数据治理重视度低、投入大、开展难。由于大部分银行的数据治理开展较晚，且多以被动治理为主，对数据治理的价值认知不深，重视程度低，加之数据治理是一个长期过程，投入大，短期很难看到成效，导致数据治理在银行开展较为困难，主要表现为：

---

① 中国银行业协会. 中小银行数据治理研究报告［R］. 2021.

①对数据治理投入的资源不足，不重视数据治理人才培养，缺少相应数据治理培训；

②由于缺少数据治理经验，部分银行在投入了大量资金和人力后，数据治理并未取得预期成效，导致后续数据治理推进工作困难重重；

③银行普遍缺少贴合自身实际需求的方法论和实施路径，又无法完全照抄大型银行的数据治理方案，只能在数据治理的道路上摸索前进。

（2）数据质量低下，导致数据分析结果不可信。数据治理过程中痛点最多的是数据标准落地，存在数据质量提升困难，约有1/4的银行存在此类问题，主要表现为：

①缺少全行统一、完整的数据标准。例如，对客户、账户、渠道、产品等关键信息标识缺乏标准化定义和管理，字段命名不规范；统计指标及口径依靠业务人员经验而定，缺少统一口径；数据标准的发布无法跟上业务系统的开发速度，系统建设没有统一的参照指引，导致缺乏统一标准，数据一致性无法保障；外部数据引入后，缺少相关数据标准执行。

②旧系统改造耗时耗力，新旧源系统数据质量参差不齐。例如，部分银行仅在新系统中按照数据标准建设实施，旧系统因风险、费用、历史等原因致使改造困难，还有部分银行的系统及建设主要以外包第三方为主，造成在营销分析或风控分析等场景下，从各个源系统取数的准确性和一致性难以保障，影响最终决策分析。

③缺少基于全行数据标准之上的数据质量检核，导致数据质量差。例如，部分银行数据标准体系建设缺少统一标准，数据质量建设进度缓慢，造成基础数据质量不稳定。

（3）缺少有效的数据治理工具。根据中国银行业协会的统计，约1/4的银行在数据治理中缺少有效的系统支撑工具，大部分银行仅在监管数据报送领域实现了信息化支撑工具，其他领域则较多依赖人工管理，造成数据治理人力投入大，数据治理效率较低，效果往往也不尽如人意。① 主要表

---

① 中国银行业协会. 中小银行数据治理研究报告［R］. 2021.

现为：

①缺少数据质量监控工具和数据质量提升工具，数据质量把控和问题处理跟踪难度较大，造成数据质量问题重复发生，数据质量提升困难；

②缺少有效的数据管理系统支撑，数据标准、数据质量的闭环管理流程均依靠人工流转，管理范围有限，效率较低；

③无法快速获取元数据，对于全行数据资产分布、数据分布、数据血缘关系、数据质量等情况无法及时准确获取，造成业务分析和数据问题诊断困难；

④缺少数据治理管控平台，可行、实用的治理工具及应用工具不够丰富，无法有效推动数据治理工作开展。

（4）既有系统改造困难，存量数据难治理。银行早期建设的业务系统，难以满足当前数据治理需求，而改造既有老旧系统则涉及风险、成本、业务等因素，因此存在老旧系统内存量数据梳理困难、整改困难的问题，主要表现为：

①受限于成本、风险等因素，既有老旧系统难以推动改造，数据质量的提升存在极大困难。

②部分老旧系统数据与现有数据标准不一致，系统改造工作量大、耗时长，导致数据标准的实际落地效果不理想。

③由于历史原因造成部分数据缺失或错误数据，例如，早期对客户信息录入把控不严，造成客户信息缺失或错误；业务系统建设时考虑不周全造成后期数据质量问题频发等。上述问题整改带来的数据补录和系统改造工作量大且涉及面广，造成数据治理面临巨大困难。

3. 缺少专业的数据治理人才队伍。

（1）缺乏专业数据治理团队。部分银行全行没有专职数据治理岗位和人员，仅设置了兼职岗位，数据治理人力资源投入不足，主要表现为：

①部分银行数据治理为单兵作战，未形成专业数据治理的团队化、部门化；

②缺少专职对口人员，甚至缺少兼职的数据治理接口人员，难以持续

集中解决或跟踪问题。

（2）缺少复合型数据治理人才。针对开展的业务范围和业务对象，银行缺少既懂业务又懂数据治理的复合型人才，主要表现在：

①业务部门数据治理人员缺乏科技或数据背景，统计人员主要以财务专业为主，不懂信息数据管理等；

②在业务开展时，数据治理人员对业务特点和业务流程不了解，仅从数据本身考虑如何治理，与业务特点和业务发展不协调。

6.4 银行数据治理未来展望

6.4.1 形成科学的数据治理工作机制和实施路径

1. 完善数据治理组织架构和制度。

（1）构建数据治理组织架构。

《指引》第二章第八条明确要求：银行业金融机构应当建立组织架构健全、职责边界清晰的数据治理架构，明确董事会、监事会、高级管理层和相关部门的职责分工，建立多层次、相互衔接的运行机制。

银行可根据内部实际管理情况划分，从决策层、管理层到执行层分级、分层设置数据治理部门和专职岗位，构建和完善数据治理组织架构和岗位职责，例如：

①决策层：数据治理管理委员会即为数据治理的决策层。作为全行数据治理工作的决策机构，组长可由负责数据治理的主管行长担任，成员由相关部门总经理担任，或者银行在已有的信息化管理委员会中设置数据治理办公室。总之，决策层主要为数据治理工作规划战略目标、年度目标、进行资源协调等，还负责实施问责、制定激励机制，负责牵头搭起全行的数据治理体系框架，负责行内重大数据治理事项的协调和决策，确保数据

治理资源合理配置。

②管理层：银行数据治理综合管理部门为数据治理管理层，是全行数据治理工作的管理机构，向数据治理决策层负责，负责制定与数据治理相关的政策、流程、组织、职责，负责数据治理相关的日常管理工作，组织和牵头数据治理建设，管理、评估各部门和信息技术系统的数据治理工作。

③执行层：数据治理执行层是银行数据治理日常工作的执行机构，向数据治理决策层负责，可由业务部门和科技部门共同组成。在数据治理过程中，执行层参与、配合数据治理的日常工作，并根据数据治理管理层要求，负责落地执行数据标准、数据质量等内容，执行数据治理要求。

（2）健全数据治理各项制度流程。数据治理涵盖数据治理架构、数据管理、数据质量控制、数据价值实现、监督管理多个领域，各个领域都需有相关的制度流程来保障约束，并贯穿执行于日常数据治理工作中，在潜移默化中逐步形成行内数据治理氛围，实现数据治理工作的标准化、规范化。数据治理规章制度可以从政策、制度、细则和规范等四个方面的内容来制定：

①数据治理政策。明确数据治理的工作意义及工作目标，明确总行、各分支机构在数据治理工作中的职责分工和工作要求。数据治理政策主要涵盖：数据治理战略规划、数据治理范围、数据治理要求和工作目标，以及数据治理问责及激励机制等。

②数据治理制度。数据治理制度应涵盖数据标准、数据质量、元数据管理、主数据管理、数据模型、数据安全、数据生命周期管理、数据安全共享等各领域的管理办法，明确数据治理的主要工作内容和工作要求、职责分工，同时也要明确数据治理各领域涉及的数据管理制度，例如在数据标准管理制度中，涵盖了数据标准制度、数据标准体系、数据标准的主体构成等。

③数据治理细则。数据治理细则应包括数据标准、数据质量、元数据管理、主数据管理、数据模型、数据安全、数据生命周期管理等各领域的实施细节以及工作活动细节。其主要内容包括：数据治理各个领域涉及工

作环节的主要工作内容、主要负责人、数据治理产物、数据治理效果评估等。

④数据治理规范。数据治理规范应包括数据标准、数据质量、元数据管理、主数据管理、数据模型、数据安全、数据生命周期管理等各领域的技术和操作规范。主要目的是明确数据治理的关键概念，明确数据治理领域架构、内容、技术要求，为数据治理领域内容建设和执行等提供参考依据和评判标准。数据治理规范适用于总行各部门、各分支机构和各应用系统，主要内容包括各类专项技术或操作规范，例如，数据标准规范定义了标准规则、标准管理、标准应用等；数据质量规范明确了数据质量术语定义、评估维度和规则、技术要求、管理的职责和流程；数据生命周期管理规范明确了数据生命周期管理原则，包括数据在线、归档等各个环节的保留周期、清理及销毁策略。

2. 科学规划数据治理发展路线。

银行在制定数据战略与规划时，需要结合自身实际情况和贴近业务场景，必要时可引入专业咨询公司或借鉴其他行数据治理成功经验，科学规划数据治理发展路线，明确数据治理优先级，规划制定具体实施细则，集中投入资源，夯实数据治理基础工作，激励全行一致努力达成数据治理目标，并将取得的成绩及时传达至行内高管及全行员工，以增强工作信心，切实推动行内数据治理稳步向前发展。由于银行间的发展具有较大差异性，针对不同资产规模的银行，在规划数据治理发展路线时，建议如下：

（1）小资产规模的银行。以解决突出的实际数据质量问题为切入点，按照问题严重性和类别将数据质量问题归集至高、中、低三档，优先解决影响监管报送和经营管理的高危问题，由点到面为后续开展专项数据治理项目奠定基础。

（2）中等资产规模的银行。总结数据治理成果，开展调研确定专项治理的工作目标。以项目制形式定期开展符合本行战略目标和经营目标的数据治理专项工作，形成职责明确、架构清晰的数据治理组织架构，逐步将定期工作转化成日常工作，并引入数据治理考核。

（3）大资产规模的银行。采用咨询与实施相结合的方式，通过咨询服务建立适合本行发展和符合监管的数据治理体系架构，梳理和补足体系中各板块缺失的数据治理内容，以合适的实施路径图形成有计划、有目标的落地策略。选择合适的厂商依照计划逐步开展各项数据治理工作，形成长效合作机制，同时应将数据治理与员工考核挂钩，辅以企业内部宣贯和培训，逐步提升企业数据治理意识和能力。

6.4.2 强化数据管理能力提升

随着银行业务发展、数据量快速增长、数据结构样式及系统复杂性增加，仅仅依靠传统手工和人工的方式管理和维护繁杂的数据变得难度更大，数据管理风险也不断增加；银行也正在不断探索、挖掘海量数据中的价值，如果缺少先进的配套技术和支撑工具，就很难适应大数据时代对数据资产风险管控、高效管理、价值挖掘的高要求。

在数据治理过程中，数据架构管理、数据标准管理、数据质量管理、元数据管理、主数据管理、数据安全管理、监管信息报送以及数据全生命周期管理，是涉及领域最复杂、最耗时、技术性最强的治理环节，主要体现在：专业门槛高，缺少相关数据治理支撑工具，在手工治理方式下，效率低，出错率高；缺少统一的大数据平台和管控平台，数据难以实现集中管控；数据管理的自动化、智能化程度低，扩展性差，无法灵活应对业务场景复杂化和多样化的趋势。

面对上述难点，银行应强化数据管理能力，积极拥抱先进成熟的金融科技成果，利用配套的系统支撑工具，加快夯实数据治理基础，在此基础上，实现数据治理自动化、智能化、高效化，将数据管理人员和分析人员从复杂烦琐的基础环节中解放出来，更好聚焦在业务应用和经营管理上。

1. 数据架构管理。

数据架构作为数据治理体系中的数据基础层，涉及数据平台、数据模型、数据分布等，是服务于数据管理和应用的底层技术支撑架构。银行在完善数据治理保障机制的前提下，可根据数据治理规划路线图和监管要求，推动建立全行统一的大数据平台和数据仓库，将各业务部门分散的数据进行集中管理，解决"数据孤岛"问题，实现数据高效流转共享及数据统一化、标准化管理，为未来开展各领域数据治理工作夯实数据架构基础。

基于统一的大数据平台和数据仓库，银行不仅具备了全面清晰地了解行内数据资产及分布的基础，并可利用大数据技术应对数据的快速增长和数据类型增多所带来的存储、计算方面的挑战，还可以帮助银行进行高质量的数据模型建模和管理，主要体现在：

（1）更科学、合理地进行数据模型设计管理。

基于统一的大数据平台和建模工具，在数据仓库及数据集市建模中，可以更好实现概念数据模型、逻辑数据模型、物理数据模型的设计一致性、稳定性，以及后期集中对模型管理维护，弹性地适应银行业务扩展。

（2）更直接、高效地贴近业务场景进行建模。

例如，在银行信贷风控场景下，在大数据平台整合行内外数据资源的基础上，通过引入智能风控模型，多维度快速地评估判别客户欺诈风险，有效帮助银行风险前置，及时止损；在客户精准营销场景下，通过引入全方位用户画像模型和本地化客户数据匹配分析，帮助银行充分挖掘区域内客户的价值需求，利用"千人千面"个性化产品服务推荐，实现高效引流、精准获客。

2. 数据标准管理。

中小银行要做好数据标准，首先要认识到数据标准需要根据自身实际出发制定，主要用于解决业务发展和管理中的痛点，并非标准越多越好，由于每个银行的业务情况以及系统环境不同，会造成不同银行间的数据标准差异较大，但在数据标准建设方面，银行应该从完善数据标准管理体系建设入手。一是要从上到下认识到标准的重要性，规范从标准使用、标准维护到废弃的完整流程，并严格按照流程执行；二是要与应用系统建设紧密结合，在系统建设时按照标准设计，可以有效解决系统间的数据一致性、共享性问题；三是要建设配套的标准支撑工具，以支持数据标准有力落地、数据标准有效管理。同时，银行应当建立数据标准化工作小组，制定适合本行的数据标准化框架，负责并监督数据标准建设、落地、管理工作。围绕银行数据标准管理工作，下面从银行数据标准划分和数据标准管理来说明。

（1）数据标准划分。

①需求类数据标准。首先明确业务需求，根据需求明确所属的业务主体及业务的标准概念，包括业务定义、业务使用的标准规则及标准的来源等。

②基础类数据标准。定义了银行核心数据如客户名称、客户编号、贷款种类、交易机构等基础数据的数据类型、数据格式、数据长度、字段约束、是否可为空、编码规则等技术属性，从而能够对信息系统的建设和使用提供指导和约束。

③指标类数据标准。包括了指标定义、指标口径、名称统一、数据类型、计算逻辑、编码规则、约束等技术属性，指标类数据标准能够解决不同部门之间业务指标统计口径不一致造成的数据失真、口径混乱、可用性差等问题。

（2）数据标准管理。银行有了数据标准，就产生了对数据标准管理的需求，通常数据标准管理包括：

①数据标准建立。数据标准建立的基本原则是遵循国际标准、国家标准和金融行业标准，同时还要考虑满足银行的业务需求。当外部标准不能完全满足行内业务需求时，在遵守相应外部标准框架的基础上，根据业务需求扩充形成新增数据标准。数据标准建立流程包括：需求收集、起草与申请、评审、审批、发布。

②数据标准修改。数据标准建立后，银行可根据业务需要的发展变化对具体的数据标准项进行变更，并通过核准程序在全行实施。数据标准修改应平衡业务变化和数据标准稳定之间的矛盾，需适时反映数据标准业务的含义和业务规则的变化，同时保持数据标准的相对稳定，避免由于数据标准频繁变动对业务应用和系统建设造成冲击。

③数据标准停用。随着业务发展，当某些数据标准不再适应业务发展要求时，或根据数据标准冲突解决方案对具体的数据标准进行废弃或停用处理，并通过核准流程结束该标准的生命周期，实现标准的退出机制。

④数据标准应用。数据标准应用是指银行业务部门在日常经营管理中使用的信息项、业务指标等，采用相应的数据标准。

⑤标准管理检索。标准管理检索应包括标准内容检索、标准模糊查询、标准内容解释、专业名词解释、历史版本查询等，银行通过标准管理检索，可以快速获取相关数据标准及标准解释，帮助科技人员准确理解标准定义，进行系统设计及数据加工，提升数据质量；同时，可以让数据标准化管理部门更加直观高效地管理标准，全面了解本行已制定的标准情况。

⑥数据标准冲突协调。银行在数据标准化过程中，如果发现两个或两个以上标准存在定义冲突时，统一向标准管理负责部门提交冲突协调申请，标准管理负责部门对冲突问题进行讨论，制定出冲突解决方案。

⑦建立数据标准管理系统。银行的数据标准管理如果单纯依靠手工标准管理模式，不仅数据标准管理效率低下，且缺乏统一发布、同步更新的问题。银行通过建立全行统一集中的数据管理系统，可以导入已有的数据标准或自定义数据标准，基于数据标准检核数据质量，并生成数据质量报告，同时还实现了数据标准的统一管理维护、检索，有效解决线下手工标准管理模式造成的标准分散、难检索、难应用的问题，实现了从标准的建立、变更、检索、映射、应用等全流程的统一管理。

3. 数据质量管理。

当前银行中存在一个突出共性问题，就是数据普遍存在各种各样的质量问题，数据质量问题产生的因素有多方面，主要有历史原因、设计问题、传输和使用问题、操作问题等，例如，银行柜台人员录入客户信息时操作不当造成录入信息错误；银行开户或办理业务时对客户信息控制不严造成客户信息缺失或错误；当数据发生变更时，未能及时更新系统信息等，这会对银行经营决策带来不利影响，所以银行数据治理领域中关键的一环是加强数据质量管理。

数据质量管理针对数据产生、传输、存储、使用、共享、维护等各环节可能引发的各类数据质量问题，进行事前预防、事中监测、事后回溯、异常预警等，并对提升数据质量制定一系列的制度和流程规范、操作办法，为银行商业决策支持、提升经济效益提供坚实可靠的数据基础。银行数据质量管理工作的目标是在数据治理管理规定的框架下，依据自身数据发展特点，建立和实施长效的数据质量管理机制，在全行营造数据质量管理氛围，全面提升数据质量意识，严格把控数据质量。

数据质量管理已经成为银行数据治理的重要组成部分，部分银行已初步形成了以制度、流程和系统平台为一体的数据质量管理体系，以制度和流程为约束、以系统为支撑、以工具为辅助，从数据全生命周期的各个环节发现和监测数据质量问题，并在日常数据管理中定制合理科学的数据质量规则，依据质量规则定期检查和评估数据质量，发现数据问题，及时整改，最终提升银行数据质量。

（1）数据质量管理制度。银行应从数据质量管理职责和工作方法出发，结合数据规划战略，建立数据质量管理制度，从根本上约束和指导数据质量管理工作，主动保证数据质量。同时，银行根据数据质量管理的技术层面，出台具体的数据管理规范和流程，明确在需求设计、系统设计、功能设计、开发过程中各个环节的数据质量设计要求和规则定义，并提供相应的指导流程，主动规避数据质量问题发生。

（2）数据质量度量规则。评价数据质量高低，需要基于数据质量度量规则标准，银行应从技术层面制定完整的数据质量评估维度，包括数据完整性、一致性、正确性、唯一性等。按照已定义的维度，数据质量管理部门根据实际情况设计数据质量度量规则，用于定期评价和考核数据质量，提前发现数据质量问题，及时进行治理。

（3）数据质量平台建设。银行系统中无论数据项还是数据量都复杂庞大，仅仅依靠人工检核数据质量是不现实的，所以建设数据质量管理平台，全面覆盖数据质量管理工作，并对数据质量问题全程追踪和监控显得尤为重要。从数据质量管理平台功能看，应包含数据源扫描、度量规则、问题数据自动捕获、数据质量评估报告、问题追踪等方面；从基础操作看，要具备度量规则配置、数据质量查询、问题结果上报等可视化操作界面。通过在数据质量管理平台上配置操作，完成存量数据和每天新增数据的质量检查及问题统计，并自动生成数据质量评估报告、问题上报和考核通报，追踪数据质量问题整改处理。

（4）数据质量监控预警。针对银行内外部数据质量监控难、业务指标质量监控难的问题，银行在数据质量平台建设初期，应当考虑构建完善的银行内外部数据监控预警体系，对数据质量做到"事前预防""事后监测"。

内部数据质量监控包括：

①数据接入质量追踪，异常数据源预警；

②定期自动扫描各字段的饱和度、分布等统计信息；

③对照数据标准定期扫描分析数据质量生成报告；

④灵活配置监控预警阈值。

外部数据质量监控包括：

①通过和权威数据或接口之间交叉对比，检测数据的准确性；

②检测接口数据是否存在人为编造等可疑痕迹；

③周期性触发对接口的检测以实时监测外部数据质量的状况。

业务指标质量监控包括：

①根据业务模块灵活配置预警规则；

②及时发现业务波动异常；

③业务指标数据质量趋势监控。

4. 元数据管理维护。

对数据资产的管理离不开元数据（metadata）的管理，元数据是描述数据的数据，包括数据结构、数据存储、数据模型等内容，这些元数据帮助银行勾勒出一幅数据资产地图全貌。因此，元数据管理和维护是数据管理的核心领域，有助于银行更清晰地理解数据含义和数据间的关联关系，使数据更易懂，更好地实现信息共享，最大程度地发挥信息的价值作用。元数据作为描述数据的数据，按照用途不同分为技术元数据、业务元数据和管理元数据。①技术元数据。描述数据系统中技术领域相关概念、关系和规则的数据，包括数据平台内对象和数据结构的定义、源数据到目的数据的映射、数据转换的描述等。②业务元数据。描述数据系统中业务领域相关概念、关系和规则的数据，包括业务术语、信息分类、指标、统计口径等。③管理元数据。描述数据系统中管理领域相关概念、关系、规则的数据，主要包括人员角色、岗位职责、管理流程等信息。银行在管理上述元数据中，主要存在元数据集中管理程度不高、元数据管理覆盖不完整、缺少元数据管理维护支撑工具、分析人员难以了解数据间血缘关系和数据流向、字段更新和表映射维护不及时、缺少元数据维护管理记录等问题。部分银行还存在手工文档管理元数据的现象，导致格式混乱、更新不及时等问题，这些都为做好数据治理增加了难度。为了解决上述问题，提升数据治理信息化技术水平，银行有必要从全局出发建设企业级元数据管理系统。

元数据管理系统作为银行的元数据集中管理平台，至少需要包括以下主要功能：元数据采集、元数据日常管理和维护、元数据检索、血缘分析、影响性分析、数据分布地图、权限管理等功能。

（1）元数据采集。元数据采集覆盖技术元数据、业务元数据、操作元数据等，元数据管理系统通过操作配置，完成元数据自动采集及统一集中存储，这不仅能够提升元数据使用效率，降低沟通成本，也更有利于按照统一的规范和数据标准进行集中管理，进一步支撑数据分布、数据分析、数据共享、数据标准、数据生命周期管理等数据治理相关工作内容。

（2）元数据日常管理和维护。银行产品及业务的发展往往会带来元数据的变动，元数据管理系统可以帮助数据管理部门以自动化、智能化、批量化方式对技术元数据、业务元数据、操作元数据等进行修改、新增、删除等操作，以及元数据版本变更及维护。

（3）元数据检索。在业务及数据分析活动中，元数据检索能够帮助业务人员快速定位数据信息，通过检索结果展示数据的业务含义、数据位置、数据字典等信息，并提供数据之间的业务关系与样例数据。元数据检索利用搜索引擎，实现对所有元数据的全文检索，增强用户体验性和系统易用性。

（4）血缘分析。当数据质量出现问题时，快速定位问题数据的来源是排查解决问题的关键。血缘分析是利用元数据所获取到的数据血缘关系，以血缘图谱化的方式记录数据的来源及加工处理过程，通过数据血缘关系分析，对数据进行追踪溯源，帮助银行分析人员快速梳理数据上下游关系，定位问题数据来源，以减少分析时间和解决问题的难度。

（5）影响性分析。影响性分析是指通过对数据的变动分析会影响到下游哪些系统或数据模型、代码脚本等，通过影响性分析可以帮助银行数据开发人员或分析人员快速评估元数据修改所带来的影响和范围，降低数据变动带来的风险。

（6）数据分布地图。通过对元数据统一集中的管理，帮助银行构建全行的数据资产分布地图，了解银行的数据资产全貌以及数据冷热度，这不仅有助于银行清晰掌握数据变化的动态，提升数据资产优化能力，也有助于银行决策层和管理层从全局视角出发进行数据战略规划和经营决策支持。

（7）权限管理。权限控制是数据管理中的重要部分，元数据管理系统通过分类授权、分角色授权、分表授权等原则，对访问元数据管理系统进行权限控制。例如，在设置用户角色与权限，角色和系统管理平台的各个模块之间的权限关系等，全方位保障数据安全性。

5. 主数据管理维护。

银行业务系统发展普遍经历了从无到有、从简单到复杂的过程，但分散的系统造成了主数据管理困难，主要表现为：业务系统之间数据不同步，比如客户、产品、交易机构等主数据的定义和口径不一致；关键信息孤岛，数据分布在多个孤岛，共享流转困难；银行内部不能就一个主数据源达成一致，容易造成业务和交易失败；主数据划分不清，数据质量不高，容易造成合规性问题，给银行运营带来潜在风险。

由于银行主数据涉及众多业务和系统，例如银行客户信息不仅存在于客户管理系统中，也存在于其他应用系统中，如何管理这些系统间共享数据确保一致性、同步性和有效性，是银行在业务发展中遇到困难之一。考虑到目前银行普遍还未开展主数据管理，因此在进行系统建设时，应吸取大型银行的建设经验，从业务发展和系统规划出发，制定主数据管理制度，通过引入第三方或自建主数据管理平台和管理工具，实现主数据自动化、智能化、集中化管理。

在主数据管理平台实施中，可以考虑先从新建系统入手，按照制定的主数据管理规范建设，采用统一的标准规则和口径实现数据协同管控一体化，最终实现由新建业务系统带动周边老旧系统改造，形成从点到面逐步推进中小银行主数据管理全面建设，保障业务平滑切换。

6. 数据安全管理。

数据安全是银行关心的首要问题，也是银行安全运营的基础。按照《指引》要求，银行业金融机构应当建立数据安全策略和标准，依法保护客户隐私，划分数据安全等级，明确访问和拷贝等权限，监控访问和拷贝等行为，完善数据安全技术，定期审计数据安全。

数据安全的核心是保证银行数据的机密性、完整性和可用性。例如，机密性要求数据不能被非授权用户访问或使用，完整性要求重要数据不能被非授权修改，可用性要求数据能够按照访问权限和安全共享等级合理地被共享、使用。

银行数据安全管理覆盖数据认证授权、敏感数据使用、数据安全共享管理、日志监控及审计，同时要建立数据安全事故应急预案，全方位提升数据安全使用及安全管控。

（1）数据认证授权管理。认证授权作为银行数据安全管理的第一道屏障，通过严格的用户分级授权和认证授权，对数据进行访问和使用权限控制，防范非授权访问，同时坚持数据"最小够用"原则进行数据授权使用。数据认证授权管理包括用户身份鉴别、资源授权访问及检查，并定期审计全行内信息系统权限，防范非法提升权限和越权行为发生，对于关键岗位职责变动时，要及时对相关数据及信息系统权限进行变更，保障数据安全。

（2）敏感数据使用管理。银行数据包括了大量敏感数据，例如客户身份信息、联系方式、账户信息、交易信息等，在海量数据规模下，如果仅仅依靠人工识别及脱敏敏感数据，往往会发生较多错漏，并且脱敏效率不高，很难满足银行对数据快速准确脱敏使用的需求，同时过多人工干预环节下容易引发敏感数据泄露风险。银行可借助脱敏工具实现对敏感数据进行自动识别、智能脱敏，不仅可以提高数据脱敏效率和准确性，还可以灵活运用多种脱敏技术对敏感数据进行处理，满足不同业务场景的脱敏需求。例如，某银行利用大数据智能脱敏工具，快速完成海量数据下敏感数据的智能扫描识别，并对扫描识别出来的敏感数据运用掩码、加密、匿名化等多种算法进行脱敏，满足了测试和数据分析建模环境的数据使用需求。

（3）数据安全共享管理。数据共享的目标是为了促进数据在各系统间的有序、可控流转使用，消除"信息孤岛"。银行在经营过程中不仅会面临行内数据共享，还面临行外数据交换共享，提升数据共享过程中的安全管理，对银行做好数据安全风险防范显得尤为重要。银行行内数据安全共享管理，首先要建立有效的数据共享等级机制，通过对数据建立分类、分级共享标签或共享策略，满足数据最小可用的安全可控管理原则，有效提升银行应用系统的数据使用效率；其次针对共享数据，做到对敏感信息的脱敏保护，如使用加密、变形等技术手段保护个人隐私信息、交易信息等。对银行行外数据安全交换的共享管理，可建立外部信息系统，与外部数据服务商建立信息交换平台进行统一整合，并为银行内各应用系统提供文本、XML等访问接，统一外部金融信息渠道，统一管理银行内外交换的数据，提升共享数据安全性和管控效率。银行还可利用安全共享技术，如区块链、安全多方计算等技术手段保障数据交换共享安全。

（4）日志监控及审计。银行需要定期审计数据安全，包括对所有应用系统进行日志审计，同时通过完善的日志监控系统，对数据操作日志进行实时监控，对异常及违规数据操作行为，能够基于预警规则或模型算法准确识别，实时预警，有效提升数据使用安全级别，防范数据操作风险发生。

（5）数据安全事故处理。银行应当建立数据应急预案，模拟发生数据泄露或其他数据安全事故，组织开展应急演练，完善处置流程，保证在数据安全事故中妥善保障数据安全，减少对银行业务正常运营的影响。同时，在日常数据安全宣传教育活动中要全行加强树立数据安全管理大局意识观，做到依法合规采集、存储、应用数据。

7. 监管信息报送。

《指引》要求，银行需要将监管数据纳入银行数据治理范畴，并建立适应监管数据报送工作需要的信息系统，实现流程控制的程序化，提高监管数据加工的自动化程度。当前，部分中小银行在监管数据报送方式上，还没有完全实现系统自动报送，存在业务部门手工汇总整理进行报送的情况，不仅报送效率低，成本投入大，而且手工报送容易产生一系列的潜在业务风险，例如数据准确性差、核对遗留、明细数据和汇总数据不一致等问题。

因此，银行需要建立一套完整的、可监控的监管数据报送系统，支持以接口报送的形式，实现报送前对数据及参数校验、报送后结果反馈接收、报送历史查询等全流程管理，帮助银行提升监管数据报送质量和报送效率。

8. 数据生命周期管理。

随着业务开展，银行逐渐积累了大量数据，但并不是所有数据都具有相同的使用价值，随着时间推移，有些数据被频繁访问或更新，而有些数据则很少被访问使用，甚至长期未使用。这些大量的、低价值的数据不仅会严重消耗银行系统资源，影响业务系统性能，严重时还会危及系统运行稳定性。

目前很少有银行考虑对数据进行生命周期管理，例如对数据制定保留策略、冷热分层管理等。但随着业务推陈出新，历史数据的积累沉淀，银行需要将数据生命周期管理纳入数据的长期治理规划中。

未来，银行通过引入数据生命周期管理平台，可实现数据在线阶段管理、数据归档阶段管理，以及数据销毁阶段管理，达到有效控制在线数据的规模，优化数据应用存储，提高生产数据访问效率和性能，减少系统资源浪费，保障银行系统健康稳定运行。

6.4.3　构建开放共享的企业级数据中台

未来随着银行业务创新速度加快，应用开发对数据提出的需求变化同样也在加速，从而产生效率与共享协作的问题。例如，银行在创新和数据开发过程中，由于二者开发速度不匹配，经常出现数据服务响应能力无法应用创新步伐的情况。另外，如果业务应用开发时，虽然和别的项目需求大致相同，但因为是其他项目团队维护，所以还是需要自己再开发一遍数据，不仅影响应用上线速度，而且重复开发也浪费了宝贵的资源。另外，目前由于大部分银行自身并没有更多资源把数据能力沉淀成产品和平台，例如，很多可共用的数据服务没有产品化、服务化、模板化，导致很多项目团队在产品开发时总是做重复的数据采集、数据开发等。

为了适应未来银行业务创新提速、敏捷开发的趋势，提高银行内部团队协作效率和数据交换共享能力，要求银行在数据治理的基础上，构建开放共享的企业级数据中台，实现快速向上层不同应用模块提供高效、可用的各类数据服务，例如数据推送 API 化、智能加密脱敏、自动安全审计、可视化智能推荐、实时全景标签体系、数据挖掘模板化等服务。银行的数据中台是利用大数据技术，对行内、行外海量数据进行采集、计算、存储、加工，并统一标准和口径，通过数据中台把全行数据整合统一后形成标准数据，再进行存储，进而构成大数据资产层，同时覆盖数据模型、算法服务、数据产品、数据资产管理等，通过数据中台打通前台应用和后台数据高效流转的桥梁，最终为客户提供快速优质服务。这些服务和银行的业务有较强的关联性和高复用性，也是银行业务和数据能力的沉淀。未来通过构建开放共享的企业级数据中台，不仅能帮助银行降低重复建设、减少协作的成本，也能够提升中小银行和大型商业银行差异化竞争优势。

6.4.4 聚焦打造全流程数字化银行

进入大数据时代，科技和金融加速融合，大数据、云计算、人工智能给金融服务带来了跨越性变革，为银行向开放化、智能化的数字银行转型奠定了科技基础。建设数字银行，从根本看是建立完善的基础数据层、业务应用层、经营管理层的三层数字化体系，其中数据治理在中小银行建设三层数字化系统中发挥着重要作用，为基础数据层提供开放统一的高质量、标准化数据，为业务应用层提供高效高质的数据应用保障，为经营管理层提供强有力的风险管控和决策支持。

未来，数字化银行将成为各银行发展转型的必然，我们有理由相信，数据治理将成为银行转型数字化银行的基础，也是提升综合竞争力的关键。

1. 数字化重塑全流程业务，实现业务驱动。

业务应用层作为银行数字化体系的第二层，可帮助银行深入渠道管理、客户经营、产品设计、风险管理、运营服务等各个场景，通过引入数据治理对全流程业务进行数字化重塑，进行全面的数字化采集、归拢、分析和应用，打造出强大的中台体系。

在渠道管理上，可以建立覆盖线上线下的全渠道，将线上线下相结合。例如，依托智慧网点解决方案、线上营销解决方案、O2O销售管理解决方案，即可帮助银行实现数字化的渠道管理。

在客户经营上，以往的客户信息收集存在大量手工工作，容易造成信息流失，流程断档。而经过数字化再造之后，从生成实时客户画像，到智能营销推荐引擎，再到多渠道触达，最后全渠道交互实时呈现数字化分析结果，形成了闭环管理，实现精细化的客户经营，大幅提升了营销效率和准确性。

在产品设计上，大部分银行产品上线慢、种类单一，难以吸引客户。银行应以大数据分析为基础，结合区域的优势，实现从标准化产品到差异化产品设计、个性化定价的专业化、差异化、精细化产品服务。

在风险管理上,银行通过引入在线智能认证、微表情远程面审、智能风控引擎等科技,可以将贷款发放的时间缩短至几分钟,并大幅降低不良率。

在运营服务上,智能客服机器人的运用,能够代替大量人工服务环节,降低运营成本,提升服务水平。

2. 智慧化引领经营决策,助力精细化运营管理。

经营管理层作为银行数字化体系的最顶层,需要针对不同经营管理场景,建立基于数据的分析决策体系。在充分发挥数据价值的指引下,银行通过引入智慧经营分析平台,对数据处理加工,将业务形成可视化引擎,再通过智能分析,让管理层能够协同追踪,让业务情况看得见、可分析、能追踪。如利用贷款业务管理驾驶舱,方便银行管理层能一站式查看业务全局,并能通过智能预警及时关注到业务异常;利用数据搜索工具,通过自然语言搜索即可获得数据,帮助用户快速了解业务细节,深入洞见业务本质。这些功能极大地便利了管理人员了解一线业务,最大程度上避免"拍脑袋"作决策,让决策判断更加精准。

在精细化运营方面,银行可将运营范围进一步扩大,在前台覆盖营销及销售、在中台覆盖作业、在后台覆盖客户维护,以此支撑业务全流程,达到利用标准化、智能化工具代替传统人工的目标,助力银行向智慧化、精细化运营管理转型。

7

数字银行的数据资产化研究

7.1 数据在数字化时代扮演越来越重要的角色

7.1.1 政策：数据已成为国家和政府层面的基础性战略资源

国家战略助力数字中国建设。中共十九届四中全会明确提出数据成为生产要素，表明数据是未来社会数字化、信息化发展的重要基础。十九届四中全会提到"鼓励勤劳致富，健全劳动、资本、土地、知识、技术、管理和数据等生产要素按贡献参与分配的机制，健全再分配调节机制，重视发挥第三次分配作用，发展慈善等社会公益事业，扩大中等收入群体，规范收入分配秩序，形成橄榄型的收入分配结构"。为落实十九届四中全会精神，《中共中央 国务院关于构建更加完善的要素市场化配置体制机制的意见》中明确提出应推进政府数据开放共享、提升社会数据资源价值和加强数据资源整合和安全保护，加快培育数据要素市场。在国家层面，数据作为新型生产要素，可参与产出和分配。数据要素市场化制度建设的方向和重点改革任务进一步明确，我国正式进入数字经济"红利"大规模释放的时代。

从政策的角度看，基于数字中国的国家战略，各地不断推进政府数据开放共享。2020年7月，广东省政府发布《广东省数据要素市场化配置改革行动方案》。2020年9月，上海试点国企数据资产化、数据资产纳入国资保值增值考核，发布《上海市促进城市数字化转型的若干政策措施》。2021年7月，深圳发布了《深圳经济特区数据条例（征求意见稿）》，运用特区立法权率先展开地方数据立法，首提数据权。

从法律的角度看，国家相继出台了数据安全有关法案，加强数据资源整合和安全保护。十三届全国人大常委会第三十次会议表决通过《中华人民共和国个人信息保护法》，已于2021年11月1日起施行。《中华人民共和国数据安全法》正式通过并公布，自2021年9月1日起施行。该法涵盖了数据安全与发展、数据安全制度、数据安全保护义务、政务数据安全与开放及相关法律责任等具体规定。作为中国首部针对数据安全领域的立法，本法明确了国家对数据安全的监管范围，确立了相关监管机关对数据安全的监管地位，阐明了维护数据安全的核心意义。

从合规的角度看，数据治理的监管政策逐渐收紧，银保监会越来越重视金融机构的数据管理。2018年5月21日银保监会正式发布的《银行业金融机构数据治理指引》，强调了数据治理架构的建立，明确了数据管理和数据质量控制的要求，还明确了全面实现数据价值，要求加强监管监督，与银行的监管评级挂钩。至此，数据治理工作不再仅仅是监管报送部门或者信息科技部门的工作，而是全行性质的，上至董事会高管层，下至数据采集人员、录入人员，需要做到人人有责、层层把关。2019年发布的《银行业金融机构监管数据标准化规范》进一步扩大了数据范围，提出明确的数据标准和更为严格统一的报送要求。监管报送数据作为监管当局对金融机构数据质量情况的直观了解，势必是金融机构数据治理工作首要抓手。仅2020年5月，银行业因为数据质量问题导致的罚款金额已接近2000万元，对此情况，银保监会发布了《中国银保监会办公厅关于开展监管数据质量专项数据治理工作的通知》，监管数据质量专项治理，控制数据源头，监管报送数据，建立业务制度与管控机制，以加强对银行监管数据治理的要求。

7.1.2 经济：数据已成为数字经济下的核心资产，释放数据生产力是银行数字化转型的核心成为行业共识

全球和中国数据规模快速扩大，预计到2025年全球数据达175ZB，我国数据规模达48.6ZB。预计到2025年我国人均数据产量为3TB，行业机构数据产量3ZB，占总产量76.9%。[①] 数据体量与质量的飞速增长，正驱动各行各业对"数据"概念进行重新认知与战略解读，数据作为社会经济生态中的空气与水，具有取之不尽、用之不竭的压倒性优势。在大数据时代，谁能率先认识到数据的重要性、对丰富的数据资源加以合理运用，谁就能迅速把握时代风口、抢占行业先机，并创造惊人的经济利益。

《经济学人》杂志提出："世界最有价值的资源不再是石油，而是数据"。我国正式进入数字经济"红利"大规模释放的时代。根据中国信息通信研究院发布的《中国数字经济发展报告（2022年）》，2021年中国数字经济规模达到45.5万亿元，同比名义增长16.2%，占GDP比重达到39.8%。数字经济在国民经济中的地位更加稳固、支撑作用更加明显。

一方面，数字经济提供产业进步的新抓手，通过数字技术加速与经济社会各领域深度融合，成为引领经济社会发展的先导力量。数字技术是后金融危机时代推动产业变革升级、促进经济社会转型、培育经济新动能、构筑竞争新优势的重要抓手。

另一方面，数字经济提供经济发展新动能。世界经济论坛的分析表明，数字化程度每提高10%，人均GDP增长0.5%~0.62%。全球经济增长乏力，数字经济被视为撬动全球经济的新杠杆，根据中研普华研究报告预测，到2025年全球经济总值的一半来自数字经济。

释放数据生产力是银行数字化转型的核心成为行业共识。银行的金融

---

① 数据来源：IDC预测。

发展模式经历了不同的时代变迁，归根结底是银行数字化不断转型，是对数据更深层次的价值挖掘。20世纪80年代之前，是"银行1.0"网点时代，该时代注重传统物理网点服务，以账户为中心，客户服务差异化小。20世纪80年代至21世纪初，是"银行2.0"网银时代，银行扩展自助、电话、网络等电子服务渠道，形成以客户为中心，满足差异化的客户需求。21世纪开始，进入到"银行3.0"移动互联时代，银行开始基于智能手机、移动终端技术为客户提供金融服务，体现随时、随地的金融服务。全渠道的客户服务体验成为新常态，基于场景和生态，以客户综合服务为中心，满足长尾需求，实现普惠金融。而如今，银行进入4.0数字时代。科技金融是银行发展的主旋律，银行的金融发展模式转变成依托于大数据，综合利用人工智能等多种新兴技术手段，通过数据赋能业务，全面打通数据壁垒，使得整体金融服务水平再上新的台阶。这个阶段的行业特点是"有监管、无边界"，即政策鼓励挖掘数据价值，同时监管趋于严格，对数据质量的要求持续提升，但是对于数据的开放共享提倡多元化、无界化、一体化，期望科技驱动业务创新，将数据服务和日常业务深度融合，优化用户体验，提升银行运营效率。整个社会的数字化发展促使着银行的金融发展模式不断改革，谁能够把握好当今数据潮流，实行数字化转型与变革，谁就是下一个弯道超车的赢家。

7.1.3 社会：全社会都在关心数据隐私和数据普惠

如今数据资产价值的不断释放不仅形成了新的经济推力，也从侧面重塑社会关系，形成全新的社会问题认知。随着数据成为具有市场价值的资产，中国社会应重新思考个人对于数据使用的容忍度、数据价值的反歧视及数据应用的普惠目标。

1. 数据隐私。

随着数字化社会的不断演进，中国民众对隐私数据使用的容忍度经历了漠视、被教育、关注、担忧几个阶段，移动互联网时代的成熟与Z世代话语权的增强，最终导致社会各阶层对数据权属的观念愈发接受。而欧盟《通用数据保护条例》乃至中国《数据安全法》的推出与完善，引起了社会层面对个人数据保护的和使用的巨大关注。由中国计算机学会计算机安全委员会开展的《2019年网民网络安全感满意度调查活动总报告》表明，37.4%的受访者认为网络个人信息泄露非常多和比较多，2020年暴发的新冠肺炎疫情从某种程度上催化了个人数据容忍度的关注，在享受自身安全的保障之余，大量民众推动了疫情期间数据使用的透明化程度，并将持续关注后疫情时代的数据管理。

另外，尽管相关法规陆续出台，明确了数据收集、匿名化处理、定向推送等行业实践的保护需求，但从立法到执行依然需要时间的累积及后续执行管理办法的落地。在立法明确到执行到位的过渡期内，广大民众容忍度将面临更大挑战，并催生对于个人数据信息透明化的呼吁。

2. 数据歧视。

随着数据丰富性与多元性的不断提升，政府与企业开始将数据应用至日常运营的方方面面。大量个人数据的应用导致企业与个人的商业关系被重构，企业在使用用户数据的同时也将为用户提供相应价值。因此从社会共识的角度，消除歧视以确保数据价值被公平衡量并让更多人群获益是社会发展的重要方向。

从客观意义上看，不同人群的数据价值在部分行业场景下天然存在差异。以零售消费数据为例，对需要通过数据分析用户购买行为以提升业务体验的电商网站而言，富裕人群的日常消费数据价值相较于工薪阶层和乡村群体更高。本质上，此类数据的价值差异与人群的社会和商业属性差异息息相关，且在未来长期较难发生改变。

另外，部分行业场景的数据价值歧视并非来自客户数据的天然价值，而是由可获取价值导致的。以医疗、教育等全面普适性行业为例，高收入与低收入人群形成的行业数据均具备较高的分析与应用价值，但由于部分低收入人群在数据可触达手段上较为局限，无法形成完整的数据资产。

因此，数据价值歧视的问题在短期内依然客观存在，但部分数据基础设施完善的全民性产业将逐步消解该社会问题。

3. 数据普惠。

认识到当前社会数据应有的局限性，中国也在弥补数字鸿沟方面做出了一系列努力，以加快解决发展不平衡和不充分问题，促进数据普惠包容的关键正式弥合数字鸿沟。中国目前致力于弥补网络设施的"介质鸿沟"、群体及个体间的"使用鸿沟"，以及数字化技术先行者和民众间的"知识鸿沟"，部分地方已经开始通过先行举措，在金融等领域探索数据普惠的实践。

2020年以来，在新冠肺炎疫情严防严控情形下，全球人流、物流、商流近乎停滞，而数字经济特征显著的电子商务、网络金融的信息流、资金流则呈现强势逆转。其背后逻辑是数字化经济的转型升级，虚拟经济与实体产业的深度融合。随着抗击疫情的持续深入，全社会的数字化将步入更高水平，数字经济新动能持续培育壮大，数字经济已经进入了新一轮发展拐点。

上海市为推动普惠金融真正扶持大量企业发展，并降低银行的业务风险，于2019年10月组织各政府部门公共数据资源，通过制度与技术的双重管理，将公共数据安全、合规、高效向社会企业有条件开发，形成了普惠金融试点应用。参与试点的银行将公共数据作为普惠金融中小微企业风控的信息资源，提升了自动化风控能力，有效降低了中小微企业信贷业务过程中的成本，提升了业务效率，形成了公共数据资源的社会化利用价值。

7.1.4 技术：技术体系关键在于解决数据安全共享和可信计算

搭建数据资产管理和应用的技术体系，关键在于解决数据安全共享和可信计算，从而形成数据资产生态技术体系。

1. 数据安全共享——链上与链下结合。

在互联网和数据化时代，数据的量级在飞速增长，全球每天增加的数据已经接近ZB量级，数据生态中的各个主体在采用各种模式进行数据本地储存，将数据生态中的各个主体的数据打通和连接，目前看没有必要也不可能把所有数据进行整合，因此迫切需要一种技术，既可以支持当前海量数据的本地储存，又能够实现打通与共享，可以考虑采取区块链"链上"和"链下"结合的机制来处理，即仅将数据签名、交易摘要数据和轻量化智能合同逻辑放到"链上"，将数据本身放到"链下"本地数据平台。

2. 数据可信计算——多方安全计算与可信计算。

当利用区块链技术实现数据安全存储后，要解决数据在不可信环境下的数据协作生产的问题，通过不转移数据和转移计算能力的逻辑，可以解决这个问题。从技术上可以采用机密技术或安全多方计算或是有公信力的可信计算环境。

（1）机密计算。机密计算是一个新兴的多方计算方式，能够对使用中的数据进行保护。它建立在由硬件直接支持的可信计算环境（TEE）之上为计算中的数据提供保密支持。基于机密计算的多方计算解决方案，不但可以保护数据的保密性，还可以防范外部侵袭和内部泄露，同时还能保护算法的知识产权。

（2）安全多方计算。安全多方计算是指在分布式网络中，没有可信的第三方，多个参与实体持有秘密输入，共同完成一个计算并得到结果，但各参与实体除其本身外，不得知悉其他参与实体的输入信息。在安全多方计算过程中，每个数据持有者可以发起协同计算任务，通过集线器节点路由地址，并选择其他数据类相似的数据持有者进行安全协同计算。参与协同计算的多个数据持有者的参与节点根据计算逻辑从本地数据库中查询所需数据，并在密集数据流之间联合进行协同计算，以实现安全的多方计算任务。整个过程中各方的明文数据存储在本地，不会提供给其他节点。在保证数据隐私的前提下，中心节点将计算结果输出给整个计算任务系统，使各方都能得到正确的数据结果。

（3）可信计算。可信计算指的是对计算行为的信任，及平台实现特定目标的计算行为与预期一致，不受各种恶意行为的干扰。可信计算的主要标准是由可信计算组织（TCG）定义的TPM2.0，国内有中国可信计算工作组（TCMU）及自主可信计算体系（Trusted Cryptography Module，TCM）。可信移动计算平台（Trusted Mobile Platform，TMP）和 TCM 的目标都是建立一整套体系，保证数据从存储、计算到传输的安全性。

政府公信机构可以基于可信计算平台建立一套可信的数据计算环境，将经数据属主认可的、有明确使用权属性的数据放入该环境中进行计算、计算结果按权属分发给参与方，并按使用权属性的要求定期销毁相关数据。

基于上述数据，可以建立起"三位一体"的数据资产管理和应用的体系架构，实现个人数据的确权和安全使用。

7.2　银行数据实现价值的意义与挑战

7.2.1　过去时代数据管理工作的总结

长期以来，数据都是作为信息化系统过程中的附属资源而存在的，是系统处理的"对象"。数据的存储和备份需要耗费大量成本，加上银行业务的专业化分工越来越细，因此，数据一直是相互孤立地在系统中存在，而银行对数据存储也是以成本中心定位的。互联网的兴起使全球数据海量汇聚，算法和算力得到了大幅提高，加之人工智能的飞速发展，使得我们对于图像、声音等非结构化数据的处理能力与以往已不可同日而语。由此，数字世界已渐渐成为实体世界的"倒影"，人们发现，数据不再是成本而是资产，现有数据可以产生价值。这时，各行各业开始成立专业的数据采集、加工和应用部门，开始了数字化转型的步伐。

但是，由于长期"烟囱式"的数据存储，只关注业务关键数据而忽视描述性数据、信息系统的快速迭代，以及监管政策的变更等诸多原因，人们对于不完整、不准确、不统一的数据的使用举步维艰，而要有效利用现有数据，则需人们付出极大努力对其进行治理。数据治理是一项长期而系统的工程，既涉及数据标准、质量、元数据、数据共享等诸多方面，也涉及大量源系统的分析和改造。另外，业务条线对于数据应用的深度、广度和时间紧迫性要求越来越高，这就带来了数据治理工作与数据应用工作的冲突。近年来，关于数据湖概念的引入越来越得到行业的认可，在数据湖基础上提炼出的数据资产，即企业拥有或控制的，能够为企业带来经济利益的数据资源成为业务重点关注的内容。以数据的价值程度划分，数据资源包含数据湖中的所有内容，而数据资产代表了其中价值度较高的部分，也是业务条线重点关注的部分，对这部分的数据治理和资产管理也就成为各方共同的工作重点。

如果用石油产业比喻，数据就是新时代的石油，数据治理就是在石油加工中剔除杂质，数据中台好比一个"炼油工厂"，对数据存储、整理、加工，提取出高价值的数据，这样形成的数据资产好比"汽油"，再借助分析、建模、标签管理、数据沙箱等工具充当"发动机"，就可以直接应用于客户画像、精准营销、风控和运营等各项业务流程。这个过程中数据由资源变成资产，实现了价值提升。未来，数据治理会逐渐向数据资产管理转化。

7.2.2 新时代、新形势下面临的困难与挑战

随着数字化转型的深入发展，银行在业务办理的过程中累积了大量的数据，形成了银行的另一类资产——数据资产。数据资产的管理对银行来说是一个全新的课题，也带来了新的挑战。具体表现为以下几个方面：

1. 数据资产管理文化与意识未能形成。

数据资产形成是伴随着信息化的过程逐渐累积形成的，银行对于数据资产的范围、价值的认识也是一个逐步的过程。数据资产的管理是在对数据进行管理的基础上对数据资产的全面识别、梳理和应用的全过程，跨银行多个业务条线和业务处理的多个节点。目前绝大部分银行只是停留在数据本身的管理阶段或单个节点阶段，如数据的采集、治理或应用等，未能

贯穿数据处理到数据应用全生命周期的各个环节。各个业务条线仅在使用时才关注本条线范围的数据和本条线业务需要的数据，未能从全局角度关注其他条线的业务数据或其他条线对本条线的数据需求。没有全行统一的数据整体规划和数据资产管理办法，数据引用、数据使用中的权利和义务职责不清，数据的供给者和使用者之间信息不对称，难以对全行数据资产进行全口径和全生命周期的管理，难以实现对数据资产的应用管理和价值实现。

2. 数据平台建设未实现数据资产的统一存储和全视图。

当前大多数据平台建设体系以建设数据集市为主要目标，在这个路径下，不同数据集市的结构不统一，一方面集市数据范围狭窄需要不断扩充，另一方面不同集市数据存在着大量的冗余，对同一批数据的计算在不同集市之间可能存在不一致，产生了新一轮的数据孤岛。产生这种状况的原因是缺乏对数据资源、指标、标签的统一管理，没有形成全行统一的数据资产视图和数据资产地图，数据在不同系统之间的流转难以形成血缘元数据。无法对数据资产进行直接运用，数据应用依赖技术开发，不同集市之间的数据共享和运用只能依赖技术手段实现再次的数据合并。

3. 数据质量难以在各个系统中得到有效的保证和治理。

由于银行源系统的数量巨大，系统建设时间不同，各个源系统的应用范围限制在特定领域而不是全局，数据标准在系统中的统一存在着较大的困难。目前对于数据质量的提升以问题为导向，未能形成整体的数据资产质量管理机制。而数据资产的质量问题与数据应用的价值和效果有着直接的联系。数据资产的价值越大，对数据质量的要求就越高。对数据资产的统一标准和真实性、准确性、完整性和一致性的管理如果得不到保证，数据分析的结果将不会对业务发展和管理起到应有的作用。

4. 数据资产可见性、可用性差，数据应用的实现高度依赖技术开发。

当前的数据资产存在的形式基本是数据仓库和数据集市，对业务人员来说，想了解本行数据资产的全貌和内容相当困难，数据"看不见""看不懂""看不清"，只能提出业务需求，与技术人员进行反复沟通后由技术进行开发。由于业务条线的目标差异性、多样性，难以形成体系化的数据开发架构和数据资产整合机制，导致数据资产难以形成和沉淀下来，也阻断了数据资产质量的改进和价值持续挖掘的空间。而数据应用的特点就是需要进行数据的挖掘、分析和建模，这些都需要业务人员能够像翻阅图书馆目录、浏览图书那样快速检索、调取数据资产，并采用数据分析建模工具快速开展分析工作。要实现这一业务目标，首先需要对数据资产进行系统化整理，结构化梳理，形成数据资产目录和统一的数据资产视图。

5. 缺少完整的数据资产运营体系。

要使数据变为数据资产并发挥价值，需要建立数据资产从识别到维护、从监测到评价的全生命周期运营体系，要明确数据资产的所有者、使用者和维护者。目前，多数银行未建立完整的数据资产运营体系，仅在业务场景需要时临时提起数据需求，对数据的应用场景深度和广度不够，对数据资产的维护未能从采集时就引起重视，对数据分级和权限的管理也远未到位，使数据资产全生命周期的维护和安全管理缺失严重，有效的数据资产价值评估机制无从谈起。在应用方面，也存在着缺乏对数据资产的动态运维，数据资产应用场景不明晰等现实问题。

6. 缺少对数据资产的价值衡量手段。

目前大多数银行采用粗放式的数据资源整体采集、加工、开发和维护，有时往往是根据业务部门的迫切程度进行数据的处理，并未进行数据价值的评估，无法准确衡量数据效能。由于数据资产的价值很难评估，银行难以对数据的成本及其对业务的贡献进行投入产出计算，导致难以像运营有形资产一样管理数据资产，从而有针对性地进行重点投入，快速发挥数据资产价值。

综上，目前大多数银行缺乏对数据资产体系的整体规划，持续维护运营能力较弱，无明确可落地的数据资产管理与运营体系，对数据资产的价值无法评估，缺少统一的数据资产管理平台，这些是在数字经济环境下，银行实现数字化转型亟待解决的问题。数据资产管理与运营是一个系统化工程，需要用全局的角度和统筹的方法，实现数据资产管理与运营生态。

7.3 银行开展数据资产的价值与策略

7.3.1 什么是数据资产、数据资产管理,与数据治理的关系是什么

1. 数据的定义。

大部分研究为数据赋予原始、未经加工、客观存在等属性。高富平在《信息财产：数字内容产业的法律基础》中提出,数据是通过特定的符号表现客观世界的事实。《数据交易法律问题研究》中史宇航提出,数据是指对客观世界策略记录的结果,是"有根据的数字",将数据的存在形式缩小到数据数字范畴。随着大数据、信息技术与互联网产业等新兴事物的发展,部分学者对数据的定义做出延伸。[①]《从数据的属性看数据资产》中朱扬勇等提出,大数据背景下,数据是数字经济的关键要素,是一种基础性资源生产资料。[②] 根据《中华人民共和国数据安全法》,数据是指任何以电子或者其他方式对信息的记录。

2. 资产的定义。

依据《企业会计准则——基本准则》,资产是指过去的交易、事项形成并由企业拥有或者控制的资源,该资源预期会给企业带来经济利益。①资产的形成基于企业行为。②企业对资产背后的资源拥有所有权或控制权。③资产的最终目的或用途是为企业带来经济利益。

3. 数据是否可以被定义为资产。

《从数据的属性看数据资产》中朱扬勇等提出数据有物理属性、存在属

---

① 史宇航. 数据交易法律问题研究 [D]. 上海：上海交通大学,2017.
② 朱扬勇,叶雅珍. 从数据的属性看数据资产 [J]. 大数据,2018,4 (6)：65 – 76.

性和信息属性。这个概念的提出实际上可将数据概括为在介质中存在的，可通过一定的设备或媒介为人所感知或认知。数据在特定情况下符合一般会计学对于资产的定义。首先，数据并非天然产生的，数据一般是通过企业的交易、内部事务处理等行为及情况下产生并存储的，例如企业的电子合同、仓单数据等。其次，企业对于因其自身行为产生的数据拥有所有权，同时在特定情况下企业对数据也拥有使用权，如一般互联网产品对于其用户的行为数据及身份数据在授权后（一般是用户使用协议）拥有特定使用权，此类数据一般用来分析用户的行为或偏好的关联性，为企业优化产品或用户体验提供支持。最后，数据在特定情况下很可能为企业带来经济收益，数据中所蕴含的信息在经过企业的加工或分析后可能为企业决策等提供支持，这种影响预期将会给拥有或使用该数据的企业带来潜在的收益或便利，这就使得满足经济利益很可能流入的前提下，数据可以被定义为资产。

4. 什么是数据资产。

数据资产是指由个人或企业拥有或者控制的，能够为企业带来经济利益的，以物理或电子的方式记录的数据资源。数据资产最核心的内涵是数据本身所具备的信息属性，该属性也是数据资产可以产生收益的主要来源。数据资产的外延即其展现形式是多种多样的，可以包括数据本身，如数据交易中心内依照指定技术制式加工、脱敏后展现的数据集合；也包括通过一定载体呈现的数据产品，如数据专辑等。

陈永伟《数据产权应划归平台企业还是消费者》、费方域和闫自信《数字经济时代数据性质、产权和竞争：大数据经济学视域下的竞争政策》、戚聿东和李颖《新经济与规制改革》指出，与传统数据信息不同，数字经济背景下的数据资产具有一系列新的特征，包括非稀缺性、非排他性、载体多栖性、价值差异性、用途不可测性等。

根据上述数据资产的定义，数据资源要成为数据资产必须要满足三个条件：个人或企业拥有数据资源的权属；数据资源可以创造价值或者带来收益；数据资源的价值可以被可靠计量。当数据资源满足上述三个条件，一般可以认定这个数据资源为数据资产。具体地，从数据资源到数据资产的形成机制，主要有三个步骤：建立数据标准、数据资源深加工、数据资源整合并评估。

（1）建立数据标准。建立数据标准主要包括数据资源确权、用户的数据隐私管理以及行业数据的标准化。数据资产化的第一步是数据资源确权。如前所述，目前虽有《深圳经济特区数据条例》关于"数据权"的定义，但在国家层面的法律法规上，目前还未有统一的界定方法，数据资源确权仍旧面临挑战。因此，可以借鉴目前市场上典型行业的数据产品确权方法。以对数据隐私的管理为例，由于不同数据来源主体的资产类别存在差异，因此就需要针对不同类别的数据资产划分隐私保护级别，确保数据在使用过程中的安全性。行业数据标准化过程中，不同的数据来源主体需要根据标准化工作流程建立相应的数据报文标准和数据字段标准，以便对分散在不同行业中的数据提供统一的基础标准，保障行业数据资产的统一和规范。

（2）数据资源深加工。数据资源的深加工主要包括元数据获取、元数据筛选和建立数据标签。元数据作为描述其他数据的数据，是关于数据组织、数据域及其关系的经过标准化后的信息。元数据的获取就是根据元数据的相关业务关系，抽取标准的相关元数据。为确保数据内容是有效的，需要对元数据进行筛选。这个过程主要是根据元数据的字段填充信息，对不同的主数据进行隐私扫描，并且对上述步骤进行核验。对元数据经过抽取和筛选后，最后一步是为所选数据设置数据标签。数据标签的主要作用是详细说明数据内容在应用领域和使用时效等方面信息。

（3）数据资源整合并评估。数据资源整合并评估主要包括数据质量评估、数据价值计量以及对外建立数据使用接口。在数据资产质量评估方面，在对数据资源进行确权后，需要通过相应的技术手段对数据质量进行度量。对于数据使用者而言，不是所有的数据资源（诸如一些没有权益的数据或者"垃圾数据"）都可以成为资产。由于数据质量直接决定了数据的价值，对于要资产化的数据资源，其重点就在于如何识别和控制数据的质量。一般而言，可以通过建立数据质量评估体系进行操作。根据数据的属性及其业务特征，构建数据质量规则体系。根据该体系，通过设置相应的权重和评分规则，创建一套从数据的发布、处理、审核到归档的监督机制和评分机制，最终计算得到数据的质量评估总分。在数据资产价值评估方面，需要建立一套数据资产价值评估的指标体系，采取如成本法、收益法等资产价值评估方法对数据资产价值进行评估，进而生成数据资产价值评估报告。将数据封装是数据资源整合和评估的最后一步，是进行数据输出的最后一个环节。其主要内容包括数据的详细内容、数据资产权属证明以及数据资产质量评估报告，通过将这些内容进行统一打包生成数据集或数据包，并采取一定的加密措施，确保数据输出的安全可靠。

5. 数据资产管理的定义。

数据资产管理在国内由中国数据资产管理峰会（DAMS）组委会首次正式提出，中国数据资产管理峰会对数据资产管理的定义为对数据管理、数据治理及数据资产化的管理过程。

数据资产管理与运营在业务领域，基于数据治理的框架，在数据内容、系统平台和流程机制三个维度进行细化和落地，将数据作为资产进行管理，将释放数据价值作为目标进行运营，开启数据资产管理与运营的新模式。

6. 数据资产管理与数据治理的关系。

目前业内对于数据治理与数据资产管理的关系并没有统一的认定。普华永道认为数据资产管理与数据治理之间密不可分。银行数据治理工作更主要的是数据质量管理，而数据资产管理是面向数据的内在价值，聚焦如何让数据更好地服务业务，释放其最大价值。

具体而言，数据治理是管好数据，好比石油加工的工艺、制度、流程、组织等，保障数据中台的数据质量；数据中台是加工数据，好比炼油工厂，通过数据应用能力的建设，创造数据资产价值，并反向驱动数据质量的提升；数据治理与数据中台共同驱动数据资产的建设，就好比石油在经过加工和炼油工厂形成汽油，使用户得以用好数据。

数据资产在建设完成后通过BI分析、数据建模、数字标签等工具，最终通过各式各样的应用服务于终端客户，包括但不限于客户画像、精准营销、智能风控、智能运营等。此时工具就好比发动机，应用则如同汽车、火车、飞机等。

7.3.2 开展数据资产管理的主要价值

银行开展数据资产管理，不仅是数字化战略的必然要求，同时对于银行数字化转型、数据能力的提升效果也是非常显著的。数据资产管理对于银行数据服务和数据管理均产生了不同的价值，是银行数据管理一体化密不可分的组成部分。

1. 在数据服务方面，数据资产管理可以帮助银行。

（1）建立全数字化转型、数据价值的衡量体系，促进全行数据价值文化。数据资产管理通过构建行内数据价值多维度评估方案，对数据资产进行量化评估，实现了对数字化转型和数据资产投入产出的有效衡量，使决策者可以了解和掌握数据投入回报的整体情况，促进了数据资产的流通与保值、增值。数据价值体系的建立解决了数据资产内在价值未能量化管理、行内重要数据资产情况及资产价值分布不明确的问题，为数据资产实现最优配置打下了基础。

（2）打造"可见、易懂、易用"的数据服务能力，让数据变得触手可及。数据资产管理体系通过对数字化建设中产生的大量过程性的、结果性的、有价值的数据进行体系化的留存策略设计，并配套相关机制办法使之得以常态化运行，解决了银行数据资产难以有效沉淀的问题，扩展了数据价值持续挖掘的空间。同时，通过建立从业务视角切入的统一数据资产目录，并基于数据资产目录对数据资产进行有效梳理后开放给全行各个业务板块，使业务人员可对数据资产进行便捷的检索、理解和使用，打通了业务与数据的"最后一公里"。

（3）提升数据资产在不同分析场景的使用效能，最大化数据资产价值。数据资产管理通过建立数据资产平台，将数据相关的基础标准、指标说明、数据质量、数据字典、数据血缘元数据等资产相关信息开放给全行业务人员,并在对数据资产进行合理整合和分析的基础上,对业务人员的数据资产使用进行引导和进行高价值数据资产推荐,使业务人员能够快捷和便利地准确定位和使用所需数据,极大提升了业务部门的数据使用分析效率,实现了数据价值的最大化。

(4)为数据开放、培育数据要素市场做铺垫。银行数据资产管理在行内探索并建立数据资产量化价值评价模型和数据确权可操作模型,为培育数据要素市场迈出了关键性的一步。数据确权和定价是建立数据要素市场的重点和难点,而实现数据资产在企业内部的确权、定价和流通是迈向数据要素市场的第一步,对国家正在形成的数据要素市场"四位一体"的发展格局进行了有效铺垫。

2. 在数据管理方面,数据资产管理可以帮助商业银行。

(1)提升数据资产全生命周期管理能力,持续沉淀数据资产,优化数据供给侧的资源配置。数据资产管理通过梳理数据资产闭环运营流程,明确数据资产管理运营标准,形成了覆盖数据资产全生命周期的规范化的数据资产闭环运营体系,实现了对数据资产的统一识别、维护、监测和评价,对数据资产建立了高效的供给标准和价值驱动的运营,为数据资产持续和最大化地发挥价值提供了保障。

(2)通过价值驱动来优化银行数据治理工作目标。数据治理是数据资产管理的基础,数据资产管理的建设亦可反哺数据治理,为数据治理指明高价值驱动的工作方向。数据资产管理通过对数据资产的体系化分类和全面梳理分析,使数据治理人员可清晰全面地掌握行内数据的整体分布和价值分布情况,由此更好地制订面向高价值数据的数据治理工作方案,引导数据治理从传统的管控模式向由价值驱动的服务模式的转型升级。

(3)优化开发标准与规范体系,提升事中的数据开发管理质量。数据资产目录架构从业务视角切入进行体系化设计,解决了银行数据集市开发设计以需求驱动为主、分层分布和分类体系相对分散凌乱的问题,为数据开发提供了统一合理的分层分类标准。同时,基于数据资产目录对数据资产进行梳理后所呈现的数据资产分布情况,可直观反映当前存量数据资产的优势和短板，为数据资产的后续开发建设提供了方向性的指引和参考。

（4）推进全行数据认责与确权，形成有保障、可流通、可共享的数据资产内部生态。数据资产管理通过对数据进行全面的分级分类，并建立基于分级分类的数据权限与敏感数据管理策略，使数据所有者和使用者可在数据资产权限与安全管理办法的指引和约束下合法合规地共享数据资产，解决了业务部门对于数据共享流通存在的安全顾虑和潜在的安全隐患，逐步实现消除数据孤岛和打破部门壁垒，建立和提升了部门间的数据资产共享能力。

7.4 银行数据资产管理的发展路径建议

7.4.1 数据管理能力发展的四个阶段

自20世纪90年代至今，银行的数据管理能力建设主要遵循四个阶段：1.0数据电子化、2.0数据资源化、3.0数据资产化和4.0数据生态化。

1. 1.0数据电子化阶段。

通过信息系统的建设实现数据电子化、无纸化。银行利用数据库或ODS进行数据存储，能够出具简单的统计报表，能够满足基本报表和分析需求。

2. 2.0数据资源化阶段。

建立数据管理专业化组织，通过数据仓库与集市、数据治理两大体系的建设，实现全行层面的数据资源整合与标准化，消除数据孤岛，支持各个业务条线及监管报送工作。数据应用以BI、多维度统计分析为主，在营销、风险等部分领域开始利用大数据分析挖掘、机器学习等技术实现更高的业务价值。

3. 3.0 数据资产化阶段。

通过数据中台、数据资产管理体系的建设,实现银行内从数据资源开发、治理到数据资产的沉淀、流通与共享,利用数据中台化的能力,高效地支持全行各个业务条线与技术条线全面开展不同层次的数据分析,形成数据资产价值不断从低到高的提炼过程。价值提炼的结果通过有效量化与评价,形成全行的数据价值体系与文化,探索进入"第四张表"。

4. 4.0 数据生态化阶段。

在国家、地区与行业形成平衡的数据生态。数据资产可以在大数据交易所定价、确权、交易等、成为国家数字经济的关键生产要素。

7.4.2 银行数据资产化的实施举措

目前大型国有银行、股份制银行以及部分数据管理能力成熟的城商行正在迈入3.0数据资产化阶段,银行在该阶段的重点实施任务包括以下几个方面。

1. 规划数据资产管理体系。

与数据治理类似,应从银行顶层数字化转型、数据战略出发,自上而下规划全行的数据资产管理体系与解决方案,包括但不限于数据资产管理蓝图、组织与架构、制度与办法、数据资产内容标准、运营体系、服务体系、权限管理机制、技术支撑等。

2. 建立数据资产运营能力。

数据资产运营是保证数据资产提供可持续服务能力的基础性工作,同时也是区分冷热资产、促进数据资产优化配置的战略性工作。建立数据资产运营体系能够明确各管理部门的数据资产管理职责,规范数据资产登记与维护标准,设置数据资产监测指标,监测数据资产的变更使用情况,定期回溯数据资产运营情况,建立数据资产评价模型,探索数据资产市场化,其具体流程包括但不限于:

(1) 数据资产识别。根据普华永道数据价值金字塔模型,数据资产按照价值密度的不同进行区分，可以分为高价值数据、中价值数据、低价值数据和其他衍生资产。银行结合领先实践和行内实际情况，从业务最常使用、最直接支撑业务应用的数据出发，划定数据资产范围与识别原则，结合数据开发流程，从数据产生之始，确定纳入资产范围的数据项。

（2）数据资产盘点。包括对于存量的数据资产进行全面梳理，对于新增数据资产进行登记、上线发布、资产属性变更、下线登记的过程，是保证数据资产内容及时更新、高效开展数据资产运营的基础。其中，数据资产的登记是资产运营的核心环节，包括数据资产的编目和属性收集两个重要步骤。由业务部门、数据资产管理部门、技术开发部门通力协作，共同完成数据资产维护工作。

（3）数据资产监测。数据资产监测是数据资产的"体检医生"，是对数据资产的管理情况、应用情况、属性变化情况进行的全面监测，如风险监测、质量监测和应用监测等，通过构建一个完善的资产监测指标体系，从数据资产的热度、质量等维度进行动态监控、预警提醒、解决跟踪等，在数据资产生产者、管理者、使用者之间建立沟通渠道，不断促进数据资产管理和使用优化的良性循环，提升数据资产应用价值。

（4）数据资产评价。开展数据资产评价，合理衡量其价值，是促进数据资产保值增值与内外部共享、促进数据资产优化配置的关键。目前，数据资产价值度量尚处于市场摸索阶段，银行结合业界实践经验和实际数据管理情况，建立数据资产多维评价模型，以非货币度量的方式从应用、质量、用户、风险、成本五个维度，对数据资产进行加权综合评价，帮助决策者全面掌握全行数据资产的价值总量与投入回报情况，帮助管理者主动监测与引导数据资产的治理工作，帮助使用者获得智能化推荐以优先使用高价值数据资产，最终达到提升数据应用效率、促进资源优化配置、价值发挥最大化的目标。

3. 实施数据资产管理平台。

数据资产管理实践过程中，必然需要依托具体的平台工具来执行。数据资产管理平台应具备自动化、智能化和服务化的特性，并能够根据管理需要进行灵活的功能扩展。在规划基础上,实施数据资产管理平台,与银行的数据平台、数据服务体系能充分互联,通过元数据实现进一步打通与开放。数据资产能够被业务高效地检索与使用,形成数据所见即所用的能力。

4. 开展数据资产管理试点。

数据资产管理初期,选择部分业务条线开展数据资产管理与应用的试点,包括相关的数据资产盘点与梳理、数据资产运营、数据资产应用场景的开发,通过数据资产管理平台的支撑,不断优化数据资产管理与应用机制,丰富场景和用例,逐步实现数据资产对业务的全面赋能。

5. 全面推广数据价值文化。

向全行各条线持续提供数据资产的内容、运营、服务、工具的培训与推广,让数据资产更精准地触达各业务场景,逐渐形成数据驱动的业务文化。建立全行各条线、各部门、各机构的周期性的数据价值指数,并探索"第四张表"。最终使银行从数据资产中获取最大化收益。

6. 探索数据资产化创新。

银行在自身数据资产得到有效管理的基础上,进一步地响应国家数据要素市场战略,开展数据资产定价、数据资产交易、信贷产品、证券化等基于数据资产衍生的金融服务创新,发挥数据资产在各个行业的业务与金融价值,推动国家、区域数字经济健康发展。

7.4.3 通过数据中台来实现数据资产化智能管理与共享

为了快速响应市场新一代客户需求,在前台,银行发展了新渠道来提高客户体验;在后台,增强了新核心来优化业务流程;而在中台领域,银行希望通过数据中台来实现数据资产化智能管理与共享,从而满足业务灵活性需求场景。

那么,什么是数据中台?数据中台的概念脱胎于中国互联网市场,最早由阿里提出。最初基于当时流行的 SOA 架构理念,将零售核心业务划分为多个应用组件，其中枢组件构成业务中台。随着阿里跨界多个混合业务生态的开展，在复杂的业态中实现数据的互联互通并产生洞察成为新难题。于是，与业务中台相对应的数据中台理念随之兴起。

包括银行业在内，业界对数据中台的认知尚未统一，存在多种不同观点：一部分观点侧重于业务视角，定义为云上数据中台业务模式；其他观点则认为，数据中台是聚合和治理跨界数据，将数据抽象封装成服务模块，提供给前台以模块服务的逻辑概念，或数据中台是数据服务（data service）供应商；也有观点认为数据中台是数字化平台战略的中枢系统，用以协调前台的快速变更与后台的稳定。本研究认为，数据是银行的战略资源，只有得到有效运用，数据才能转化为资产；而实现这种转化的关键就是数据中台。银行业的数据中台是以数据为中心，智能化、全方位地开展管理、应用和服务的平台化体系。数据中台使得银行的产品、客户、渠道、流程、风险不再分割。它以数据为生产要素，建立了新型的生产力和生产关系。

银行为什么需要数据中台呢？结合银行业信息系统现状及数据应用中的问题，数据中台建设的特殊使命主要在于解决以下四类核心问题：

第一，数据信任。因为数据质量不齐、获取难度大、数据来源复杂，数据消费者包括经营决策者对数据信任度很难建立。

第二，需求响应。开发周期长、效率低、服务响应慢、计算资源紧张、数据时效性不强。

第三，协作效率。架构平台化、组织模式去中心化的趋势下，数据复用与协作越发重要。

第四，创新乏力。全局规划、确保共识、统筹数据积累，才能更好地开展创新。

知易行难，火爆的数据中台虽是银行业共识，但我们到底需要什么样的数据中台？先看一些典型挑战：

（1）"盲人摸象"：有多少数据理不明白，投入产出比说不清。往往只顾低头走路，却忘了抬头看路。如何实现"数以治用"？数据资产如何盘点和管理？如何衡量数据资产的价值？数据资产如何变现？

(2)"大炮打蚊子":业务一线要的是"雪中送炭"型的数据服务,但数据分析团队却往往陷入"闭门造车",难以成为一线业务部门的合作伙伴。结果是,大炮造好了,却只能用来打蚊子。数据如何真正赋能业务?数据资产如何沉淀和复用?

(3)"小马拉大车":敏捷业务往往采取临时开发的做法,缺乏全局性考虑,难以响应数据服务的千变万化,就像小马拉大车,根本拉不动。如何真正从全生命周期角度对数据进行管理?如何实现平台化运营?

以某典型股份制银行为例,数据全日采集的系统就超过20个,总表数超过2万,总字段数超过50万,如何找到和用好这些数据资产?确实是一个难题。用高薪打造的数据团队,却有50%~80%的时间花在寻找多个来源的数据。数据治理工具、资产管理应用或人工智能平台已经力不从心。

数据中台建设,实质上是一个复杂的系统工程,就像有些银行虽然已经构建了"一湖两库"(大数据湖、数据仓库和集团信息库),但还在继续借助外脑不断完善大数据服务云数据资产管理,并力争成为真正的数据驱动型企业。

基于多年实践经验和本地化项目积累,本研究团队总结了银行机构建设好数据中台的五大关键成功要素,分析了行动领域中的重点、难点、典型场景、参考案例和能力建议,以及相关的监管规定和行业标准。本研究团队将这五大要素归纳为"4+1"化(治理标准化、数据资产化、资产服务化、数据业务化加一个运营平台化):

第一,治理标准化。数据为王,治理先行,数据管控刻不容缓,贯标执行,行稳致远。

第二,数据资产化。盘点数据,分条析理,数据资产化事半功倍,让数据资产成为企业的第四张"报表"。

第三,资产服务化。开放服务,构建生态,资产服务化让数据高效变现,敏捷精准、快速制导。

第四,数据业务化。沉淀智库、积微致著,数据化业务与众不同,高屋建瓴，反哺业务，驱动创新。

第五，运营平台化。平台经济，统一运营，随需应变，平台化运营适者生存，衔接前后台，开放新业态。

最后我们还提出了银行业数据中台行动指南，把宏观战略咨询规划与微观落地具体执行相结合，将有助于把数据中台转型的愿景快速变为现实。通过业务协作以及平台化运营，实现数据产品化的开放服务，推动数据中台快速变现，打通数据大动脉，疏通服务微循环。从而更有效地面对金融科技创新和监管合规持续强化带来的冲击，并进一步提高金融机构敏捷性和灵活性以及运营效益和资本收益率。

7.4.4 开放服务，构建生态——资产服务化数据变现

数据资产是数据中台的核心引擎，只有将数据资产进行更为彻底的服务化，才能实现赋能业务的终极目标。在提供数据资产化服务时，银行首先要遵守行业监管等相关规定，例如，国家网信办于2018年颁布的《金融信息服务管理规定》、2021年开始实施的《中华人民共和国个人信息保护法》等法律法规。数据资产服务化的成功之道在于构建并交付面向合作伙伴、提供商、供应商或消费者开放的新型金融生态并促进其互操作。

1. 如何开放数据服务？

在数据资产变现中，开放接口API已经成为企业扩展产品、获取客户、帮助合作伙伴提供高价值服务以及扩张生态系统的关键步骤。API作为一种敏捷的、可伸缩的、可消费的业务即服务模式，就像云计算改变IT交付模式一样，正在显著地改变数据服务消费和应用程序开发市场。

基于开放平台和互联网模式，开放数据服务通过应用编程接口（API）这一业务协作语言，快速实现数据共享、保护、分发、控制和盈利，并以安全、合规、可控的方式实现数据访问，助力实现数据价值。例如，访问基础数据或服务时免费，访问高价值数据或服务时则需支付相应费用，收取平台访问费用。开放数据服务有四项重要工作，包括：建立数据服务生

态、资产服务化启航、规范开放标准接口、构建 API 平台能力。

2. 建立数据服务生态。

数据资产服务化的关键是明确 API 业务目标和绩效指标。具体举措包括：通过业务目标确定 API 对象是内部客户、合作伙伴还是外部客户；通过行业趋势、竞争分析确定数据资产服务业务模式和盈利模式；通过绩效指标，梳理系统的规模和部署需求，包括系统特色价值、评估现有资产的竞争力以及目标消费群体的需求，定义将要提供 API 数据服务的领域和场景；评估将要开放的 API 是否符合监管要求，是否符合保护用户隐私的要求；制定 API 平台总体发展和运营的评价体系以及评价指标；制定 API 平台的规章制度、业务条款、用户协议，对 API 文档、知识产权相关工作及其他对外发布的网站内容进行审核，包括 API 版本发布流程、发布方式和发布计划，同时要对 API 使用者进行大力支持。

3. 资产服务化启航。

数据资产服务化起步时，要从两个方面着手做好准备：

（1）建立数据产品服务目录，树立新思维：整合和优化现有的各类数据服务，形成多层次、可感知的数据产品服务目录，包括数据资产查询服务、统计分析指标服务、公共建模指标服务、标签数据服务、决策分析模型/报告服务等。树立"业务数据化，数据业务化"新思维，依托数据产品服务，开辟数据中台赋能业务一线的"新战场"。

（2）采用微服务架构，统一管理 API 服务：采用基于微服务框架的技术架构，将数据产品服务目录进行微服务的分拆和封装，形成数据服务 API，建立与业务中台服务交互，为业务中台提供"火力"支援。统一管理 API 数据服务，提供核心数据能力跨系统、跨平台的复用和共享。快速生成、注册、统一管理、发布、促销数据服务 API。

4. 规范开放标准接口。

银行业架构网络（banking industry architecture network，BIAN）是一个全球性协作的非营利性生态系统和开放、独立的社区。它由全球的领先银行、技术提供商、顾问和学者组成。它定义了一个通用、标准、灵活的业务体系结构,包括银行业常见的服务域、业务场景、服务操作、业务对象、业务功能、API 接口,从而促进了全球银行业协作和服务开放。

OpenAPI 规范(OAS)是由 Linux 基金会社区驱动支持的与语言无关的全球 RESTful APIs 标准接口,使人类和计算机可以发现和理解服务的功能,而无须访问源代码、文档或通过网络流量检查。通过有效映射与之关联的所有资源和操作来轻松开发和使用 API。

Swagger 是一套围绕 OpenAPI 规范(以前称为 Swagger 规范)构建的开源工具,帮助支持 OpenAPI 规范的实现,包括设计、构建、编写和使用 REST API 以及客户端和服务器端代码生成、部署、监控、可视化 API 操作,并促进内、外部使用者快速采用 API。

5. 构建 API 平台能力。

API 平台为用户提供了一个完整的生态系统,涵盖了从 API 开发、部署、再到维护的整个生命周期,包括 API 网关、API 管理平台和 API 开发者门户。

API 网关作为 API 调用的进出口,负责 API 的安全管控、策略执行、数据采集、路由调度等以保证 API 调用符合企业安全和服务规范,通常还具有负载均衡和缓存的功能。

API 管理平台负责从创建、定义、组装、版本到发布的 API 生命周期的管理,并保存和发布 API 定义到 API 网关,提供 API 测试,同时支持 API 提供者对 API 组合、转换和标准化,从而能快速地把资产和服务包装成 API。

API 开发者门户通常是一个自助服务的门户,也有开发者社区的功能,包括 API 论坛、API Blog 等互动功能,适用于开发人员集中发现 API、学习 API、在线测试 API 和注册应用,同时通过收集 API 使用者的反馈,有助于持续改进和增强 API。

API 平台环境应支持多用户架构、应用隔离和集中 API 管理、发现和测试的需求,同时提供 OpenShift 集成和混合云支持,在安全方面,支持各种加密、身份验证和授权协议,包括 OAuth2.0 授权方式、LDAP 集成、基于角色授权；在管理方面，应提供 API 使用情况分析和面板功能，支持实时监控 API 各节点的运行情况，配置系统资源，进行系统资源扩展。

7.5 银行数据资产化的未来展望

7.5.1 智能化、自动化的数据资产管理能力

随着商业银行数字化不断建设，积累的数据资产规模越来越大，对于数据资产的有效管理存在巨大的挑战。而数据资产管理的本质是对于数据资产元数据的有效管理与应用。因此，数据资产管理平台在满足业务功能需求的基础上，需要进一步探索与建设对于海量数据资产元数据的智能化、自动化的运用能力。

自动化的元数据收集能力：强化数据底座平台底层设计，实现数据资产相关的各类元数据自动收集与整理，包括但不限于数据模型相关的业务元数据、技术元数据、管理元数据、数据质量轮廓、数据分布、数据标准、数据血缘链路、数据访问热度等；这些元数据通过平台底层机制与开发的标准化等方式，对于后续数据资产的管理、评价等存在巨大的价值。

智能化的数据资产运营与服务能力：在元数据自动化收集的基础上，引入知识图谱解决方案，构建整个银行的数据资产框架图谱。利用知识图谱可以有效为数据资产运营与服务提供智能化的能力，大幅提升数据资产管理效率。其智能化的应用场景包括但不限于数据资产智能目录、数据资产智能标签、数据资产智能分级分类、数据资产质量智能预警、数据资产智能推荐、数据资产智能评价、智能查询工具生成等。

7.5.2 数据资产化与数据开发生命周期深度融合

目前，银行数据治理与数据资产管理模式基本都是事后为主的，其管理规范、标准要求主要在系统上线前后阶段进行相应的稽查，实质的管理成效比较一般。数据开发与数据管理实质上存在分割。结合国内外对数据资产管理的研究，数据资产的生命周期可划分为包括需求、规划、设计、创建、采集、存储、维护、流转、优化、授权、应用、停用等环节，并可归纳为统筹规划、管理实施、稽核检查、资产运营四个阶段。数据统筹规划管理是数据资产管理的起点，该阶段银行应开展数据资产管理组织体系建立、数据资产现状盘点、数据标准制定、数据资产管理蓝图规划，维护设计企业数据模型以及数据整合架构，制定数据安全、数据质量规则、数据模型设计规则等工作。数据管理实施阶段，银行应做好数据资产开发、数据质量提升管理、数据安全管理和数据标准管理。数据资产稽核检查阶段是保障数据资产管理持续优化的重要手段。银行在此阶段主要开展数据标准执行情况核查、数据质量问题核查、数据安全策略实施情况核查、数据流转监控和优化等工作。数据资产运营是根据法律法规、业务技术变化等合理有效地配置和利用数据资产，进而持续评估数据资产价值，制定保留和销毁策略。银行应建立数据资产价值评估机制从而开展数据资产价值评估；评估退役需求进而对停用的数据资产进行销毁；动态开展数据资产运维，丰富扩展数据资产应用场景等。

为了保障数据能够在全生命周期有效服务应用场景，需要运用系列专业技术方法开展数据资产管理，保障生成及时、准确、完整、一致的高质量数据。未来应建立一站式数据资产开发平台，使数据集成、数据开发、数据治理、数据资产和数据服务各个板块紧密结合，数据治理、数据资产管理的各种标准化要求能够在数据开发的生命周期各个环节（从设计、开发到上线）中得到有效落实，形成一体化、一站式的数据开发运营能力（DataOps），保障数据资产的可用性、安全性和高质量，持续提升数据资产价值。

7.5.3 数据资产定价与市场化

在《数据资产的风险定价模型》中吴秋玉认为，当前数据资产交易通常由卖方推动，买方对于将要购买的数据的信息知之甚少。[①] 信息的这种不对称导致定价缺乏透明度，持续损害卖方利益，这就会形成典型的"柠檬市场"。由此，建立具有标准化定价模型的数据市场是非常有必要的。

通过建立标准化的定价模型，在数据市场上形成有序的良性竞争。数据交易市场中的信息不断透明化、公开化，能够维护市场中各方利益，使得交易成本减少、交易量增加，进而有效的数据市场能创造更多价值。随着2015年《促进大数据发展行动纲要》明确提出，"要引导培育大数据交易市场，开展面向应用的数据交易市场试点，探索开展大数据衍生产品交易，鼓励产业链各环节的市场主体进行数据交换和交易，促进数据资源流通，建立健全数据资源交易机制和定价机制，规范交易行为等一系列健全市场发展机制的思路与举措"，国内的数据要素交易市场逐渐兴起，如贵州、上海等地开始探索大数据交易机制，成立了贵阳大数据交易中心和上海数据交易中心。同时，在各地方政府和产业界的联合带动下，各类市场化数据交易平台陆续建立。国家战略助力数字中国建设。数据资产定价机制的标准化、规范化是确保数据平台有序交易的重要机制，能够更大地发挥出数据交易、数据流通的价值。2019年12月31日，中国资产评估协会制定了《资产评估专家指引第9号——数据资产评估》，明确了数据资产价值的评估方法包括成本法、收益法和市场法三种基本方法。普华永道在数据资产估值的前沿领域正在积极研究与实践，于2021年世界人工智能大会上发布《开放数据资产估值白皮书》，在全球首创"数据势能"估值模型。普华永道于2021年上海进博会上正式发布《数据资产化前瞻性研究白皮书》并首次推出数据资产估值体系框架。

对于数据资产，在更多情况下，数据需求者和供给者并不能通过一个有

[①] 吴秋玉. 数据资产的风险定价模型 [D]. 大连：大连理工大学，2018.

效市场体现出来，从而导致交易并不频繁，整个数据资产的交易更多是点对点的方式。因此，在整个数据交易的过程中，应该根据数据市场交易双方的不同状况来设计相应的交易模式，如标准化数据产品合约交易模式、交互定制式产品交易模式。通过一套较为合理的数据产品交易机制来促使交易发生，提高效率，数据资产的价值也能够被充分发掘，数据资源可以得到更有效的配置。

在数字经济新时代下，商业银行需要适应数字经济发展趋势，开展数字化转型，促进数据要素市场化健康稳健发展。银行应该把握数字经济发展趋势，充分利用数字技术优化业务流程、创新业务模式、提升生产效率。企业从数据经济中获利的同时，严格落实个人隐私信息保护要求，积极承担社会责任。

8

数字银行的开放银行研究

8.1 开放银行概况

8.1.1 开放银行的定义

开放银行(Open Banking)越来越多地出现在媒体和大众的视野中,这个近几年在欧美等国家已经比较流行的新银行模式2018年在中国兴起,中国也把2018年喻为开放银行的元年。

根据国外知名研究机构Gartner给出的定义:开放银行是一种平台化商业模式,通过与商业生态系统共享数据、算法、交易、流程和其他业务功能,为商业生态系统的客户、员工、第三方开发者、金融科技公司、供应商和其他合作伙伴提供服务,使银行创造出新的价值,构建新的核心能力。

国际知名咨询公司麦肯锡对于开放银行的定义是:开放银行是一种协作的商业模式,通过API在两个或以上非附属关联公司直接分享银行数据,以增强市场的功能。

一个完整的开放银行需要有三方参与:

（1）开放数据的银行；

（2）需要这些共享数据的第三方机构、开发者等；

（3）被银行和第三方所服务的用户。

8.1.2　开放银行较传统银行的优势

1. 需求侧方面。

随着互联网金融的发展，用户对于金融服务的多样化、透明化和专业化的需求不断加深。

开放银行可以帮助银行更好服务用户需求，增强客户黏性，可以通过海量的数据分享、高速的开放平台的应用、多种的组件化的灵活嫁接等方式为用户提供更加便捷、足不出户的个性化服务，利用生态融合提升金融服务的质量。

2. 供给侧方面。

（1）各地区开放银行发展虽然由政府监管或市场推动，但共同的目的是激发金融市场活力，有效地提升和改善银行业自身的服务水平和质量。

（2）开放银行的服务由于没有地域限制，服务辐射范围更广，使不同地区、不同国家之间更好地联通，为银行开拓新的市场和增加利润来源，减少对线下渠道依赖，降低运营成本。

（3）新技术进入金融行业，倒逼银行自身进行技术革新与产业升级，提升服务质量，数字化转型成为银行下一步的重要战略。

（4）开放银行由于发展迅速、潜力大、市场活跃度高等特点会吸引大量优秀的人才加入这个行业，为该行业带来更多的机遇。

3. 技术优势方面。

开放银行通过API、SDK等方式进行第三方输出和场景布设，还包括相关的移动金融平台的开放性改造，相关技术优势体现在以下三个方面：

（1）安全。开放银行之前，第三方与银行的数据共享主要通过屏幕抓取实现，需要获取用户名、密码等隐私信息，安全性差；银行通过API技术将自己的某些技术服务开放给第三方，第三方只能使用被开放的服务内容，银行核心技术与机制细节的安全性较高。

（2）成本。使用 API 技术，银行不需要对核心系统进行大的改动，可以控制开发成本和时间，使用数据的第三方不用额外研发特定技术，节约了研发成本和时间。

（3）技术持续迭代升级。由于开放银行的发展与金融科技密不可分，技术创新与升级时刻在发生，使得开放银行需要不断持续地增加自身技术储备与前沿技术的结合。

8.1.3　开放银行构成的三大要素

1. 以 API 技术作为手段。

API 目前可分为三大类，即内部 API、企业定制 API 以及外部 API，每一种 API 类型针对不同的服务对象，其中外部 API 最符合开放银行的特质，也最适合实现传统银行以及第三方机构之间的融合。

2. 以共享数据作为核心。

开放银行最主要的核心就是以用户为主要出发点，将用户从支付、信贷、储蓄等一系列行为所产生的数据共享给第三方，从而更好地服务用户。

3. 以平台模式作为土壤。

开放银行依托于平台模式，不再像传统银行那样直接将自己的产品和服务提供客户，而是将上层各种不同的商业生态嵌入到平台上，平台像是商业生态的土壤，这些商业生态在开放银行的土壤中成长，开放银行在底层为上层提供养料（数据、金融服务等）。

8.1.4　开放银行三大参与模式

1. 自主建设。

对于技术能力强、风险承受能力高、相关人才资源充足的大型银行而言，自建开放银行无疑是最佳模式。

国际咨询公司 Gartner 分析发现，构建这类平台需要包含具备 API 管理能力的网关，由信息系统、客户体验、数据分析、物联网、商业生态系统一共五大元素构成。

欧美银行业诸如 BBVA、Barclays、HSBC 等技术背景实力雄厚的银行都选择了这一模式作为建设开放银行的主要手段。在这种模式下，建设开放银行主要在于借助应用程序包构建一个"银行即平台"及附着其上的商业生态系统。

2. 投资并购。

目前投资并购金融科技公司等方式是很多银行选择的快速实现数字拓展的途径。

（1）投资模式关键在于是否与自身业务相匹配，被选择的目标公司本身已具备搭建开放银行平台或相关的经验，在该领域也拥有丰富的开发经验人才。作为投资方的银行可以摸着石头过河，降低失败风险，无须再耗费精力去自建一个未知成败的开放银行。

（2）对于希望将开放银行模式快速投向市场、资金方面充足但不愿承担过多开发风险的银行而言，可以选择此类模式。

硅谷银行在 2015 年收购了 Standard Treasury（一家专注于做银行 API 的初创公司），随后双方合作搭建了一个基于 API 的银行平台。①

3. 合作参与。

和自建、投资并购这两类模式要求银行构建一个高度开放、全方位"银行即平台"和商业生态系统不同，合作参与模式下，银行无须构建一个完整的平台，更不需要去创建一个大的商业生态系统，适合风险容忍度小、计划在较小可控的风险范围内进行一定程度的"开放"、侧重于短期内增加营收的银行。

---

① 杨蓉. 如果银行开放，未来将会怎样？[EB/OL]. https://baijiahao.baidu.com/s?id=1644194322085936665&wfr=spider&for=pc，2019 – 09 – 09.

选择此类模式银行应考虑自身目前已有的金融产品和服务，找到可以通过 API 接口对接外部商业生态系统的产品和服务，达成合作，共同服务用户。

8.2 各国家及地区开放银行的发展历程

8.2.1 英国开放银行的发展

英国政府决定在银行业率先推行开放银行战略，激发金融市场活力。

（1）2015 年 9 月，英国政府专门成立开放银行工作组，推进基于可编程接口（API）的银行服务理念落地。

（2）2016 年 8 月，英国竞争及市场管理局（CMA）要求英国前九大银行联合出资成立开放银行实施组织（OBIE）。

（3）2017 年 3 月，英国九大银行统一了数据开放标准，对银行产品、ATM 等标准化数据开放，并支持个人、中小企业等在内的账户信息可以在授权后向第三方机构共享，加速推进金融产品创新。

（4）2019 年 8 月，英国开放银行的 API 接口标准已经历多次升级，从 1.×版本到 2.1，目前最新版本为 2.2。

2014 年，英国政府对当时国内银行的市场进行详细调查后发现，英国前四大银行拥有英国 80% 以上的固定用户[①]，而这些银行用户没有特殊原因一般不会更换银行账户，虽然很多用户对银行的服务等方面颇有怨言，但由于银行体系过于庞大，在市场中长期处于垄断地位，催生大银行的惰性，制约了市场活力的发展，也让许多银行服务得不到有效的提升和改善。另外，有些规模小但优质的银行也不能在市场上得到有效的关注和发展。

---

① 郭敏. 揭开"开放银行"的神秘面纱，它是未来银行的样子？[EB/OL]. https://baijiahao.baidu.com/s?id=1631474867850010304&wfr=spider&for=pc，2019-04-22.

这促成英国政府决定在银行业率先推行开放银行战略，激发金融市场活力。2016年3月，英国财政部正式对外发布了《开放银行标准框架》，框架要求银行采用开放API的形式，可以将用户资料提供给已经授权的第三方使用，促进金融产品和服务创新，推进开放银行理念的实施，这在之后对全球各国开放银行监管指导产生重要参考作用。

2019年6月金融科技媒体Finextra和市场研究机构APImetrics共同发布了一份英国开放银行的研究报告，对API的运行情况进行了调查。

报告对以下六种API接口进行了调研：①调用ATM位置信息（Get ATMS）。②调用网点位置信息（Get Branches）。③调用企业现金账户信息（Get Business Current Accounts）。④调用企业信用卡信息（Get Commercial Credit Cards）。⑤调用个人现金账户信息（Get Personal Current Accounts）。⑥调用无抵押中小微企业贷款信息（Get Unsecured SME Loans）。

这六大API接口返回的数据标准定义相同，从调查结果来看，目前苏格兰皇家银行、丹麦银行、爱尔兰埃尔斯特银行、国民西敏寺银行四家大银行暂时领先。排名倒数的三家银行分别是巴克莱银行、劳埃德银行和桑坦德银行，由此可见英国大银行的技术能力有所不同。

截至2019年6月，英国开放银行项目已经批准85家第三方服务商和52家账户提供者加入。①

英国人工智能研发机构Splendid Unlimited 2019年的研究显示，英国有9%的成年人使用过相关应用或使用API的服务，目前有22%的人听说过开放银行的概念。②

66%的金融决策者认为，谷歌和亚马逊等科技巨头因为开放银行的发展将在五年内在英国提供零售银行服务。34%的受访者认为，传统银行到2023年将不再存在。64%的决策者认为，新法规已经使大型科技公司优于传统银行。③

---

①②③ 薛小易. 开放银行发展分析报告：银行业的破与立［R］. 2020.

8.2.2 欧盟开放银行的发展

欧盟通过修订 PSD2《新支付指令》，要求其境内银行向第三方开放相关数据。①2015 年 11 月，欧盟修订《新支付指令》（PSD2），要求其境内银行向第三方开放相关数据，是欧盟国家开放银行的立法基础。②2016 年 4 月，欧盟推出《通用数据保护条例》（GDPR），规定了企业如何收集，使用和处理欧盟公民的个人数据。③2018 年 1 月，欧洲银行业简化与包括金融科技和零售业务、电信提供商、支付服务和金融在内的第三方通过 API 分享数据信息的接口规范。④2018 年 5 月，GDPR 正式实施，针对个人数据隐私保护提出监管要求。GDPR 是世界范围内最完善、最严格的隐私保护规定。

欧盟这些举措的目的是促进创新，增加竞争，在金融服务市场建立公平的竞争环境，从而提高用户获得的服务质量，同时，确保第三方运营商（TPP）可以通过 API 访问在线支付服务和账户信息。

荷兰金融科技公司 Innopay 通过调查欧盟目前的 31 家银行，从四个方面分析 lnnopay API 功能范围——API 目录、API 文档、开发人员和开发人员社区影响。调研表明，只有 10 家银行，即花旗、星河银行、邦克银行、第一储蓄银行、桑坦德银行、比雷埃夫斯银行、西班牙对外银行、DNB、希腊国家银行、OP 金融集团等具有丰富的 API 功能范围，其余被研究的银行 API 功能范围有限。①

调研表明，土耳其实业银行（Turkiye is Bankas）目前在欧洲境内推出了最多的 API 接口服务，提供的服务包括各类活动、支付计划、还款计划、贷款、信用评分、客户账户等。

紧随其后是第一科技集团（ERSTE Group）和 DNB，它们分别在各自的市场推出了 11 种 API 服务。

---

① 薛小易. 开放银行发展分析报告：银行业的破与立 [R]. 2020.

西班牙对外银行（BBVA）、汇丰银行（HSBC）、劳埃德银行（Loyds Banks）和巴克莱银行（Barclays）均推出了 9 种 API 服务。①

1. 加速标准制定。

业内人士指出，用户对开放银行机制、欧盟 PSD2 指令及其新安全要求的认识在逐渐提高。普华永道预测，到 2022 年，开放银行业将创造 72 亿英镑的收入。②

欧盟正在效仿英国之前统一 API 标准的做法，标准化促进创新金融解决方案的传播，使用标准化 API 的第三方提供商不必在每次连接到新实体时都适应不同的技术，预计未来在欧盟相关标准制定会加速。

2. 西班牙 BBVA 银行。

西班牙 BBVA 银行也是"开放银行"理念的积极践行者。BBVA 于 2016 年正式启动开放 API 项目，聘请了美国数字银行 Simple 的联合创始人沙米尔·卡尔考（Shamir Karkal）作为项目负责人。在随后的平台试行阶段，BBVA 邀请了超过 1500 家企业和开发者参与测试，以期更好地了解平台与合作伙伴的关系，提高开发环境的安全性。

自 2017 年 5 月起，BBVA API Market 对西班牙客户正式开放，这是 BBVA 开放银行战略的首个成果。外部开发人员可以在 BBVA 的 API 市场上发现、访问、测试 API，以便在自己的应用程序中使用。截至 2019 年初，BBVA 在西班牙、美国、墨西哥三个国家共计开放了 10 个 API：7 个基于银行零售端用户信息，1 个基于企业信息，还有 2 个是多渠道数据的整合。③

3. 德国索拉里斯银行（Solaris Bank）。

德国索拉里斯银行也是一家非常契合开放银行理念的银行，它的前身是一家纯技术公司，于 2016 年 3 月正式从德国联邦金融监管局处取得了全银行牌照。但索拉里斯银行本身并不经营传统银行的业务，而是为第三方企业提供开放 API 服务。

---

①②③ 薛小易. 开放银行发展分析报告：银行业的破与立 [R]. 2020.

据 2019 年 9 月统计，索拉里斯银行已经在底层推出超过 180 个 API 端口，大致可分为三大类：一是数字银行和银行卡类 API，用于对接传统银行账户；二是符合 PSD2 要求的支付类 API，主要用于合作公司向客户提供礼品卡及相关服务；三是贷款类 API，帮助在线平台实现全自动化风险评估和数字化签名认证，将个人消费贷款或者中小微企业贷款整合到自己的商业流程中。①

8.2.3 澳大利亚开放银行的发展

1. 以用户为中心。

澳大利亚开放银行的目的：以用户为中心、鼓励创新、创造机会、高效透明。法雷尔（Farrell）提到这包括开放银行为谁服务，为什么这么做，应该做什么及如何实现。

为用户带来的好处：共享信息的能力、更强的交易谈判能力、更容易更换服务商的能力等。

开放银行的核心是客户可以主动控制他们自己的数据可以被谁访问，以及什么内容可以被第三方看到，同时用户也需要信任这个体系的运作方式。

2. 银行业"携号转网"即将到来？

2001 年，澳大利亚政府推出"携号转网"相关立法，用户更换手机运营商不需要更换手机号码，为用户更换手机运营商提供便利，更重要的是，这一立法提升用户的话语权，加大运营商的市场竞争，倒逼运营商提供更好的服务。统计资料显示，截至 2018 年，已经有超过 230 万客户（约占市场的 10%）进行了"携号转网"。②

澳大利亚的开放银行或将采用类似"携号转网"的政策。

3. 开放银行数据，给消费者带来便利。

---

①② 薛小易. 开放银行发展分析报告：银行业的破与立 [R]. 2020.

自 2019 年 7 月 1 日起，澳大利亚政府要求澳洲四大行必须开放授权的客户信用卡、存款和交易数据。预计自 2020 年 2 月起，银行还需开放房贷数据等其他数据，即所谓的"开放银行数据"。竞争法专家黛博拉·希利（Deborah Healey）教授表示，此举可能会给澳大利亚整个金融服务业带来天翻地覆的变化。对于澳大利亚居民而言，选择哪家银行非常重要。随着银行开放数据，消费者更换银行将变得更加方便。

8.2.4 美国开放银行的发展①

美国截至目前还未发布任何相关监管标准。2018 年，美国财政部表示，英国和美国之间的情况差异明显，对规模、性质、金融服务业和法规要求的多样性等有巨大的区别。对美国市场而言，类似英国和欧盟的开放银行体系可能并不适用。这意味着，美国银行业可能会采取一种行业驱动的方式。

目前美国已经开始研究英国及欧盟等以监管为驱动的地区是如何实施相关政策的，这将在"为数据共享制定技术和客户体验标准"等议题上为银行业的政策制定者提供参考。政策制定者和监管机构已提出建议，鼓励银行采用最佳的做法，很多银行都开始开发 API，以推进一种更安全的方式来交换银行数据，并摆脱之前安全性不高的屏幕抓取方法。

银行也开始了对通过 API 进行开放银行的探索，例如，2016 年 11 月花旗银行等银行都已经创建开发实验室并实现了很多 API 应用。

富国银行 2016 年创建了 API 开放平台"Wells Fargo Gateway"，在美国开放了数据信息和支付 2 大类 14 小类的 API 服务。2017 年初，北美著名的理财软件 Mint 与富国银行签订了数据共享协议。

德勤（Deloitte）于 2019 年就美国消费者对开放银行业的接受程度进行了调查。从德勤调查中得出的结论是，美国消费者对开放银行持乐观态度。

---

① 薛小易. 开放银行发展分析报告：银行业的破与立 [R]. 2020.

近一半的"Z世代"和39%的"千禧一代"受访者认为开放银行有价值，年轻消费者倾向于使用更多的储蓄、支付和预算相关的应用程序，而只有23%或更少的年长受访者持相同看法。

这种年龄差异可能是银行领导人在推行开放银行战略时需要考虑的一个重要因素。德勒调查显示，年轻的受访者更有可能授权他们的银行或金融服务提供商共享他们的财务信息。

德勒调查的另一个发现是，与其他机构相比，受访者似乎更信任大型银行和其他老牌机构。近四成消费者表示，与纯互联网银行或网上零售商相比，向银行分享财务信息感觉更放心。信任不仅是共享信息的基础，也是建立更牢固关系的因素。接受调查的消费者中，近九成高度信任他们的银行，这一事实被许多人忽视了。

在分享不同类型的信息时，消费者的心理感受略有不同。他们最有可能分享信用评分、忠诚奖励积分和账号。与此同时，他们最不愿意分享更敏感的信息，如投资额、社会保险号、账户余额等。

越来越多的美国年轻消费者表示，他们支持开放银行的主要原因是"灵活性和透明度"，使事情"不那么麻烦"。

消费者最感兴趣的是那些能够简化财务管理的服务，比如能够比较银行服务、整合财务数据和预算工具个性化。正如一名受访者所说："很多人可能希望会用它来将自己的财务信息整合成一个简单的操作模式。"

至于收入的差异，调查显示，年收入超过 25 万美元的群体最愿意分享他们的财务数据，也更认同和支持开放的银行理念。

8.2.5 新加坡开放银行的发展

以政府为主导推广，相较于欧盟的强制性措施，新加坡金融监管机构采取制定政策架构及鼓励的措施。

（1）2013 年，政府制定资料分享原则，提供 60 多个政府部门与机构约 8600 笔资料开放使用，并推出 Sing Pass 服务。

(2) 2015 年，新加坡金融管理局（MAS）成立金融科技与创新团队，除了连接银行与金融科技创新产业外，也对数字银行、开放银行等方向进行政策制定与协助。2016 年，MAS 与新加坡银行公会（ABS）颁布《功能即服务 API 手册》（FAAS API Play Book），详细制定金融业 API 发展策略，并鼓励银行参与开放 API。

(3) 2017 年，MAS 推出我的信息（My Info）服务，将 330 万新加坡数字身份（Sing Pass）使用者资料自动加入，My lnfo 储存个人信息，包括身份证基本资料、职业收入、家庭婚姻资料等，用户有权决定是否授权第三方使用资料。

(4) 2018 年，MAS 开放 42 个 API 供查询金融业公开信息，并督导新加坡的银行，包含星展、华侨、花旗、渣打银行等，共开放 313 个 API。

新加坡星展银行集团是新加坡大型商业银行之一，在新加坡具有客户规模与经营网络的优势，但在海外市场发展上，分行网络与客户规模资源有限。在新兴市场的核心战略是通过开放银行及场景生态圈等差异化策略渗透目标群体。比如在印度市场，星展银行在印度分行数量仅有 12 家，通过推出"digi bank"品牌与连接的智能产品，与 500 多家咖啡店展开合作，利用印度生物辨识卡（Aadhaar Card）进行身份验证，将开户过程全部数字化、无纸化，并于 2 年内，星展银行在印度本土已获得超过 200 万客户。

在企业金融上，与当地知名云端 ERP 厂商 Tally 合作，将星展银行企业账户信息以 API 的形式和 Tally 系统互相对接，用户可实现即时付款、查询账户信息、传送发票等，将金融服务融合于企业会计流程中，以数字化解决烦琐流程。

新加坡的开放银行仍需要政府方面积极推广与整合，让繁杂的金融服务以简易的方式融入消费者的生活中。

8.2.6 中国开放银行的发展

中国开放银行以市场驱动，银行因为种种原因主动选择开放银行，以构建与用户的生态连接。开放银行概念兴起于2018年,但市场参与者对开放银行的探索要早于此。

1. 工商银行。[①]

工行在"e-ICBC 3.0智慧银行战略"、《2018—2020年全行发展战略规划》中对开放银行建设进行了顶层设计,在智慧银行信息系统(ECOS)工程建设中加速相关规划落地实施,通过银行业务与生态的深度融合,实现业务架构由内部企业级向跨界生态的延伸。

2018年上半年,工行建设API开放平台并投入运营。另外,工行搭建金融云平台,采用"主机+开放平台"的双核心架构,涵盖基础设施云、应用平台云、金融生态云,既可以服务集团内部,也可以对外输出金融服务。

2019年11月8日,工行发布智慧银行生态系统ECOS1.0,整合重构企业级业务架构,树立"用户即客户"的开放理念,构建跨界金融生态,全面提升"灵活创新、智能应用、开放融合"三大能力。

ECOS系统以"开放"作为核心特征:第一,在集团层面实现"主机+开放平台"的双核心架构,从底层架构的角度对开放银行安全的探索;第二,将业务架构由企业内部延展至跨界生态,实现客户到用户的重新定义,实现开放合作新生态构建;第三,实现组件化研发,大大节省产品研发成本和效率,实现敏捷化,提升开放产业环境下的快速响应。

构建金融生态,工行"走出去"和"引进来"两条腿走路:

工行以自有平台融e行、融e联、融e购"三融"为基石,以API开放平台和金融生态云平台为跨界合作抓手,构建了十余类"金融+"热点场景,积极打造开放、合作、共赢的金融生态圈。

"走出去"是通过工行API开放平台,把工行的服务和产品做成标准化接口,开放给有需要的合作方,同时把客户的各种生产生活场景与工行的金融服务连接。截至2019年11月,工行API平台对外开放9大类、1000

---

① 移动支付网. 银行业开放银行发展分析报告[R]. 2021.

多项服务，合作方达2000多家。

"引进来"则是通过金融生态云平台，协同合作伙伴围绕用户痛点，为用户提供"行业+金融"的综合服务，比如，银校通、云党费、智慧物业、智慧景区等多款可快速上线的云服务，进而将银行服务延伸至以前难以覆盖到的广阔群体。截至2019年1月，工行开放生态平台上已经入驻了一千余家合作伙伴，诞生了900多个合作场景，服务千上亿用户。

在平台基础上，工行提供统一的API生命周期管理流程、统一发布及管理等，提升服务能力和效率。

2. 中国银行。①

中国银行构建了以中银开放平台、场景拓展与管理平台为支撑的技术框架，为金融服务输出及场景融合提供有力保障。

2013年，中国银行推出中银开放平台，整合了银行各类金融业务接口，打造金融服务的应用接入平台，开放了1600多个接口，涉及跨国金融、移动支付、汇率牌价、地图服务、网点查询等场景或服务。

"平台+服务"是中银开放平台的主要运作模式，银行提供平台、确定规则与规范，并"标准化封装"金融应用接口，向广大合作伙伴及客户等第三方提供安全、稳定、简洁的金融接入服务，将银行服务植入各类商业生态系统；同时借鉴"众包"的开发模式，充分带动社会化开发力量，吸引广泛资源进行应用的混聚，推出丰富多彩的移动金融应用商店服务，构建用户、开发者、银行互利共赢的"金融生态圈"。

场景拓展与管理平台整合中国银行现有金融服务，采用B2B2C的模式对外提供完整的金融服务，并对产品输出进行统一的渠道层管理。

3. 平安银行。②

平安银行建构开放银行平台，将突破传统银行的服务思维，以场景为驱动，通过先进的API技术连接等方式，向合作伙伴开放银行的金融能力，同时也通过接入合作伙伴能力来为客户赋能，为了真正做到以客户为中心，

---

①② 移动支付网，银行业开放银行发展分析报告 [R]. 2021.

还将合成金融和非金融能力赋能客户。

2016年,平安银行启动开放银行的探索研究。

2017年,完成系统研究和论证,实现基础平台的搭建,推出开放平台。平台不断升级,由初期主要以支付类业务场景试点探索为主,到提供支付结算、账户、风险等多类银行金融服务。

截至2019年底,平安开放银行平台总接入产品已达24个,包括跨行快付、见证宝、票据、现金池、跨境e等,接口数量已达351个,日均交易量突破200万笔,接入集团数量突破2700个,账户突破20000个,账户日均存款超2700亿,增幅15%,全年累计交易金额7万亿元。

2019年5月29日,平安集团旗下金融壹账通在深圳正式发布Gamma O开放平台。平安集团对Gamma O的定位是"4个开放",即开放技术、开放客户、开放场景、开放资本,希望通过打造"金融机构的科技App Store",探索构建一个共同生态圈。

Gamma O平台提供三大核心价值赋能开放银行的建设,为银行构建了一整套从需求定制、技术接入到产品测试的全流程科技服务体系。

①"App Store"一站式接入。Gamma O开放多家科技服务商(包括金融壹账通)的人工智能、大数据等前沿科技的API接口,集合产品、系统及定制需求,链接优秀开发者的技术开发能力,银行可灵活调用接口,实现产品的快速落地。

②建立严格准入标准。结合自身应用经验,金融壹账通探索出了一套严格的准入机制及筛选标准。Gamma O基于此,结合平台自身安全规范及授权协议,对接入的企业开发者进行层层筛选。

③提供平台沙盒测试环境。Gamma O平台提供了测试沙盒,为创新产品提供测试环境,提高创新产品的安全性、稳定性,推动广大金融科技创新。

Gamma O平台计划未来三年开放至少500个API端口,入驻至少500家金融机构及5000家服务商,成交项目预计超过500个。

虽然在技术层面,开放银行仅指通过API/SDK技术将银行服务融入商业生态，是一个科技手段的应用，但在开放银行实际落地的过程中，必然涉及银行在战略、技术、数据、业务模式等不同层面的深刻变革，是整个银行服务理念的重构。因此，平安银行在战略层面做了调整：

①平安银行创新委员会专门组建了一支开放银行平台项目管理团队，该项目管理团队由金融科技实践经验极为丰富的行内人员构成，他们将项目相关的各部门按照不同实践环节分组，各小组由分管行领导牵头，部门领导亲自参与任务分工及结果反馈。协调全行力量，对开放银行平台进行战略性推动，确保其落地过程中各部门、各团队沟通顺畅，建立扁平化的沟通机制，降低沟通成本，为开放银行的创新实践提供了机制保障。

②平安银行创新委员会还通过在战略层面进行资源协调，巧设管理机制，在开放银行实践中，引入高层领导加入创新小组，积极协调各部门，推动资源投入，并且根据需求使用创新基金。为项目的顺利推进提供了软、硬件等方面的资源保障。

同时，平安银行在平台建设层面实施了如下举措：

①平安开放银行平台利用开放 API 等多种技术实现银行与第三方之间数据共享，以银行门户为入口，通过统一的服务签约平台、统一的开放技术标准、统一的业务运营流程，在线提供接入文档资料下载、中台资源调用管理、中后台测试管理、上线申请等功能，实现金融直联（按）项目全生命周期线上化、自动化、流水化运营，植入场景式服务，提升平台客户接入银行服务的效率，大幅降低单一项目对人力资源及 IT 资源的占用。

②平安开放银行平台支持用户根据自身需要灵活选择 API 接口、SDK、H5 等方式快速调用银行服务，同时平台提供沙箱环境，为合作伙伴接入门槛，提高投产效率。

③平安开放银行平台坚持以客户为中心，在操作层面通过重点场景构建该场景下全生命周期的客户旅程，并对生态中各合作方进行数据交互，从而实现对客户的全面服务。比如，针对智慧城市、车生态、房生态、医疗生态、金融生态等不同生态圈，平安银行已先后输出了现金管理、支付结算、跨境金融、现金池、贸易融资等多个 Open API 标准接口服务，全面

开放接入环境,以简洁的接入流程、轻型的平台架构、全面的安全防控打造出业内领先的开放银行平台。

8.3 开放银行面对的问题与建议

8.3.1 数据问题

1. 问题。

(1) 同一银行不同部门之间、跨行及其他金融机构之间数据录入格式可能不一致,无法互相调用,出现数据孤岛;

(2) 国内开放银行由市场驱动,发展还在初期,尚没有建立统一的标准体系和机制,系统性开放落地难;

(3) 数据开放的监管政策尚未完备,银行开放数据顾虑多;

(4) 用户愈发注重隐私,数据开放不注重方式方法或将带来用户信任问题;

(5) 目前商业银行、第三方合作伙伴等参与机构的对接等额外成本仍然偏高,还未实现互联互通。

2. 关于数据问题的建议。

(1) 政策方面尽快制定我国开放银行的监管框架,防止市场失灵,避免一哄而上可能引发的系统风险。

(2) 开放银行并不仅仅局限于通过 API、SDK 等方式进行第三方输出和场景布设,还包括相关的移动金融平台的开放性改造等。除了应针对 API、SDK 等技术实现方式制定相关技术标准外,也应考虑对金融机构平台的开放模式和技术路径制定相关标准。

(3) 数据开放需"有标可依",除了相关技术标准和数据生命周期各环节的安全标准构建之外,还需要适应市场发展,建立数据泄露问责制度、风险管控措施、纠纷解决机制等。

（4）普及数据方面常识，加强与用户的沟通交流，提升用户数据开放的安全感。

（5）随着中国金融产业不断地敞开国门，如何与国际一道协同参与相关的标准化政策的制定等一系列的问题。

8.3.2 组织架构问题

1. 问题。

（1）部分银行选择开放银行更多是跟随开放，没有明确的战略规划。

（2）银行机制僵化，一方面，决策流程复杂、投入成本巨大、耗时长，不利于开放环境下的市场竞争。更重要的是，银行现有的体制机制是集中化的技术架构和层级复杂的组织架构，而现在银行的经营模式需要调整为以用户为中心的扁平化组织架构管理，这样的体制机制已经无法适应。

（3）随着金融科技深入应用于金融行业，银行出现金融科技复合型人才缺乏问题，金融人才技术能力不足，技术人才对金融的理解不够深入，业务与技术在应用上出现断层。

2. 关于组织架构问题的建议。

（1）银行需在充分调研用户需求和自身业务特点的基础上，完善战略规划，有的放矢循序渐进地开放，避免业务同质化，丧失竞争优势；

（2）改革体制机制，在银行4.0时代，用户获取金融服务的方式发生了巨大变化，银行需要从前、中、后台多个方面适应用户消费行为的变化，通过业务与技术联动的方式，提升服务用户的能力；

（3）加速人才建设，一方面，外部人才引进和内部人才培养可以同时进行，两条腿走路；另一方面，需要建立有吸引力的薪酬和激励机制，留住人才。

8.3.3 业务安全风险及协作问题

1. 问题。

(1) 开放银行或将带来随之而来的风险开放,随着数据信息的共享,商业银行如何转变从以前木桶效应(仅需保障自身信息安全)之外同时保障一整条信息流的安全。比如商业银行在与第三方等合作开展业务时,双方需要各环节的共同推进。当合作伙伴出现经营问题或突然终止合作时,会引发业务连续性风险,会对商业银行整体的业务发展造成很大影响,所受到的损失可能会波及消费者。

(2) 技术创新应用于金融领域,金融与技术的碰撞带来了新的安全问题,技术应用加大了风险的隐蔽性、破坏性和伤害范围,同时,技术提升了金融处理的效率,同样的时间会产生更多的数据信息,对监管构成了巨大压力。

(3) 对于外界随时可能的网络攻击、黑客窃取等,如何保障信息的安全问题,同样需要银行考虑。

注:在开放银行的模式下,商业银行与合作伙伴共同为客户服务,随着与商业银行合作伙伴数量的增多,合作伙伴日常回复、协作的效率等成为开放银行运行效率的关键。

2. 关于业务安全风险及协作问题的建议。

(1) 针对开放银行用户数据隐私保护、用户信息分级保护、行业数据垄断、行业不正当竞争、非法利用数据等,应制定相关监管政策。监管可以通过建立公共数据融合和监管信息共享机制,制定统一的合作商户接入流程和准入标准,通过运用人工智能、大数据、区块链等新一代数字技术,加强对开放银行信息采集、传输、存储、使用等全流程的保护,严格防范非法存储、窃取、泄露个人金融信息等行为,加强商业银行、用户及第三方的共同治理,这将更好地规范开放银行业务生态环境,避免发生系统性风险的可能。

（2）建立数据共享过程中的风险管控机制，明确不同的风险问题责任归属（数据流通中各个环节的风险泄露由谁承担），不同风险等级的问责和惩罚机制等。

（3）基于金融科技的大面积应用，监管手段也需要发展创新，提升监管对风险的识别和应对能力。可将最新及成熟的技术应用于监管，从提升监管的数字化和智能化入手，提升监管对技术创新带来的风险的识别能力，同时，可以更及时地预警，减少风险的破坏性和伤害范围，提升监管效率。

（4）数字化：随着数据开放，监管可以利用的数据广度大大增加，由此，可以大大提升数据挖掘利用的深度，得到更真实可靠的"公司画像"，更加了解监管对象，多个监管对象画像交叉分析验证，又可以得到更准确的风险画像。全方面、多角度地理解同一业务的风险可能，可以提升监管穿透性。

（5）智能化：数字化技术可以帮助发现风险，智能化可以进一步提升风险预警的即时性，提升风险监管的效率。即使数据模型发现了风险问题，依靠人工预警效率低、成本高，不能及时叫停有风险的交易。及时预警可以在风险露头之初就控制风险，减少风险破坏性和波及范围，通过监管数字化和智能化改造，提升监管效率。

8.3.4 品牌价值及商业盈利模式问题

1. 问题。

（1）随着开放银行的发展，银行服务作为底层嵌入到各种生态场景已是常态，用户日常直接接触的是上层生态场景的提供方，导致用户与银行出现距离感和断层，随之银行服务无感化、品牌无感化或将越加明显；

（2）构建完整的开放银行体系需要漫长的系统建设周期（无论是通过API接口将银行服务嵌入更全面的生态场景，还是建立囊括更多场景的开放平台，都需要很长的投入周期），导致盈利周期长，对于任何一个银行来说，这都是一个很大的投入与挑战。

2. 关于品牌价值及商业盈利模式问题的建议。

（1）产品为王，在以用户为中心的理念下，优化产品设计，形成差异化的产品优势，初步搭建银行特色的品牌形象；在产品的基础上，多渠道、持续接触用户，深化用户对银行品牌的差异性认知。

（2）开放银行大势所趋，未来的开放银行底层架构或将成为行业基础设施，在这种情况下，商业银行需与生态中的多方参与者共同搭建底层架构。

9

数字银行的金融科技人才展望

随着金融行业在中国的持续发展，特别是创新业务、创新模式的拓展，市场对金融科技人才的需求日益高涨，同时也导致了金融科技市场人才流动的不断加剧。而由于薪酬水平遥遥领先于其他行业，以及金融行业存在一定的人才准入门槛，使得金融业内人员较多保持在本行业内流动。金融机构人才战略也需紧跟金融业变化趋势做出调整。随着金融各细分行业迅猛增长，金融机构类型不断增多，金融企业也愈加重视人才的综合能力。同时，为满足金融科技业发展新趋势的要求，金融机构在引进人才时，会特别重视特定业务所需的专业能力以及面对新兴业务的创新能力。目前金融行业不断发展混业经营，复合型人才对金融机构的未来业务发展至关重要。虽然各细分行业对人才的需求标准不尽相同，但优秀的毕业院校、国际专业资格证书以及跨界、复合的知识经验等将会成为未来几年金融业人才发展的关键趋势。值得一提的是，互联网金融对传统金融产生了不小的冲击，吸引了许多优秀人才的流动。但因其业务创新性较强，目前仍面临比较严重的人才缺乏。而轻松自由的行业氛围不仅吸引了国内互联网、金融、科技等各行各业的人才，甚至有越来越多的海外优秀人才也加盟到了互联网金融企业。

此外，中国金融行业近年来在不断拓展非一线城市业务，但这些城市的人才体量与质量相较于一线城市仍显不足。在业务拓展时，金融机构可以通过人才派遣或人才孵化的模式，同时给予经济上的补偿和职业发展上的激励，来吸引优秀人才到非一线城市就职。金融机构对不同层级人才的诉求也有差异，特别就资格证书而言，其对寻求金融行业初级和中级职位的影响较大，对高级职位影响相对较小。金融从业人员首先应关注重点成长行业及创新领域，合理考虑不同工作城市的发展机会，着眼长远发展，以确定行业职位选择；其次需要通过提高综合素质、专业水平和创新能力，将自己培养成复合型人才，以适应职业发展。

综合来看，金融业内用人标准正在发生新的变化，金融科技人才流动日渐加剧。如何引进人才、培养人才，已成为金融机构人才战略制定的基准，也是关系到其转型升级的关键。金融机构需要合理规划用人才需求，通过多元化的渠道获取行业内外人才；在人才选择时，应根据业务发展及创新的需要，注重考察人才的综合素质能力，包括毕业院校、国际专业资格证书、跨业知识技能以及相关的海外经验。另外，金融机构应通过灵活的轮岗和培训机制，为人才提供一些新兴业务的发展机会，保持员工的专业性和创新性；同时，建立"能进能出"的人才晋升机制、引入多元化的薪酬体系以及合理的就职地点选择也是人才战略的重要发展方向。

我国金融科技人才的需求是中国信息化尤其是金融电子化和金融信息化的历程密切相关的。金融科技人才供需矛盾的存在由来已久，这几年金融科技人才的供需矛盾尤为突出。调查显示，中国市场对金融科技人才需求旺盛，需求最大的岗位主要集中在技术研发类，包括大数据、云计算、区块链、人工智能、UIUX。其中，大数据类岗位包括数据挖掘、数据分析、数据库管理、数据迁移。云计算类岗位包括云计算·基础架构、云计算·平台 SAAS、云计算·软件 SAAS。人工智能岗位包括计算机视觉、机器学习、语音识别、自然语言处理。UIUX 岗位包括 UI 交互设计、UX 用户体验、人机互动。区块链的人才需求主要集中在计算机、金融行业、互联网行业，需求结构与区块链技术落地的实际应用场景相关，业务发展速度较快的领域赢得了更多青睐。

随着信息技术逐步融合到银行、保险、证券和外汇等金融行业，既懂

IT技术又精通金融业务的复合型金融科技人才成为金融人才市场的争夺焦点。金融科技人才的紧缺度也逐渐加大。

世界产业格局正在发生深刻变化，围绕技术路线主导权、价值链分工、产业生态的竞争日益激烈，发达国家在工业互联网、智能制造、人工智能、大数据等领域加速战略布局，抢占未来发展主导权，给我金融科技业跨越发展带来深刻影响。中国制造2025、"一带一路"、"互联网＋"行动计划、大数据、军民融合发展等国家战略的推进实施，以及国家网络安全保障的战略需求，赋予金融科技业新的使命和任务；强化科技创新引领作用，着力推进供给侧结构性改革，深入推进大众创业万众创新，加快推动服务业优质高效发展等，对进一步激活金融IT市场主体、提升产业层级提出新的更高要求。

9.1 金融科技人才总量分析

根据团队的调研，2020年，全国金融科技从业人数673万人，比上年增加28万人，同比增长4.3%。具体如图9-1所示。

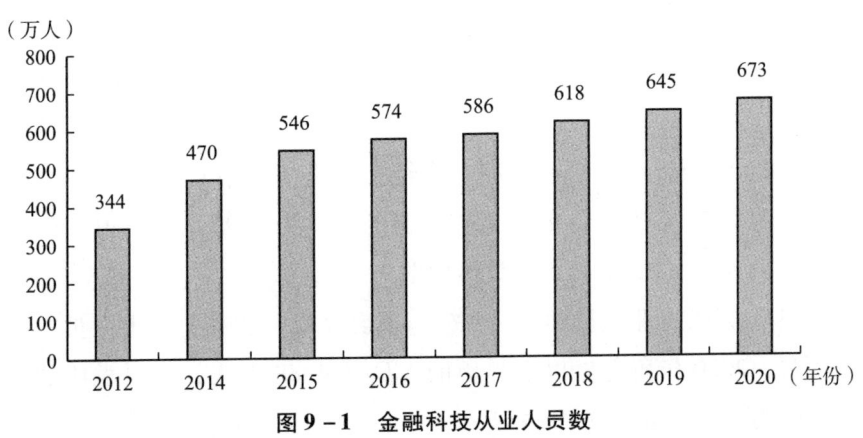

图9-1 金融科技从业人员数

资料来源：作者团队调研。

9.2 金融科技人才在银行业中的结构分布

我国金融科技人才逐年增加,2020年年龄在21~25岁的金融科技人才共10.32万人,年龄在26~30岁的金融科技人才为11.61万人,31~35岁的有4.36万人,20岁以下和35岁以上的分别有0.44万人和3.21万人。具体如图9-2所示。

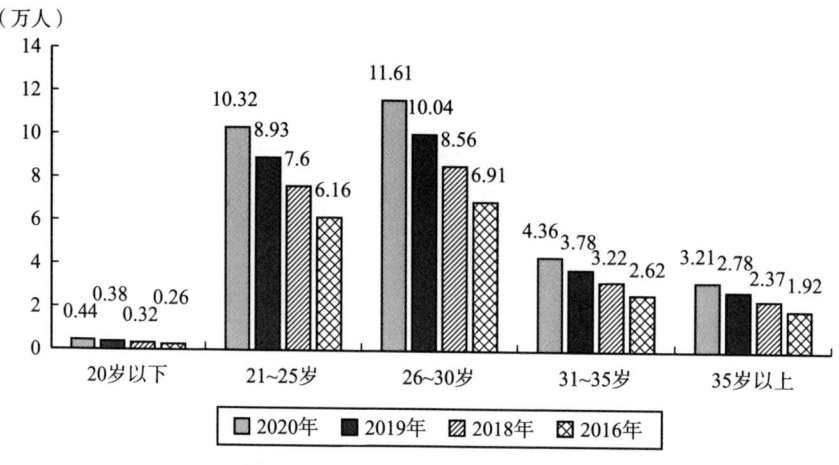

图9-2 金融科技人才年龄分布

资料来源:作者团队调研。

从2020年金融科技专业人员工作经验结构情况来看,3~4年工作经验的人员为7.78万人,5~6年工作经验的人员为5.95万人,其7年以上工作经验的人员有8.11万人。具体如图9-3所示。

从银行业IT专业人员学历结构分布情况来看,研究生以上人员的增长趋势明显,2020年研究生以上学历的人员共4.88万人,本科学历的人员共22.55万人。具体如图9-4所示。

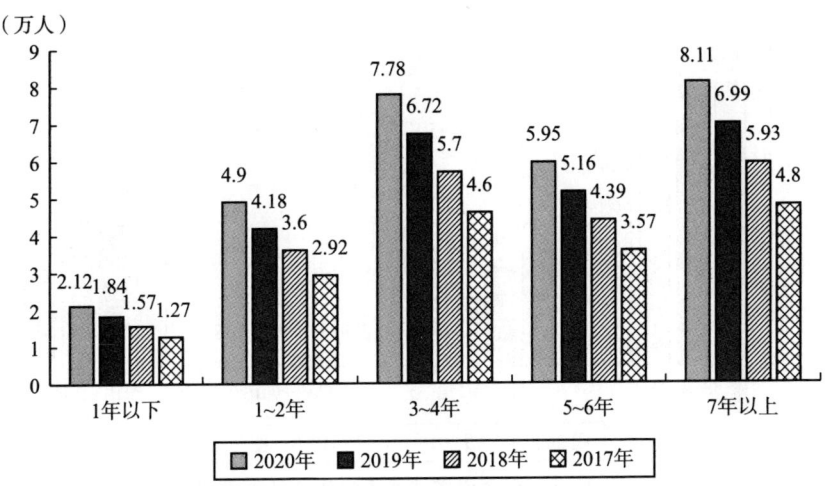

图 9-3　金融科技人才工作经验结构分布

资料来源：作者团队调研。

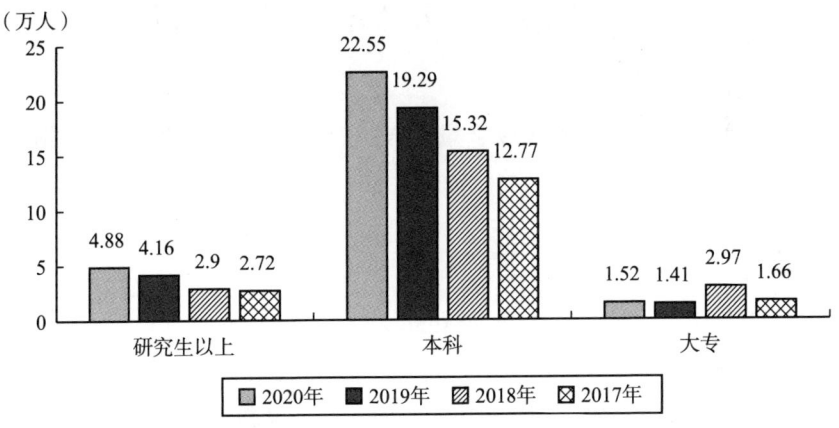

图 9-4　金融科技技术人员学历结构分布

资料来源：作者团队调研。

从金融科技技术人员语言技能情况来看，母语+英语的人员有14.12万人，母语+日语的人员有5.68万人，母语+韩语的人员有0.63万人。具体如图9-5所示。

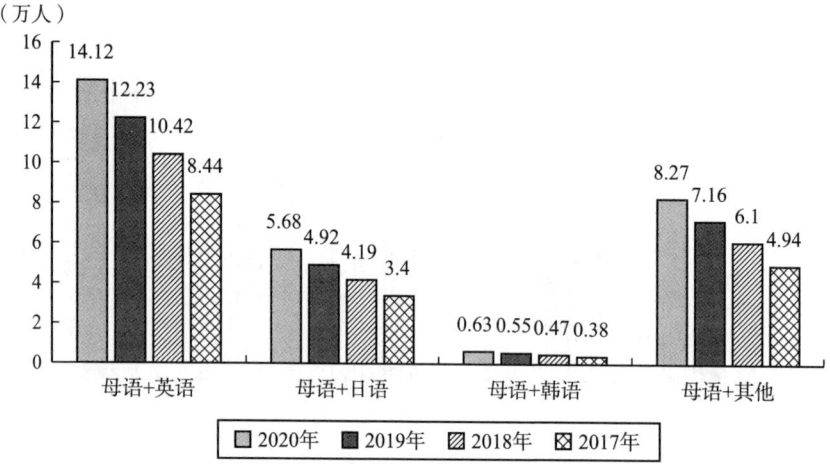

图 9-5 金融科技技术人员语言技能情况

资料来源：作者团队调研。

9.3 金融科技人才市场需求分析

截至 2020 年，全国各区域金融科技人才数量分布情况具体如图 9-6 所示。

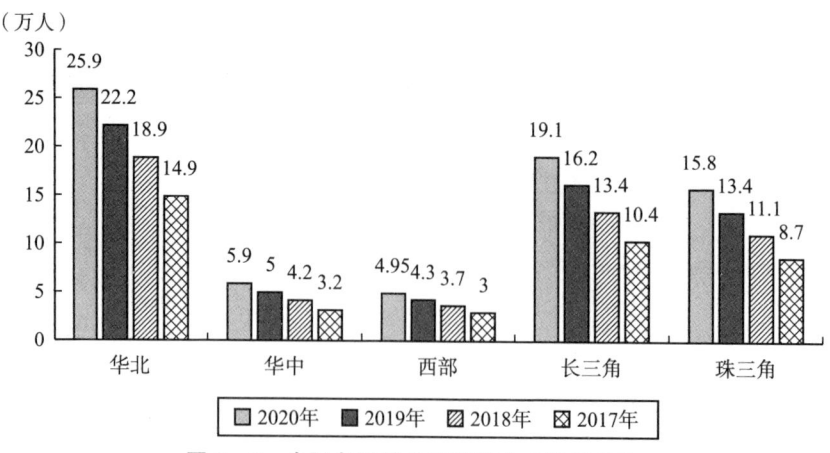

图 9-6 全国各区域金融科技人才数量分布

资料来源：作者团队调研。

2018.

[27] 伍忠贤. 图解金融科技与数字银行 [M]. 广州：广东经济出版社，2019.

[28] 杨涛. 对人工智能在金融领域应用的思考 [J]. 国际金融，2016 (12)：24-27.

[29] 杨文斌. 人工智能在金融领域中的应用分析 [J]. 金融科技时代，2017 (12)：32-35.

[30] 于东智，夏小飞. 银行数字化转型思考 [J]. 中国金融，2021 (4)：45-47.

[31] 于建彬，邱轲. 智能化转型背景下提升现金服务的路径选择 [J]. 金融发展研究，2020 (8)：82-85.

[32] 曾鸣. 智能商业 [M]. 北京：中信出版社，2018.

[33] 张春子. 数字时代商业银行转型+开放银行 [M]. 北京：中信出版社，2019.

[34] 张书乐. 人工智能+金融的几道"坎" [J]. 金融博览，2017 (4)：50-52.

[35] 中国银行业协会行业发展研究委员会. 开放银行实践与发展研究 [M]. 北京：中国金融出版社，2020.

[36] 中国银行业协会. 中小银行数据治理研究报告 [R]. 中国银行业协会，2021.

[37] 中国支付清算协会金融大数据应用研究组. 大数据在金融领域的典型应用研究 [R]. 中国支付清算协会，2018.

[38] 朱虹. 数字技术驱动金融创新研究 [J]. 合作经济与科技，2020 (6)：61-63.

[39] 朱扬勇，叶雅珍. 从数据的属性看数据资产 [J]. 大数据，2018，4 (6)：65-76.

[40] 朱烨东. 中国金融科技发展的现状与趋势 [J]. 金融博览，202 (2)：11-13.

(19): 63-64.

[12] 黄舜. 金融科技在金融风险管理中的应用探析 [J]. 商场现代化, 2020 (10): 94-96.

[13] 纪瑞朴. 5G时代商业银行的挑战与变革 [J]. 银行家, 2021 (1): 64-68.

[14] 金莫涵. 人工智能在金融领域的应用研究 [D]. 长春: 吉林财经大学, 2019.

[15] 李梦宇, 付宇航. 建设数据驱动型银行的实践及启示 [J]. 银行家, 2020 (11): 76-79.

[16] 李伟. 金融科技创新与发展研究 [J]. 金融电子化, 2018 (8): 12-13.

[17] 李伟. 中国金融科技发展报告 (2020) [M]. 北京: 社会科学文献出版社, 2020.

[18] 李镇西. 数字银行发展战略思考 [M]. 北京: 中国金融出版社, 2016.

[19] 刘力, 张哲宇, 何大勇. 金融科技赋能商业银行合规智能化转型策略研究 [J]. 上海金融, 2019 (6): 84-87.

[20] 刘勇, 李达. 开放银行 (服务无界与未来银行) [M]. 北京: 中信出版集团, 2019.

[21] 刘振友. 数字银行 [M]. 北京: 新世界出版社, 2015.

[22] 罗军林. 金融科技驱动下我国商业银行数字化转型研究 [J]. 全国流通经济, 2021 (10): 160-162.

[23] 平安银行与波士顿咨询. 中国开放银行白皮书2021 [R]. 2021平安开放银行生态大会, 2021.

[24] 普华永道, 南京银行. 商业银行数据资产及业务价值实现白皮书 [R]. 2021.

[25] 趣链科技有限公司. 数据要素可信流通白皮书 [R]. 2021.

[26] 吴秋玉. 数据资产的风险定价模型 [D]. 大连: 大连理工大学,

参考文献

[1] 阿尔文德·纳拉亚南,约什·贝努.区块链技术驱动金融[M].林华,王勇,译.北京:中信出版集团,2016.

[2] 艾瑞咨询.银行4.0时代:中国数字银行白皮书[R].2021.

[3] 白津夫,葛红玲.央行数字货币[M].北京:中信出版集团,2021.

[4] 布莱特·金.银行4.0[M].施轶,译.广州:广东经济出版社,2018.

[5] 车新帅.个人客户画像助力农行零售数字化转型[J].金融电子化,2019(9):56-57,6.

[6] 程琬清,孙明春.人工智能技术在金融业的应用与挑战[J].现代金融导刊,2021(2):7-13.

[7] 邓宇.后疫情期智能化网点发展困境与数字银行创新[J].银行家,2020(6):121-124.

[8] 付登坡,江敏,任寅姿,孙少忆.数据中台:让数据用起来[M].北京:机械工业出版社,2019.

[9] 高富平.信息财产数字内容产业的法律基础[M].北京:法律出版社,2009.

[10] 海投全球.全球数字银行研究报告2022[M].北京:中国财政经济出版社,2022.

[11] 胡旸.大数据驱动银行金融科技的创新转型[J].中国商论,2020

以工商银行为例，其金融科技人员占总员工的比例接近8%，达到3.48万人，居表9-1所列商业银行之首。招商银行将金融科技投入、市场化选人用人机制和薪酬激励机制纳入公司章程，并持续优化员工职业发展通道，加强金融科技人才吸引和培养。交通银行则出台了《关于进一步加强金融科技人才队伍建设的意见》，启动"FinTech管培生""金融科技万人计划""存量人才赋能转型"三大工程，尽管其科技人员规模不大，但是同比增速却接近60%。可以预见，未来三年内各大银行对于金融科技人才的争夺将更加激烈。

统金融业务发展势头将继续保持迅猛状态，未来更多金融科技细分领域发展会走向成熟。但金融科技的发展讲究效率与安全的平衡，二者具有同等重要性却又存在矛盾。因此，企业需要增强复合型人才以及技术储备，实现技术突破以推动金融科技业务进一步发展，在这个过程中势必要有大量的人才供给来完成产业的全方位升级与变革。

9.5 各银行金融科技人才体系情况

在人才体系建设方面，尽管各银行的科技人员占比不高，但是由于人员基数庞大，金融科技人员数量都有大幅增长。

截至2020年末，各大商业银行的金融科技人员总数已突破8万人，且近年普遍都有进一步的人才扩充计划。参见表9-1。

表9-1　　主要商业银行2020年金融科技人才体系情况

银行	金融科技人员占比（%）	金融科技人员数（万人）
平安银行	21.87	0.75（含外包）
中国工商银行	7.82	3.48
浦发银行	6.69	0.39（总行）
中信银行	5.93	0.32（不含子公司）
兴业银行	4.07	0.19
交通银行	4.05	0.35（境内行）
招商银行	3.84	0.33
光大银行	3.38	0.15
中国建设银行	2.94	1.02
中国银行	2.58	0.8（境内行）
中国农业银行	1.58	0.74

资料来源：中小银行联盟，等.中小银行金融科技发展研究报告（2020）[R].2020。

9 | 数字银行的金融科技人才展望

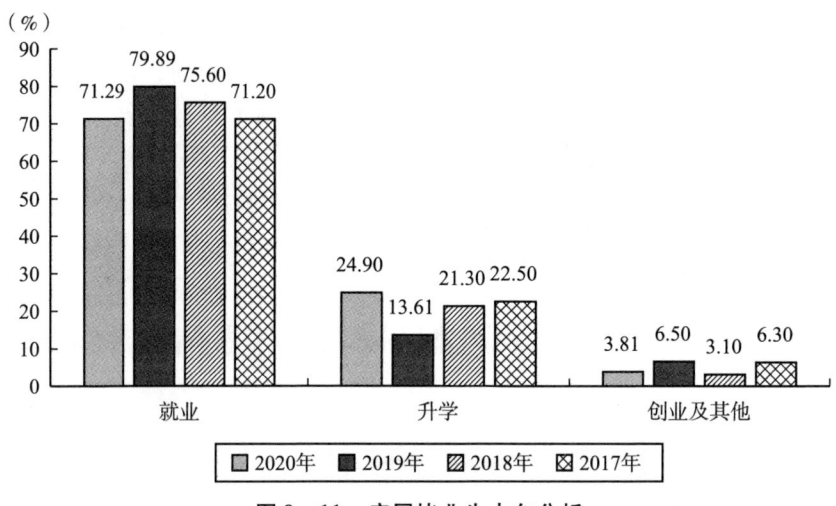

图9-11 应届毕业生去向分析

资料来源：作者团队调研。

2020届毕业生求职最青睐行业为教育，占比12.6%；互联网、计算机次之，占比12.4%；制造业和金融行业分别位列于第三、第四名，占比分别为11.8%、10.6%。近几年"互联网+"模式不断开启，信息化带动传统化的发展，互联网行业的人才需求量也在不断地增加，为毕业生迎来了更多的就业机会。"90后"成长在互联网时代下，其思维和行为深受网络影响，对互联网行业更加熟悉喜爱，因此毕业生在找工作时更倾向于互联网行业。

根据金融科技行业高校毕业生就业情况来看，软件工程专业在金融科技行业的就业占比最高，占42.06%；其次是计算机科学与技术专业，占21.23%；通信工程专业的学生排名第三，占14.58%；之后是信息安全、网络工程、电子信息科学与技术、金融工程、电子信息工程；最后是信息管理与信息系统。

随着金融科技不断深入发展，银行、保险等金融机构都衍生出互联网银行、互联网保险等新行业形态，而这些新型公司的员工结构便是其与传统机构最大的区别之一。

随着互联网、人工智能、大数据等技术应用的加强，金融科技赋能传

9.4 金融科技人才市场供给分析

2020年全国高校毕业生人数达874万人（见图9-10），比去年增加40万人，增长率为4.7%。根据调查显示，2020年应届毕业生就业前景最好的十大专业，排名第一的是计算机专业，第二是英语，第三是建筑，其他还有医学专业、师范专业、法学专业、机械专业、财务管理专业，以及小语种专业。

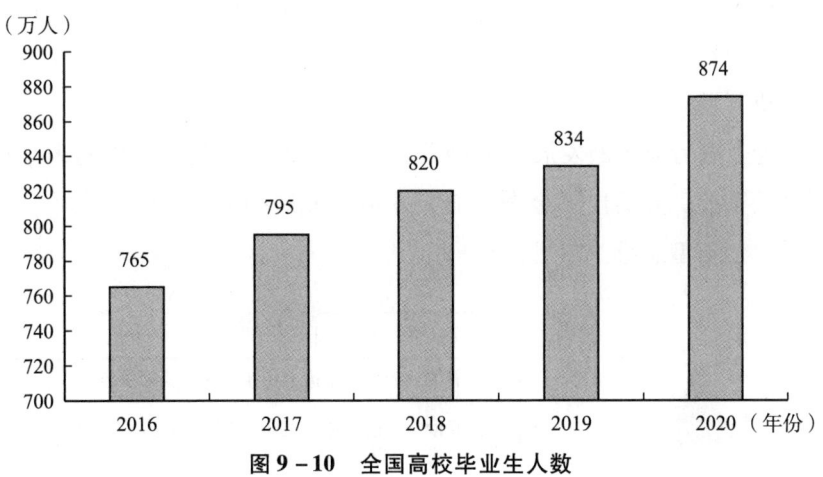

图9-10 全国高校毕业生人数

数据来源：教育部网站。

从历年趋势看，2020年应届毕业生的就业意向仍然以就业为主，占比71.29%，同比有所下降，因为选择升学的比例增高。此外，24.9%学生选择继续学习，3.81%学生选择创业及其他。参见图9-11。

较高,为 9.8%;但流入的人才依旧无法满足行业人才缺口。互联网行业再次进入人才紧缺行业,其中在线教育、互联网金融和企业服务三个细分领域人才稀缺程度最高。

中国市场对金融科技人才需求旺盛,2020年,有接近40%的公司增加金融科技人才编制,行业内人才争夺激烈成为目前金融企业面临的重要问题。从行业整体看,78%的公司表示,他们争夺的人才首先是来自金融科技公司,之后是来自互联网科技行业,再次是来自应聘者公司所在的相关金融行业。需求最大的岗位集中在技术研发类,包括大数据、云计算、区块链、人工智能、UIUX。其中,大数据类岗位包括数据挖掘、数据分析、数据库管理、数据迁移。云计算类岗位包括云计算·基础架构、云计算·平台SAAS、云计算·软件SAAS。人工智能岗位包括计算机视觉、机器学习、语音识别、自然语言处理。UIUX岗位包括UI交互设计、UX用户体验、人机互动。

随着金融行业不断发展混业经营,复合型人才对金融机构的未来业务发展至关重要,并给出了金融行业人才需求发展趋势:复合型人才、专业化水平、创新型思维。参见图9-9。

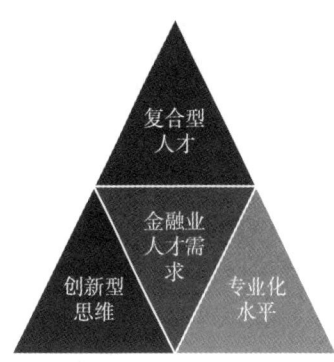

图9-9 金融科技人才需求发展趋势

资料来源:作者团队调研。

域工作的人比例占9.5%，互联网人才对未来期望发展的行业中，有22.4%比例人群期望在金融领域发展。同时，社交和娱乐是资本市场两大热点，随着社交网络与文化娱乐的互联网宣传力度增加，也会有越来越多的互联网人才投入其中。具体如图9-8所示。

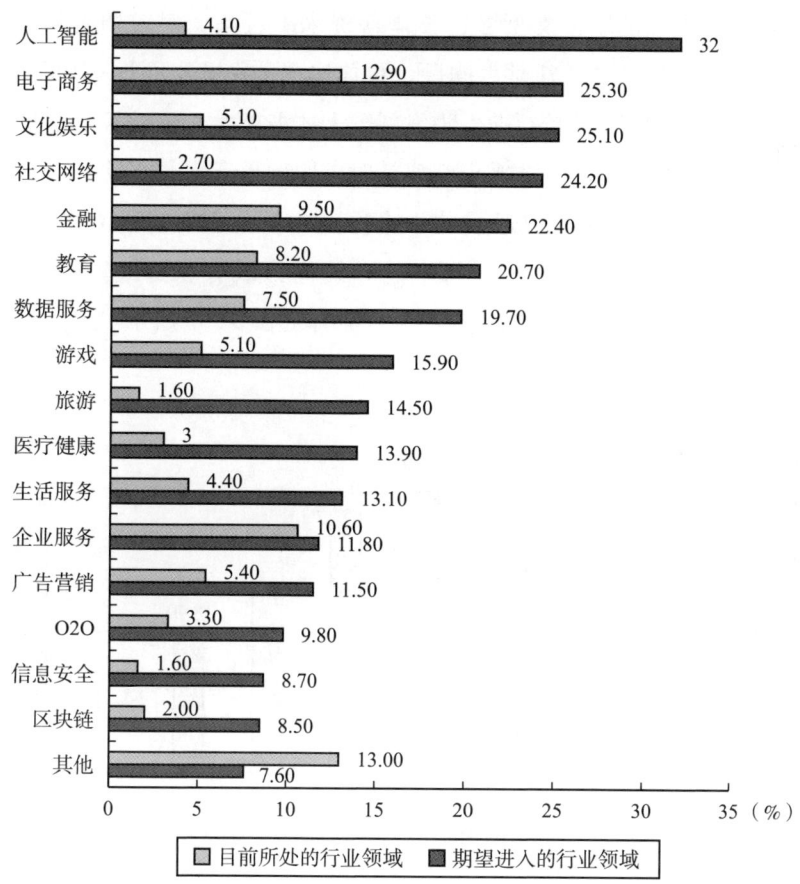

图9-8　金融科技人才目前所处的与未来期望的行业领域

资料来源：作者团队调研。

相关数据显示，2020年旺季人才流入率最高的行业是互联网行业，平均年薪资最高的也是互联网行业，为16.14万元；薪资增幅在全行业中也

从招聘网站数据整理来看，2020年发布招聘职位最多十大行业分别是互联网/电子商务、金融/投资/证券、教育/培训/院校、计算机软件行业、贸易/进出口、房地产和建筑/建材/工程等。这既显示了中国雇主蓬勃、积极的人才需求，也反映了人才流动的增强趋势。

互联网/电子商务、计算机和IT服务行业发展已基本稳定，涉及的业务范围广，可提供的职位类型多，整体薪资水平较高，对求职者的吸引力较大。随着人们越来越关注教育问题，更加注重自我提升及下一代的成长和教育，相关教育/培训/院校行业大力发展，人才需求大，吸引了大量求职者。房地产行业体量庞大，对人才需求旺盛，对求职者具有巨大的吸引力。

2020年互联网发布职位最多的十个行业中，数据服务业在2019年增长较快，与2018年相比增长了38.9%。其他为教育、游戏、文化娱乐、金融等细分赛道发布的职位都稳步增长。具体如图9-7所示。

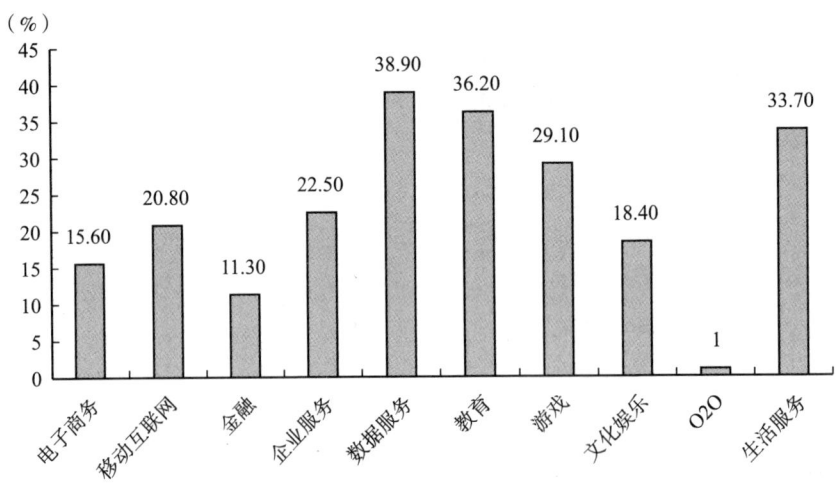

图9-7　2019年互联网行业岗位需求前10位增长情况

资料来源：作者团队调研。

目前在人工智能行业工作的人占4.1%，未来期望进入该行业的人占32%，这意味着有更多的求职者期望在人工智能领域发展。目前在金融领